社会转型时期
伦理热点问题
十五讲

喻文德　著

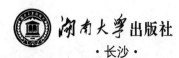湖南大学出版社
·长沙·

内 容 简 介

在社会转型过程中，社会生活的急剧变化使得道德领域产生了一系列问题，并由此引发许多争议。伦理问题是社会伦理关系的直接反映。本书精选了十五个伦理问题作为探讨的主题，这些问题既包括伦理学的基础理论问题，也包括应用伦理学的前沿问题。在梳理学界同仁相关论述的基础上，作者对这些伦理热点问题都阐述了自己的见解。

图书在版编目（CIP）数据

社会转型时期伦理热点问题十五讲/喻文德著. —长沙：湖南大学出版社，2020.6
ISBN 978-7-5667-1812-9

Ⅰ.①社… Ⅱ.①喻… Ⅲ.①伦理学—研究 Ⅳ.①B82-052

中国版本图书馆 CIP 数据核字（2019）第 265943 号

社会转型时期伦理热点问题十五讲

SHEHUI ZHUANXING SHIQI LUNLI REDIAN WENTI SHIWU JIANG

著　　者：喻文德
责任编辑：王桂贞　　责任校对：肖晓英
印　　装：北京虎彩文化传播有限公司
开　　本：710 mm×1000 mm　1/16　印张：13.25　字数：217 千
版　　次：2020 年 6 月第 1 版　印次：2020 年 6 月第 1 次印刷
书　　号：ISBN 978-7-5667-1812-9
定　　价：46.00 元

出 版 人：李文邦
出版发行：湖南大学出版社
社　　址：湖南·长沙·岳麓山　　邮　编：410082
电　　话：0731-88822559(发行部)，88821594(编辑室)，88821006(出版部)
传　　真：0731-88649312(发行部)，88822264(总编室)
网　　址：http://www.hnupress.com
电子邮箱：wanguia@qq.com

前　言

　　社会转型是指社会从传统向现代转变的过程，涉及经济体制转变、社会结构变动、社会形态变迁等诸多方面。近代以来，我国一直处于艰难的社会转型之中。本书所言的社会转型时期特指改革开放以来我国从计划经济向市场经济转变的历史过程。在社会转型的过程中，人们的生活方式、社会交往、社会心态和价值观念等各方面都经历着全面而深刻的变化。

　　伦理学是研究道德现象的学问。伦理热点问题即在伦理研究和道德生活中人们广泛关注的问题。社会生活的急剧变化使得道德领域产生了一系列问题，并由此引发许多争论。马克思指出，"问题就是时代的口号，是它表现自己精神状态的最实际的呼声"①。伦理问题是社会伦理关系的直接反映。在道德生活中，"扶不起的老人"——老人摔倒了该不该扶，"拜金女"——宁愿坐在宝马车里哭，也不愿坐在自行车后面笑的相亲女孩，"白眼狼"——过着读书、恋爱和休闲生活而不知感恩父母的大学生等都曾是人们普遍关注并引起广泛争议的问题。在理论探讨中，关于价值的本质、道德的本质、善恶的标准等都是学者们见仁见智的问题。

　　黑格尔曾经说过："每个人都是他那时代的产儿。哲学也是这样，它是被把握在思想中的它的时代。妄想一种哲学可以超出它那个时代，这与妄想

---

　　①　[德]马克思，恩格斯. 马克思恩格斯全集：第40卷 [M]. 北京：人民出版社，1982：289.

个人可以跳出他的时代，跳出罗陀斯岛，是同样愚蠢的。"① 哲学是时代的产物，伦理学也是如此。在社会转型时期，不仅现实伦理问题迫切需要理论的阐释与引导，而且伦理理论本身也需要范式的转变。

　　面对社会转型时期的伦理问题，作为伦理学人也曾困惑不已。在教学和学术探索中，我先后对其中的一些问题做了比较深入的思考，有不少问题都已写成文章发表出来（参考文献中悉数列出），有的内容则尚未公开发表。现在把它们整理成书，以供更多的人分享。不当之处，敬请批评指正。

喻文德

2019 年 5 月 6 日于吉首大学

---

① ［德］黑格尔. 法哲学原理［M］. 范扬，张企泰，译. 北京：商务印书馆，1982：序言 12.

目 次

第一讲　价值是什么：价值的形而上追问

伦理学是"一门特殊的价值科学"[①]。道德是一种特殊的社会价值，所有的伦理问题都离不开价值判断和价值选择。关于价值的正确理解是道德评价的前提与基础。为了更好地把握价值，必须对价值的本质与根源有一个初步的认识。多年来，学术界探讨价值问题的热情有增无减。

一、关于价值的若干不同理解

19 世纪末 20 世纪初，价值论被当作一门独立的学科进行研究，在这一过程中，新康德主义的弗赖堡学派、尼采和叔本华等起了重要的作用。在我国，直到 20 世纪 80 年代才开始展开有关价值哲学的讨论。马克思主义价值论在中国的出现，从一定意义上来说是社会价值观念变革的一个理论回应。自从价值论被作为一门独立的学科纳入哲学研究领域之后，价值哲学就成为哲学探讨的一大热点话题。关于价值概念，有多种不同的理解，下面仅列举几种主要的观点并简要评述。

（一）价值必定是善的：对价值的美好愿景

郁建兴认为，价值的定义不应局限于描述性，还应有批判性，所以他主张"所谓价值，就是在劳动实践基础上形成的人的超越性、理想性、目的性"[②]。兰久富明确提出价值是"蕴涵于人的存在中并映现在事物上的美好意

---

① 唐凯麟. 伦理学 [M]. 合肥：安徽文艺出版社，2017：11.
② 郁建兴. 关于马克思价值概念的商榷 [J]. 哲学研究，1996（8）：40-47.

义"①。罗尔斯断言"人们通常说的价值，指的是正价值，即狭义的价值"②。价值研究具有主体相关性，容易受到研究者自己的价值诉求的引导，研究者不自觉地将科学描述变成价值评价，变成自我精神追求的表白。这种不自觉的心理，曾导致了休谟所说的"是"与"应该"不分、摩尔所说的从事实推出价值的自然主义谬误。将价值定义为善是一种研究者精神追求的自我表白，也是对价值的一种美好愿景。实际上，价值既可能是善的，也可能是恶的；既可能是正价值或负价值，还可能是零价值。

（二）价值是一种超验理想：对绝对价值的寻求

"所谓价值，既不是有形的、具体的存在所构成的实体，也不是客体对象与主体需要之间的满足与被满足的关系，而是人类所特有的绝对的超越指向。因为它是绝对的，所以是自足的；又因为它是自足的，所以是超越的（即对外在他律的自然事物的超越）。由于是超越的，价值又表现出应然性、理想性、目的性和批判性特征。这些才是作为哲学概念的价值所蕴含的内在规定。"③ 随着相对主义的侵蚀和工具理性对价值理性的排斥，绝对价值为当代人所遗忘和遮蔽，因此重建绝对价值刻不容缓。超验价值论虽然彰显了价值的理想性，却遮蔽了价值的经验基础和现实观照。

（三）劳动价值论：劳动创造价值

马克思在继承了古典政治经济学劳动创造价值理论的基础上，提出了劳动二重性理论，阐明了具体劳动和抽象劳动在商品价值形成中的不同作用。具体劳动创造商品的使用价值，抽象劳动创造商品的价值。商品的价值是凝结在商品中无差别的人类劳动。马克思的劳动价值论揭示了剩余价值的真正来源，为创立剩余价值理论奠定了基础。因此，马克思的劳动二重性理论成为"理解政治经济学的枢纽"④。

马克思的劳动价值论阐述了商品经济的一般规律，对完善社会主义市场经济体制具有重要的指导意义。从马克思主义政治经济学来看，价值是商品经济特有的范畴。有的学者想把商品的价值概念上升为一般的价值概念，认

① 兰久富. 重思价值的本质 [J]. 哲学动态，2012（2）：37-43.
② 王玉樑. 关于价值本质的几个问题 [J]. 学术研究，2008（8）：43-51.
③ 何中华. 论作为哲学概念的价值 [J]. 哲学研究，1993（9）：29-36.
④ ［德］马克思，恩格斯. 马克思恩格斯文集 [M]. 北京：人民出版社，2009：55.

为商品的价值概念就是哲学价值概念。譬如，赵守运认为，"价值凝结着主体改造客体的一切付出"①。但是，用劳动界定一般的价值，范围过于狭隘，因为劳动价值只是价值的一个方面。严格地讲，劳动价值只是经济学意义上的价值概念，而不是一般意义上的价值概念。

（四）客体价值论：固有属性

客体价值论认为价值是客观的，其客观性就在于价值是载于客体之上的，即价值是事物本身所具有的一种属性。价值属性不是经验属性，价值不依赖于我们的意愿和喜好而存在。有人认为，"所谓价值，就是客体主体化后的功能或属性"②。客体价值论彰显了客体的价值载体作用，却忽视了人是价值的轴心和本体。

（五）主体价值论：关系属性

李德顺认为，价值是指客体的存在、作用及它们的变化对于一定主体需要及其发展的某种适合、接近或一致："能够按照主体尺度满足主体需要，即为正价值，反之则是负价值。"③ 袁贵仁认为，"价值是客体对主体所具有的积极或消极意义"④。高清海认为，"人和物之间的这种需要和满足的对应关系，就是价值关系""凡是能够满足人的某种需要的，对人的生存和发展就具有肯定的意义，这一事物对人而言就是有用的，即有价值的；凡是与人的需要无关，甚至妨碍人的需要的满足的，对主体就具有否定的意义，就是无用的，即无价值的"⑤ "主体及其需要是价值关系形成的根据"⑥。上述几种不同的定义都属于主体价值论。需要产生于主体自身的结构规定性和主体同周围世界的不可分割的联系，是人的生存发展对外部世界及自身活动依赖性的表现。主体的需要不仅是客观的，而且具有无限多的内容，是极其丰富多样而且不断变化着的。尽管主体价值论依然遭遇诸多理论质疑，但是，我们认为主客关系模式比较合理地阐述了价值的本质。

---

① 赵守运. 现行哲学价值范畴质疑 [J]. 哲学动态，1991 (1)：24-26.
② 李剑锋. 客体价值论 [J]. 探索，1988 (3)：44-46.
③ 李德顺. 价值论 [M]. 北京：中国人民大学出版社，2007：79.
④ 袁贵仁. 价值与认识 [J]. 北京师范大学学报，1985 (3)：47-57.
⑤ 高清海. 马克思主义哲学基础：下册 [M]. 北京：人民出版社，1987：51-52.
⑥ 马克思主义理论研究和建设工程重点教材编写组. 马克思主义哲学 [M]. 北京：高等教育出版社、人民出版社，2009：306.

二、价值概念的三种形态

要认识一个事物，如果不考察它的历史，就难免停留在抽象层面，无法认识它的真实面目。要考察价值的本质和根源，首先要了解价值概念的产生和演变，只有这样，才能对价值的本质和根源做出正确的诠释。我们认为，在当前的语言系统中，价值概念有三种不同的形态，即经济学意义上的价值概念、价值哲学意义上的价值概念和日常用语意义上的价值概念。

（一）经济学意义上的价值概念

经济学意义上的价值概念是价值概念的最初形态，它反映的是人和商品的关系。古典经济学家配第、斯密、李嘉图把理论研究从流通领域转向生产领域，奠定了劳动价值论的基础。他们认为商品的价值主要指经济上的交换价值。马克思将人类劳动区分为抽象劳动和具体劳动，认为商品的价值是凝结在商品中的无差别的人类劳动，商品的使用价值是商品能满足人的需要的自然属性，商品的交换价值是商品在交换中产生的量的关系或比例；使用价值是价值的物质承担者，交换价值和价值寓于使用价值之中。

后来的庸俗经济学家则认为商品的价值即商品的使用价值。奥地利经济学家卡尔·门格尔提出的边际效用理论就是这种观点的代表。商品的边际效用即单位商品的使用价值。他认为，"价值既不是附属于财货之物，也不是财货应有的附属物，更不是它自身可以独立存在的。经济人所支配的财货，对其生命与福利，必具有一定的意义。价值就是经济人对于财货所具有的意义所下的判断。因而它绝不存在于经济人的意识之外"①。因此，经济学意义上的价值理论主要有两种：劳动价值论和效用价值论。

（二）价值哲学意义上的价值概念

价值哲学意义上的价值概念是价值概念的引申形态，它反映的是人与对象的关系。德国哲学家洛采把价值概念从经济学引入哲学，把价值和评价概念放到了哲学思考的中心地位。由于洛采把价值概念引入哲学里，在西方，

---

① ［奥］门格尔. 国民经济学原理［M］. //晏智杰. 经济学中的边际主义. 北京：北京大学出版社，1997：229.

人们常把他看成是价值哲学之父。追踪洛采的足迹，我们看到，洛采所处的时代，正是德国形而上学崩溃的时候，他在拒绝走黑格尔的道路的同时，着意确立一个价值世界，把价值同哲学文化结合起来。洛采的弟子文德尔班和再传弟子李凯尔特将价值哲学的研究推进了一步，使先验的价值哲学得以确立。文德尔班声称，"哲学只有作为普遍有效的价值的科学才能继续存在"①。他认为哲学就是作为价值的一般理论，哲学的任务就是从价值的角度出发，对认识进行估价，从而建立起事实领域和价值领域之间的联系。事实只属于客观存在的领域，它与人的理性相联系，而价值的基础在于人的情感和意志，"每一种价值首先意味着满足某种需要或引起某种感情的东西"，"如果取消了意志与感情，也就不再有价值了"②。与此同时，他还提出，自然科学属于事实领域，而历史科学属于价值领域。他说："经验科学在现实事物中寻找的，要么是自然规律形式下的共相，要么是历史规定形式下的殊相；它们所考察的，有的是常住不变的形式，有的是现实事件的一次性的、特定的内容。有一些是规律科学，有一些是事件科学，前者讲的是永远如此的东西，后者讲的是一度如此的东西。"③ 也就是说，自然科学所涉及的是现象中一般的、重复的和合乎规律的东西；而历史科学不同，它研究的是不可重复的、特殊的单一现象。历史认识的主导原则不是规律，而是价值。

文德尔班的学生李凯尔特直接继承了他的原则，并进一步从文化和历史哲学的角度阐述了价值概念在哲学中的核心地位。李凯尔特认为，"哲学开始于价值问题开始的地方"④，价值是区别于自然与文化的决定性标准。价值不是一种存在，而是一种意义。"关于价值，我们不能说它们实际上存在或不存在，只能说它是有意义的还是无意义的。"⑤ 因此，自然事实无价值可言，只有文化才有价值的特性。从价值哲学的产生和发展来看，价值不是一种自然现象，而是一种文化现象。价值问题是价值哲学的研究对象，涉及人

① ［德］文德尔班. 哲学史教程［M］. 罗达仁，译. 北京：商务印书馆，1993：927.
② 万俊人. 现代西方伦理学史：下卷［M］. 北京：北京大学出版社，1997：12.
③ ［德］文德尔班. 历史与自然科学［M］. //于海. 西方社会思想史. 上海：复旦大学出版社，1993：280.
④ ［德］李凯尔特. 论哲学的概念［M］. //赵修义，童世俊. 马克思恩格斯同时代的西方哲学. 上海：华东师范大学出版社，1994：583.
⑤ 万俊人. 现代西方伦理学史：下卷［M］. 北京：北京大学出版社，1997：13.

类的文化和人生的意义。文化是一个与自然相对的社会历史范畴，有广义和狭义之分。广义的文化是指人类的活动所创造的一切成果，即一切"人化"的事物，包括物质文化和精神文化；狭义的文化则指精神文化，即观念形态的文化。文化是人类社会的特征，人创造着文化，文化又创造着人，人和文化几乎到了无可分别的程度。而价值是文化的核心，它体现了人的愿望、要求、理想、需要、利益等，反映人对对象的依赖关系。因此，价值哲学意义上的价值概念具有属人性。

（三）日常用语意义上的价值概念

日常用语意义上的价值概念是价值概念的泛化形态，它反映的是物与物之间的关系。所谓价值概念的泛化，就是人们在日常生活中将描述人和物的关系的价值范畴推广应用到物与物的关系上。其实，概念的泛化在人们的日常生活中是普遍存在的。拟人手法的运用往往是概念泛化的途径。"小鸟在歌唱，河水在低吟"，其中，"歌唱"和"低吟"就是概念泛化的例证。价值概念的泛化扩大了价值范畴的外延，使价值概念成了一种描述自然现象的日常用语。譬如，我们平时说植被有保护水土的价值、肥料有促进作物生长的价值、树木有净化空气的价值。马克思也曾在日常用语意义上使用过价值概念。譬如："如果形式不是内容的形式，那它就没有任何价值了。"① 日常用语意义上的价值概念体现了事物之间的相互作用、相互影响，它的含义相当于"作用"。

从价值概念的产生和演变来看，价值概念在不同的语境中其内涵是不同的。经济学意义上的价值概念和价值哲学意义上的价值概念是学术概念，两者是个别与一般的关系；日常用语意义上的价值概念是学术概念的泛化。三者各有自己适用的条件和范围，不能相互替代。当我们使用"价值"一词时，必须首先考虑它是何种意义上的价值；只有明确了这一前提，我们才能确立它的实际内涵。因此，不能把三种不同意义的价值概念相提并论；否则，会造成理解上的分歧，引起一些无谓的争论。

---

① ［德］马克思，恩格斯. 马克思恩格斯全集：第1卷［M］. 北京：人民出版社，1972：179.

三、价值的本质

价值哲学意义上的价值概念是一种文化现象，具有属人性。它反映的是人和对象的关系。因此，必须从主客关系出发界定价值的本质。主体和客体之间不仅存在认识和实践关系，而且存在价值和审美关系。我们认为，价值是客体的属性对主体需要的效用。价值的具体内涵可以从如下两个方面来理解。

（一）价值是主体实践活动的内在原则和精神支柱

主体是对象性关系中能动地作用于客体的人，即"实践着的人"。马克思在《1844年经济学哲学手稿》中指出："一个种的全部特性、种的类特性就在于生命活动的性质，而人的类特性恰恰就是自由自觉的活动。"① 自由自觉的活动即实践。实践是指人能动地改造客观世界的对象性活动，是人类区别于动物的存在方式。所谓对象性活动，是指实践是把人的目的、理想、需要、利益、知识、能力等本质力量对象化为客观现实的活动。实践创造出属人的对象世界，这是实践区别于动物本能活动的特殊本质。主体客体化和客体主体化的双向运动是人类同一实践过程中不可分割的两个方面。主体客体化就是主体的本质力量通过活动转化为静止的物质的存在形式，即积淀、凝聚和物化在客体中。客体主体化即客体从客观对象的存在形式转化为主体生命结构的因素或主体本质力量的因素，客体失去对象化的形式，变成主体的一部分。

价值是对主体实践活动的目的的一种理论抽象，是主体实践活动的内在原则和精神支柱。马克思在论述人的活动与动物的活动的区别时指出："动物只是按照它所属的那个种的尺度和需要来建造，而人却懂得按照任何一个种的尺度来进行生产，并且懂得怎样处处都把内在的尺度运用到对象上去。"② 这就是说，动物的活动只有一个尺度，就是它所属的那个种的本性决定的尺度；人的活动却有两个尺度：一个是作为客体的物的尺度，另一个是

---

① ［德］马克思，恩格斯. 马克思恩格斯全集：第42卷［M］. 北京：人民出版社，1979：96.
② ［德］马克思，恩格斯. 马克思恩格斯全集：第42卷［M］. 北京：人民出版社，1979：97.

人的"内在的尺度"。人类活动所遵循的"内在的尺度",是指由人的利益和需要所规定的尺度。人类的活动一方面要遵循作为客体的物的本性和规律;另一方面要遵循由主体自己的利益、需要所决定的人的内在的尺度。遵循人的内在尺度,也就是要遵循价值原则。它要求人们的实践活动要服务于人的利益和需要,给人带来效益,要有利于人的生存和发展。因此,价值是人类特有的对象性活动中的普遍内容,是主体与客体相互联系、相互作用的特定形态及其产物。价值就是主体需要的对象化,任何价值客体都是主体需要的确证和表现。

(二)价值是客体的一种关系属性

客体即对象性活动中主体作用的对象,包括自然界、人类社会和人本身。属性是客体所具有的性质与特点。客体独自具有的属性叫固有属性,如水能灭火、太阳能发光发热、空气无形无色等。客体依赖于外物而存在的属性叫关系属性,如善恶美丑、好坏贵贱等,均是通过人的评价而产生的。价值是客体的一种关系属性,是主体和客体相互作用过程的产物。正如当代西方价值哲学的代表人物文德尔班所说:"价值决不能作为对象本身的特性,它是相对于一个估价的心灵而言的……取消意志与情感,就不会有价值这个东西。""每种价值首先意味着某种需要或引起某种需要的东西。"① 客体是价值的载体,是价值产生的外因,客体的属性是价值产生的条件。同一客体的同一属性因主体需要之差异而具有不同的价值。主体的需要是产生价值关系的最根本的、最初的原因。价值是相对于主体的需要而言的,它内在于主体与客体的关系之中。正是在这种意义上,我们说价值是客体的一种关系属性。

通过主客关系界定价值的本质,彰显了价值的主体性特征。价值的形成和性质都是以价值关系中的主体为尺度的。不过,在不同的思维方式中,主客关系的内容是不相同的。近代哲学思维方式的突出特点在于在主客二分的基础上把整个世界划分为现象世界和本体世界,认为哲学的任务就在于揭示现象世界背后的绝对本源,由此整个世界要么被归结为"自然物质",要么

---

① [德]文德尔班. 哲学概论 [M]. //江畅. 现代西方价值理论研究. 西安:陕西师范大学出版社,1992:42.

被归结为"抽象的精神"。本体论的思维方式把本体和现象、主体和客体绝对对立起来，其结果是主体成为与外在对象甚至与自己肉体相分离的纯粹的自我意识，客体成为脱离了人而没有人文意义的抽象物，人的主体性无法充分体现出来，从而导致对人的拒斥和消解。赖金良先生提出用主客关系模式界定价值："除了导致关于价值本质的效用主义解释之外，这一方法论模式还意味着对人的拒斥和消解，它使价值论的研究丧失了人学基础。"[①] 很显然，这一主张是本体论思维方式的结果。

马克思主义哲学实现了哲学史上的革命变革，从近代本体论思维方式转向现代实践论思维方式。其依据是："从前的一切唯物主义（包括费尔巴哈的唯物主义）的主要缺点是：对对象、现实、感性，只是从客体的或者直观的形式去理解，而不是把它们当作感性的人的活动，当作实践去理解，不是从主体的方面去理解。"[②] 在实践论的思维方式中，主体和客体是相互依存、相互转化的。主体客体化和客体主体化的双向运动是人类同一实践过程中不可分割的两个方面。主客关系不仅没有消解和拒斥人，反而确证和弘扬了人。马克思指出："个人怎样表现自己的生活，他们自己也就怎样。因此，他们是什么样的，这同他们的生产是一致的——既和他们生产什么一致，又和他们怎样生产一致。因而，个人是什么样的，这取决于他们进行生产的物质条件。"[③] 也就是说，生产劳动不仅是人类和外界进行物质、信息和能量的交换过程，而且是人类存在、价值和本质的自我确证。人类的精神面貌和生存境况在生产实践中充分体现出来。

四、价值产生的依据

搞清了价值是什么，价值的根源问题就迎刃而解了。在《德意志意识形态》一书中，马克思恩格斯指出："我们首先应当确定一切人类生存的第一个前提也就是一切历史的第一个前提，这个前提就是：人们为了能够'创造

---

① 赖金良. 哲学价值论研究的人学基础 [J]. 哲学研究，2004 (3)：17-24.

② [德] 马克思，恩格斯. 马克思恩格斯选集：第 1 卷 [M]. 北京：人民出版社，1995：43.

③ [德] 马克思，恩格斯. 马克思恩格斯全集：第 42 卷 [M]. 北京：人民出版社，1979：24.

历史', 必须能够生活。但是为了生活, 首先就需要衣、食、住以及其他东西。因此第一个历史活动就是生产满足这些需要的资料, 即生产物质生活本身。"① 在马克思恩格斯看来, 需要是人的本性, 人不是自足的, 而是对象性存在物, 人必须依赖对象才能获得生存和发展, 而生产实践是获得生活资料的基本途径。价值的最终根源就存在于主体的需要之中, 价值是主体自身需要的对象化。

(一) 主体的需要是价值产生的基础和源泉

需要即人对外界对象的一种依赖关系与摄取状态, 它是价值大小的内在尺度, 是价值产生的决定性因素。根据 "人本主义心理学" 之父马斯洛的需要层次理论, 人类的需要依次分为五个层次: 生理需要、安全需要、归属和爱的需要、尊重的需要、自我实现的需要。② 需要是人类行为的原初动力, 这些需要一旦为主体所意识, 就会转化为主体行为的强大动力。需要的不断产生和不断升级就成为人的行为不竭的动力源泉。在满足需要的过程中, 人类意识到自身需要对对象的依赖关系, 价值关系逐渐形成: 凡是能够满足自身需要的对象就是有价值的。正是在这种意义上, 我们说价值是主体需要的对象化。如果人是自足的, 不要和对象发生任何关系, 则价值关系无从谈起。

恩格斯在论述事物运动的终极原因时说: "相互作用是事物的真正的终极原因。我们不能比对这种相互作用的认识追溯得更远了, 因为在这之后没有什么要认识的东西了。"③ 这种思想, 同事物内部矛盾是事物发展根本原因的辩证法理论是一致的。我们认为, 恩格斯对事物运动终极原因的分析, 也适合于解释价值产生的最终根源。因此, 对于价值产生的最终根源必须从主体和客体的相互作用中去寻找。而主体的需要是主体和客体的相互作用的最终根源, 也就是价值的最终根源。因此, 我们认为, 主体是价值的本体, 是价值产生的内因, 而主体的需要则是价值产生的基础和源泉。正如尼采所说: "人类为着自存, 给万物以价值——他们创造了万物之意义, 一个人类

---

① ［德］马克思, 恩格斯. 马克思恩格斯选集: 第 1 卷 ［M］. 北京: 人民出版社, 1995: 56.

② ［美］马斯洛. 动机与人格 ［M］. 北京: 华夏出版社, 1987: 40.

③ ［德］马克思, 恩格斯. 马克思恩格斯选集: 第 4 卷 ［M］. 北京: 人民出版社, 1995: 328.

的意义。所以他们自称为'人'，估价者……估价，然后有价值，没有估价，生存之核桃只是一个空壳。"① 人既是价值的创造者，又是价值的尺度。

（二）主客关系模式：探讨价值根源的正确路径

从主体的需要出发界定价值的本质和探索价值的根源其实是一种心理学的分析方法。乌尔班（Urban）在探讨心理学的问题和方法时指出："一般价值理论的首要任务是心理学的分析。严格说来，所有的问题，无论是科学的还是非科学的，都有心理学的方面。不仅问题，而且与之相联系而产生这些问题的对象，首先属于心理的生活。更为明显的是，价值事实本身如果不是求助于决意就不可能得到描述，这种决意来自心理的生活，因此属于心理学。"② 也就是说，心理学的分析是一般价值论的基础，是价值哲学必不可少的方法。

赖金良先生指出："价值的最终根源，不在人与对象世界抑或主体与客体之间，而在'人成为人'的自我创造、自我超越、自我实现过程中，即价值最终起源于实然之人与应然之人的二重化建构及其动态关联。"③ 人类的生活世界由实然世界和应然世界构成，与此相关，价值有现实型价值与理想型价值。应然世界代表着人的期望、理想和追求，理想型价值是参照并依据实然世界来定义的；实然的世界代表着人的现实存在或实际状态，现实型价值是参照并依据应然世界来定义的。在我看来，赖先生关于价值根源问题的解答仍然是令人困惑的。首先，理想型价值与现实型价值究竟是什么，赖先生并没有给出明确的定义；其次，赖先生用两个世界、两种价值相互参照，互为依据说明价值的根源，只是用一种价值解释另一种价值，并不能也没有说明价值产生的最终根源；再次，脱离主客关系，纯粹从人自身中寻找价值的根源，人必然成为抽象的人，对价值问题的探讨沦为抽象的思辨。

反对用主客关系模式界定价值的本质是赖先生的一贯主张。赖先生曾提出这样的质疑："既然阳光、空气、水等自然物对人的有用性可称为'价

---

① ［德］尼采. 查拉斯图拉如是说 ［M］. 尹溟，译. 北京：文化艺术出版社，1996：55.

② Wilbar Mar Shall Urban. *Valuation：Its Nature and Laws*. New York：The Macmillom Co.，1909：9.

③ 赖金良. 哲学价值论研究的人学基础 ［J］. 哲学研究，2004（3）：17-24.

值'，为什么它们对动物的有用性就不能称为'价值'?"① 在我看来，如果将价值概念进行界定，赖先生的质疑将不复存在。事物对动物的有用性亦可称为价值，不过它是日常用语意义上的价值，而不是价值哲学意义上的价值。赖先生还断言，"到马克思的著作中寻找哲学价值概念的本质规定及其依据是不恰当的"，"是不会有什么实际结果的"②。

　　我认为，如果用传统哲学的思维方式探讨价值的本质及其根源问题，那么，在马克思的著作中的确难以找到依据；如果从实践论的思维方式出发，并结合心理学的分析，则可知价值与效用是密不可分的，在马克思的著作中寻找哲学价值概念的本质规定及其依据不仅是必要的，而且是可能的。在我们看来，实践作为人类特有的存在方式，是主客体关系的双向运动，而价值代表着双向运动中的一个方向和一种意义，即以人的主体性为尺度的关系质态和作用效果。因此，主体性观念和主体分析方法，是"关系—实践说"的生命和灵魂。按照关系说，主体和客体是一对对象性的关系范畴，不同于指称存在者的实体范畴。也就是说，"客体"只是相对于"主体"而言的对象性存在，并不是指对象本身的全部存在；在价值关系中所呈现的，仅仅是主客体双向关系中的一个向度——客体对主体的意义，并不是主客体关系的全部。马克思的实践思维方式，无疑是目前价值哲学研究在方法论上的有利选择，引领价值哲学研究走向一种新的探索道路，即从理论迈向实践，并且在具体的研究方法上从对立走向融合。马克思的实践思维方式，是价值哲学研究由知识逻辑构造的问题意识到时代现实存在的问题意识的桥梁。

---

　　① 赖金良. 主客体价值关系模式的方法论特点及其缺陷 [J]. 浙江社会科学，1993 (1)：55-60.

　　② 赖金良. 马克思主义哲学价值论研究中应注意的几个问题 [J]. 浙江学刊，1995 (6)：30-35.

第二讲　"价值围城"：非物质
价值的货币化

　　货币是固定地充当一般等价物的商品，是社会关系的物化。价值货币化即货币成为衡量价值的基本标准。用不同数量的货币将各种不同的价值转化为经济价值，实质上是一个价值祛魅的过程，即祛除笼罩在各种价值之上的迷魅面纱，使之成为可以精确计算的对象。价值货币化分为物质价值货币化和非物质价值货币化两种形式。物质价值货币化是商品交换的内在逻辑。非物质价值货币化则是货币功能对非物质领域的僭越——把不该卖的东西卖了。卖了的人或追悔莫及或行尸走肉；没有卖的人仍在处心积虑地开拓市场，总想把没有卖的东西卖个好价钱。非物质价值货币化是我国现代化进程中的"价值围城"，严重腐蚀了人们的精神生活，扰乱了社会秩序。只有走出非物质价值货币化的"价值围城"，我们才能实现中华民族伟大复兴的中国梦。

一、非物质价值货币化：商品化及其现实困境

　　在自然经济占统治地位的传统社会，商品交易的数量少、范围小，货币化主要存在物质价值领域。到了市场经济占统治地位的现代社会，商品交易的数量迅猛增加、范围空前扩大，货币化逐渐向非物质价值领域蔓延和渗透。以非物质形态存在的价值包括人的情感、贞操、人格、名誉、地位、理想、信仰、知识、思想等价值形式以及社会的政治、法律、道德、宗教等价值形式。尽管有少数非物质价值如某些创意、品牌形象和咨询服务等可以货币化，但是，多数非物质价值是难以用货币来计算或者根本不应该用货币来计算的。非物质价值货币化实质上既是一个非物质价值商品化的过程，也是

一个价值同质化的过程——丰富多彩的非物质价值转变成了抽象的货币符号。在此过程中，货币可以万能地兑换成任意的现实，各种神圣价值、崇高价值自行消解为商品价值和世俗价值。非物质价值货币化不仅使各种非物质价值丧失其本来的意义，而且导致了社会生活的全面物化。

（一）生存的物化：精神的贫乏与无家可归

人既需要衣食住行等物质资料来维持肉体的生存，也需要理想、信仰、道德等非物质价值来支撑意义世界。当货币把充满质的差别的价值转变为纯粹数量之后，人们的多元价值追求归结为创造和获取更多的货币。对物的过度依赖与片面追求必然导致生存的物化。货币化使原本丰富的生命变得粗俗而贫乏，生命的神圣性和灵动性被抽象的货币符号消解，生命成为一种"物化"的受动性存在，很多人在物欲的追逐中无法自拔。市场咨询公司益普索（IPSOS）2013 年对 20 个国家的一项调查显示，71％的受访中国人表示会根据自己拥有的东西衡量个人的成功，这一比例明显高于全球平均值 34％。从整体上来看，新兴市场经济国家如中国、印度、巴西等国的受访者都喜欢将物质作为衡量成功的标准，而发达国家的受访者认为物质和成功的相关度不高。调查充分表明我们在价值取向上的褊狭和生存的物化。

很多人不想反省生活的意义，而只愿意追求感官的刺激；没有心灵的宁静和审美的升华，只有物欲与本能的躁动。卡尔·雅斯贝斯曾对现时代许多人的物化生存做了十分精辟的描述："本质的人性降格为通常的人性，降格为作为功能化的肉体存在的生命力，降格为凡庸琐屑的享乐。劳动与快乐的分离使生活丧失了其可能的严肃性；公共生活变成了单纯的娱乐；私人生活则成为刺激与厌倦之间的交替，以及对新奇事物不断的渴求，而新奇事物是层出不穷的，但又迅速被遗忘。没有前后连续的持久性，有的只是消遣。"[①]

我们对物质的追求过于急切，忽视和放弃了许多不该忽视和放弃的东西。很多东西一旦失去便不再拥有。不少人对非物质价值的追求或嗤之以鼻，或无动于衷。他们在物欲的追逐中忘乎所以，在忘乎所以中思想逐渐枯萎，良知逐渐泯灭。一些专家、学者为了钱可以昧着良心讲话，这恰好与马

---

① ［德］卡尔·雅斯贝斯. 时代的精神状况［M］. 王德峰，译. 上海：上海译文出版社，1997：40.

克斯·韦伯的预测不谋而合："专家没有灵魂，纵欲者没有心肝；这个废物还幻想着它自己已达到了前所未有的文明程度。"[①] 物化者在纸醉金迷中不知所往，在灯红酒绿中无所寄托，成为无家可归的人。固化的时间观念使他们停留于"此在"。此在是一种无家可归的状态，即海德格尔所说的"被抛状态"。所谓被抛状态是此在根本的生存方式。作为此在，它无依无靠，既无现成的"由来"，也无现成的"所去"，它只是不得不"去存在"，不得不"存在在此"。

（二）人际关系的物化：冷漠与势利

在资本占据统治地位的条件下，人所具有的一切因素都被转换成交换价值，以一定数量的货币在市场上兜售。对于资本主义社会人际关系的物化，马克思曾给予深刻的批判与揭露："资产阶级在它已经取得了统治的地方把一切封建的、宗法的和田园诗般的关系都破坏了。它无情地斩断了把人们束缚于天然尊长的形形色色的封建羁绊，它使人和人之间除了赤裸裸的利害关系，除了冷酷无情的'现金交易'，就再也没有任何别的联系了。它把宗教虔诚、骑士热忱、小市民伤感这些情感的神圣发作，淹没在利己主义打算的冰水之中。它把人的尊严变成了交换价值，用一种没有良心的贸易自由代替了无数特许的和自力挣得的自由。……资产阶级撕下了罩在家庭关系上的温情脉脉的面纱，把这种关系变成了纯粹的金钱关系。"[②]

在社会主义市场经济条件下，人际关系的物化同样令人触目惊心。货币作为衡量经济价值和个体价值的标准，越来越以量化的形式全面渗透到人际交往之中。由于没有熟人社会的舆论和习俗的制约，人际交往有可能变为急功近利的短期行为。在人际交往过程中，有的人"利"字当头，把交往对象仅仅当作满足自己目的的工具；有的人只认钱，不认人，甚至六亲不认，父子、夫妻、兄弟、朋友等反目成仇乃至互相残杀；有的人拿原则做交易，把人的尊严、名誉、地位、人格、美色、权力等都作为商品进行交换；有的人把钱财置于感情、友谊之上，用馈赠货币数量的多少来衡量彼此情感的深

---

①　［德］马克斯·韦伯. 新教伦理与资本主义精神［M］. 于晓，陈维刚，译. 北京：生活·读书·新知三联书店，1987：143.

②　［德］马克思，恩格斯. 马克思恩格斯文集：第2卷［M］. 北京：人民出版社，2009：34.

浅；有的人唯利是图，或见死不救，或先讲价再救人。诸如此类，不胜枚举。功利高于一切，是非善恶一文不值。亲情、爱情和友情等都因为金钱而隐退，利己主义的打算取代了真实的情感。人际关系的物化深深遮蔽了人际交往的本真维度，导致人与人之间的信任危机。在社会转型时期，人们从熟人社会进入了陌生人社会，因为缺乏信任而相互猜忌和相互防范，人与人之间日益冷漠。"钱不是问题，就缺朋友"，这是2009年贺岁片《非诚勿扰》中秦奋的感慨，这种感慨折射着现时代在物化背景下人际关系的冷漠。与冷漠相伴而行的是势利：很多人都把物质财富的多寡作为衡量事业成败的标准，对有财有势的人阿谀奉承，对无财无势的人歧视践踏。

（三）社会发展的物化：价值迷失与软实力偏软

工业社会的发展危机——环境污染、生态失衡、人文精神失落等充分彰显了当代西方文明的价值危机。美国学者威利斯·哈曼博士说："我们唯一最重要的危机主要是工业社会意义上的危机。我们在解决'如何'一类的问题方面相当成功……但与此同时，我们对'为什么'这种具有价值含义的问题，越来越变得糊涂起来，越来越多的人意识到谁也不明白什么是值得做的。我们发展的速度越来越快，但我们却迷失了方向。"[①] 哈曼博士的这段话揭示了工业社会人类面临的发展危机实质上是一种价值迷失。这种价值迷失集中体现在"能够"与"应该"的价值冲突中——能够做的是否就是应该做的？"'如何'一类的问题"属于人类能够做的范畴，"'为什么'这种具有价值含义的问题"属于人类是否应该做的范畴。工业社会的发展危机具有世界性的意义。二战后，经济主义浪潮席卷全球，俨然成了许多发展中国家社会意识形态的核心。在当今中国的发展实践中，同样遭遇了类似的价值迷失。有的人把"以经济建设为中心"和"发展才是硬道理"理解为只要发展经济，把发展经济理解为GDP的增长，把GDP的增长作为发展的根本目的。对发展的片面理解造成了生态的破坏和人的异化，影响了整个社会的全面协调与可持续发展。

改革开放以来，我国的经济发展速度很快，可我们的精神文明建设与经济建设所取得的成就很不相称。尽管在改革开放过程中，我们一直强调两手

---

① ［美］威利斯·哈曼. 未来启示录［M］. 徐元，译. 上海：上海译文出版社，1988：193.

都要抓、两手都要硬，而事实上，经济建设一直处于中心地位，精神文明建设有些偏软，导致软实力偏软。在中国崛起的过程中，我们缺乏应有的文化自信，民族优秀文化传统严重流失，过多地依赖西方的精神文化资源，缺乏总结中国经验的中国话语和中国理论。把西方文化奉为圭臬，严重窒息了我们的独立思考和文化创新。我们的思想文化建设与世界第二经济大国的地位很不相称。没有文化自信，没有自己的话语权力，我们无法走向世界。

二、非物质价值货币化与现代化的关联

物化真正成为诊断我们社会病症的价值主题，成为现时代国人精神生活所遭遇的现代性困境。近一百多年以来，现代化是国人梦寐以求的目标。非物质价值货币化与我国现代化密切相关。

（一）世俗化：非物质价值货币化的动力

世俗化乃相对于神圣化而言，是指通过对神圣化的祛魅，回归世俗社会、世俗生活与世俗价值。通俗地讲，世俗化就是平常化、平凡化。在中世纪的基督教看来，信仰是人类道德活动的终极目的，与神合一是宗教道德修养的最高境界。我国传统的理想道德希望人们成贤成圣，追求一种道德理想人格。现代社会要求人们在日常生活中追求幸福，过普通人的生活，实现凡人的生活理想。就像彼克拉特所说："我自己是凡人，我只要求凡人的幸福。"[1] 因此，世俗化的过程，实际上就是人挣脱神圣偶像的束缚、自己掌握自己命运的过程。从发展社会学的视角来看，世俗化完全是一个值得肯定的积极趋向，是传统社会向现代社会转变的重要标志。

世俗化首先是经济发展的内在逻辑。资本主义生产方式极大地解放了生产力，带来了社会经济的飞速发展和社会财富的极大繁荣，为世俗化提供了丰厚的物质基础。物质的丰饶极大地满足了人们的感观享受。世俗化也是理性战胜信仰、科学战胜迷信的结果。世俗化以人义论取代了神义论，确立了人的主体地位。在西方，世俗化是一个从社会生活中排除宗教信仰的过程。在世俗社会，日常生活和社会制度均基于理性化的社会意识形态和法律规

---

① 宋希仁. 西方伦理思想史［M］. 北京：中国人民大学出版社，2004：361.

范，与宗教的神圣价值和利益脱钩。在中国，世俗化消解的是专制王权与理想化的道德教条。古代王权、理想化的道德教条与个人迷信使得社会成员的日常生活带上了准宗教的特征，对人的社会价值的评价以神圣精神资源为依据。世俗化改变了这一评判标准，人们不再需要超越的神圣精神资源为其物质欲望进行辩护，而是从人本身出发论证其物质欲望的合理性。

世俗化使人们将价值关怀的视野由天国转向尘世、由来世转向今生。人生的目的和意义就在于现实生活本身，此世、此生成为人们奋斗的目标。唯有被我们亲身经验到的存在者才是有价值的，此外一切皆是浮云。世俗化充分肯定了人的感性欲望的合理性。世俗化拒绝崇高，敝屣神圣，使人失去了追求超越的精神动力。人的价值追求因此不断向下滑落，醉心于物欲的满足与本能的释放。在物欲的驱动下，很多人不断地挖掘各种资源，迫不及待地换取货币。很多关系疏远、不可通约的事物在货币的中介下变得亲密无间，神圣与平凡之间的鸿沟被货币拉平了。一切神圣的事物和价值都被货币力量所消解，化为世俗的事物和价值，化为可以用货币兑换的价值。从这种意义上来说，世俗化就成了非物质价值货币化的内在动力。

（二）理性化：非物质价值货币化的方法

现代化的过程也是一个理性化的过程。理性不仅是认识的源泉与标准，也是价值的源泉与标准。"凡是合乎理性的东西都是现实的；凡是现实的东西都是合乎理性的"①，黑格尔的命题充分彰显了现代社会的理性原则。现实性是具有内在必然性的东西，因而是合乎理性的。理性化成为现代社会的标志，渗透到经济、政治、法律等各个层面，不仅充分地解放了人的理智，而且促进了科学技术的突飞猛进。但是，在理性化的过程中，理性自身发生了分裂，目的合理性不断扩展，而价值合理性日益式微。

按照马克斯·韦伯的理解，合理性分为两种，即价值合乎理性和目的合乎理性。目的合乎理性的行为是"通过对外界事物的情况和其他人的举止的期待，并利用这种期待作为'条件'或作为'手段'，期待实现自己合乎理性所争取和考虑的作为成果的目的"②。目的合理性是指将自然科学范畴所具

———————————

① ［德］黑格尔. 法哲学原理［M］. 范扬，张企泰，译. 北京：商务印书馆，1982：11.

② ［德］马克斯·韦伯. 经济与社会：上卷［M］. 林荣远，译. 北京：商务印书馆，1997：56.

有的理性计算的手段用于检测人们自身的行为及后果是否合理的过程，如资本主义企业生产的精于计算的"簿记方式"。价值合乎理性的行为是"通过有意识地对待一个特定的举止的——伦理的、美学的、宗教的或作任何其他阐释的——无条件的固有价值的纯粹信仰，不管是否取得成就"①。价值合理性体现一个人对价值问题的理性思考，强调的是动机的纯正和选择正确的手段去实现自己意欲达到的目的，而不管其结果如何。与价值合理性相区别，目的合理性只由追求功利的动机所驱使，行动借助理性达到自己需要的预期目的，行动者纯粹从效果最大化的角度考虑，而漠视人的情感和精神价值。目的合理性所把握的世界是不依赖于人和人的主观意识而存在的客观世界。以目的为取向的合理性只看重所选行为能否作为达到目的之有效手段；而以价值为取向的合理性只看重行为本身的价值，甚至不计较后果。

社会实践活动的成功取决于价值合理性与目的合理性的统一。价值合理性的实现，必须以目的合理性为手段。任何一种价值合理性的存在，必须有相应的目的合理性来实现这种价值预设；没有目的合理性，价值合理性的实现就是水中捞月。目的合理性必须以价值合理性为指导，离开价值合理性的指导，目的合理性将蜕化为统治和奴役人的工具。在马克斯·韦伯看来，随着"启蒙"的展开，人类的目的合理性日益僭越价值合理性。在日渐清醒的自我意识的驱使下，人类理性越来越体现在如何最大限度地满足自己的物欲，"工具"的意味越来越浓，而对于善恶是非之类的道德价值越来越不屑一顾。由于目的合理性只问可能不问应该，只问功利不问道义，因此经济人假设成为经济人事实。经济人是对社会人的一种抽象与简化。社会人的价值追求是立体的、丰富的。但是，目的合理性使经济人精于功利的计算，而忽视了其他方面的价值诉求。企业、医院、学校、新闻媒体等都按经济规律办事，经济规律代替了其他规律。为了创收，学校出售文凭、医院开大处方、出版社卖书号、媒体搞有偿新闻等。为了经济利益，它们放弃了其他许多非常重要的社会价值，并将这些价值兑换成数量不等的货币，社会人成为地地道道的经济动物。

---

① ［德］马克斯·韦伯. 经济与社会：上卷［M］. 林荣远，译. 北京：商务印书馆，1997：56.

（三）市场化：非物质价值货币化的中介

工业化与市场化是现代化的一体两面。工业化是生产方式的现代化，市场化是交换方式的现代化。从物物交换到电子商务，市场化经历了一个漫长的历史过程。在西方现代化的过程中，市场化是工业化的动力。"市场总是在扩大，需求总是在增加。甚至工场手工业也不再能满足需要了。于是，蒸汽和机器引起了工业生产的革命。"① 而工业化又为市场化提供了强大的物质武器：先行工业化国家利用工业优势打破国界，开拓了世界市场。在中国的现代化进程中，市场化进程严重滞后于工业化进程，在很长一段时间内，我们甚至否定和排斥市场经济。实践证明：对中国特色社会主义来说，资本主义的"卡夫丁峡谷"可以跨越，但市场经济是不可以跨越的，市场化与我国现代化共始终。

市场化过程是劳动力及其劳动产品商品化的过程。劳动力及其劳动产品商品化的程度越高，市场化程度也就越高。只有劳动力商品化，货币才能转化为资本，工业化的生产方式才能不断扩张。市场化在创造经济繁荣的同时，也产生了一些副作用：资本的趋利性导致商品货币关系向社会生活其他领域渗透与扩张。在市场经济条件下，货币成为一种无坚不摧的力量，将一切价值还原为交换价值；交换价值完全取代了事物本身的价值，最终导致了事物本身价值的隐退和丧失。非物质价值只有转化成可计算、可通约的货币，才会拥有自身的价值。因此，市场化不仅大大提高了物质产品的商品率，而且为非物质产品的商品化和货币化提供了中介。

在市场经济条件下，商品货币关系是最普遍的经济关系。但是，这种关系不能向社会生活的其他领域无限扩张。很多社会关系如政治关系、道德关系、婚姻家庭关系等都不能简单化为商品货币关系。在利益驱动下，把原本不是商品的东西当成了商品，把原本不该卖的东西换回了货币，人彻底沦为金钱的奴隶。因此，商品货币关系无限扩张其实质是一种货币拜物教。货币拜物教导致了黑白颠倒、善恶混淆。作为消费者，只要愿意按照商品的价格支付货币，就可以从市场中购买到所需要的一切。马克思对资本主义社会的这种丑恶现象曾予以深刻的批判："我是什么和我能够是什么，绝不是由我

---

① ［德］马克思，恩格斯. 马克思恩格斯选集：第 1 卷［M］. 北京：人民出版社，1995：273.

的个性来决定的。我是丑的，但是我能给我买到最美的女人。可见，我并不丑，因为丑的作用、丑的吓人的力量，被货币化为乌有了。我——就我的个人特征而言——是个跛子，可是货币使我获得二十只脚；可见，我并不是跛子。我是一个邪恶的、不诚实的、没有良心的、没有头脑的人，可是货币是受尊敬的，因此，它的持有者也受尊敬。货币是最高的善，因此，它的持有者也是善的。"①

三、走出非物质价值货币化的"价值围城"

我国正在积极稳妥地从广度和深度上推进市场化改革，以充分发挥市场在资源配置中的决定作用。然而，商品货币关系的泛化导致非物质价值货币化。把原本不该出卖的东西卖了，精神家园被货币严重玷污。非物质价值货币化既是市场化改革的吊诡，也是当代中国现代化进程中的"价值围城"。只有树立正确的价值观，我们才能走出"价值围城"。

（一）心物并重，以心养身，追求优雅生存

物质与精神是人类生活的两个方面，缺一不可。物质是人类生活的基础与条件。人类要生存，首先要进行物质资料的生产以解决衣食住行等问题。不断地提高人类物质生活水平是社会发展的重要目标之一。精神包括思想、观念、意识等方面。精神是人类生活的灵魂与统帅，为人类生活提供科学知识、价值取向、行动方案等。没有精神的生活是自然状态的生活。不断丰富和提升人民群众的精神生活也是社会发展的重要目标。从人类生活的理想状态而言，应该是精神与物质协调发展、相互促进。马尔库塞在《当代工业社会的攻击性》中指出："真正意义的发展是指物质文明和精神文明两个向度。如果人们沉醉于商品消费中，并以此作为自由和幸福的体验的话，那么这种发展只能是异化的发展。"②

在人类社会的发展过程中，精神必须保持相对的独立性，始终坚持对物质生活的指导与批判，不断地追问生活的意义：我们为什么要这样生活？什

① ［德］马克思，恩格斯. 马克思恩格斯全集：第42卷［M］. 北京：人民出版社，1979：152.
② 马尔库塞. 当代工业社会的攻击性［J］. 伯幼，任荣，译. 哲学译丛，1978（6）.

么是好的生活？只有这样，人类才能过上幸福的生活。心乃命之所系、命之所安，心是整个生活的主宰。一个人要生活得好，不仅要保持心境的宁静——静以致远，才能追求卓越与崇高；而且要保持心地的正直——正以修身，才能明辨是非善恶；还要保持心胸的宽厚——厚德载物，才能严于律己，雅量容人。以心养身的关键是要坚守道德法则，听从良知的召唤。道德是人之为人的依据。德国古典哲学家康德曾说："道德就是一个有理性的东西能够作为自在目的而存在的唯一条件，因为只有通过道德，他才能成为目的王国的一个立法成员。于是，只有道德以及与道德相适应的人性，才是具有尊严的东西。"① 在康德看来，道德是人具有尊严的根本依据。物欲失去道德的制约，良知被物欲所蒙蔽，则或利令智昏，或纵欲无度，或醉生梦死，不一而足。

　　马斯洛把人的需要划分为五个层次：生理需要、安全需要、归属和爱的需要、尊重的需要、自我实现需要。按照马斯洛的需要层级理论，物化生存仍然停留在生理需要的层次，是一种低层次的、比较粗俗的生存。近来，"土豪"成为流行的网络热词，意指现实世界中物质富足但又缺乏文化内涵的社会群体。"土豪文化"的流行实质上就是物化生存的注脚。优雅生存才是当代中国人应该追求的生存方式。优雅生存是各种需要得到充分满足的生存——身心和谐的生存、全面发展的生存、有尊严的生存和高质量的生存。

（二）义利并重，以义制利，善待他者

　　功利与道义是同一行为所产生的两种不同的价值形态。功利是行为所产生的功效和利益，道义是行为所彰显的道德义理。在道德价值结构中，功利与道义相互依存，功利为道义提供现实支撑。恩格斯在《反杜林论》中指出："人们自觉地或不自觉地，归根到底总是从他们的阶级地位所依据的实际关系中——从他们进行生产和交换的实际关系中，获得自己的伦理观念。"② 一定的社会道德总是建立在一定的利益关系之上，脱离世俗功利的道德只能是空中楼阁。道义为功利提供价值导向和价值辩护。道义是对功利的反省与评价：功利是否合理？当功利摆脱道义的制约走向唯利是图的时候，

---

① ［德］康德. 道德形而上学原理［M］. 苗力田，译. 上海：上海人民出版社，2005：55.

② ［德］马克思，恩格斯. 马克思恩格斯选集：第3卷［M］. 北京：人民出版社，1995：434.

道德义理将不复存在。道德是内在德性与外在规范的统一。不是出于德性的完善，纯粹是为了某种功利而遵守道德规范，道德沦为实现功利的工具，其实背离了道德的本质要求。不考虑行为效果，仅从善良意志出发，为义务而义务，道德会陷入空虚的形式主义，其实抽空了道德的现实基础。

功利与道义密不可分，但道义又高于功利。道义是功利的善恶标准和取舍原则。追求功利必须合乎道义，要见利思义、以义制利。那么，功利为什么要服从道义的支配呢？道义是人对人性和生活的一种价值承诺：人应该有道德。道德是文明人类的生存方式，承诺道德是人的必然选择。"人必须承诺道德，就像原捷克作家米兰·昆德拉所说的那样，选择是每一个人的宿命（have to be/to do）。没有人能够永久地生活在超然于道德承诺的纯自然状态，即使可能，他或她也没有可能超脱人们的道德评价。"①

海德格尔在《存在与时间》中提出，他者与自我的关系是共同在世的关系："此在的世界是共同世界。'在之中'就是与他人共同存在。"② 生命存在是一种共在，他者与自我是共同在世的存在者；自我的生存并非只意味着"我"，还意味着"我们"。他者伦理对于他者的关怀并不是出于个人的怜悯情感，而是出于对社会的普遍正义的理性追求。列维纳斯（E. Levinas）认为，我们必须从内在的、共在的视角来理解自我与他者的伦理关系。这种"共在性""内在性"就是"我独有的东西是与他者共享的"③。从道德的角度来看，"我"必须把"他者"作为自身的一部分来加以审视，而不是当作自己的敌人或工具。因此，损人利己、见利忘义是极端错误的。

（三）确立正确的发展战略，培育核心价值观，增强文化自信

在追赶现代化的过程中，我们的步伐有些急促。以经济建设为中心，抓住了重点，但忽视了其他方面的建设；在改造客观世界的同时，忽视了对主观世界的改造。社会是一个有机系统，任何一个方面的缺失都有可能引起机体功能失调。确立社会经济发展的战略必须始终坚持重点论与两点论的统

---

① 万俊人. 人为什么要有道德：上 [J]. 现代哲学，2003（1）：65-75.

② [德] 海德格尔. 存在与时间 [M]. 陈嘉映，王庆节，译. 北京：生活·读书·新知三联书店，1987：138.

③ E. Levinas. *Totality and Infinity* [M]. translated by Alphonso Lingis. Pittsburgh：Duquesne University Press，1969：173.

一。顾此失彼，必然导致发展失衡、社会失序。党的十八大报告提出了中国特色社会主义事业是经济建设、政治建设、文化建设、社会建设、生态文明建设五位一体总体布局。五位一体总体布局既是对以前片面发展的反省与纠偏，也是对我国今后社会经济发展的系统规划，因而是一种全面协调和可持续的发展战略。

面对发展过程中的价值迷失，我们必须积极培育社会主义核心价值观，为实现中华民族伟大复兴提供正确的价值导向。中国经过四十多年的高速发展，物质文明建设取得了举世瞩目的成就。但是，在摸着石头过河的过程中，我们的精神供给相对贫乏。面对国内外多种社会思潮和多种价值观念的冲突与挑战，我们显得有些茫然失措。培育社会主义核心价值观是塑造国家灵魂的过程，也是凝聚价值共识的过程。党的十八大报告提出了倡导富强、民主、文明、和谐，倡导自由、平等、公正、法治，倡导爱国、敬业、诚信、友善，积极培育社会主义核心价值观的要求。"三个倡导"是培育社会主义核心价值观的重要内容。富强、民主、文明、和谐是国家层面的价值目标，自由、平等、公正、法治是社会层面的价值取向，爱国、敬业、诚信、友善是公民个人层面的价值准则。"三个倡导"回答了中国特色社会主义建设中的三个基本问题：建设一个什么样的国家，建构一种什么样的社会，培养一群什么样的公民，是对五位一体发展战略的一种总体价值导向。

积极培育社会主义核心价值观是增强文化自信的重要途径。文化自信，是一个国家、一个民族、一个政党对自身文化价值的充分肯定和坚定信念。只有对自己的文化怀有坚定的信念，才能获得价值追求的从容和改革创新的活力。价值观是文化的核心。在核心价值观的培育过程中，我们一方面要继承中华民族优秀的传统文化。中华文化特别推崇爱国、仁爱、和谐等价值观念，这些核心价值观使中华民族延续了几千年。另一方面，我们要吸收人类文明优秀成果。我们要始终保持欣赏他人的眼光，但欣赏不是机械照搬，而是从基本国情出发进行本土化吸收。对于自由、平等、法治、公正、民主等反映现代化建设基本规律的具有普世意义的价值观念，我们必须始终保持包容的态度，使之融入社会主义核心价值体系。有文化自信，才能不断提高文化软实力。

第三讲　发展的价值导向：
为什么而发展

发展伦理学是一门从整体评价和规范发展实践的应用伦理学。价值观的冲突是发展伦理学的主题，价值批判是它的独特思维方式，价值导向是它的根本使命。每个人的全面而自由的发展是人类社会发展的价值总目标，公平正义是人类社会发展的价值总原则。

一、发展实践呼唤发展伦理学

从哲学上讲，发展是事物前进和上升的运动，是事物新旧交替的过程。对社会而言，发展是一种进步主义的社会理念，意味着人类生活的整体变迁。在工业化过程中，发展带来诸多问题：政治腐败、贫富差距的不断加大、环境污染、精神危机等，这些问题迫切需要伦理的价值反思和审视。

(一) 发展：人类生活的整体变迁

发展是世界的主题，也是当代中国的主题。发展是人类生活的整体变迁，既指变迁的过程，也指变迁的结果。就其过程而言，发展是整个经济和社会体制的重组和重构以及人们的生活质量不断提高的多维过程。它既包括从渔猎采集生活向农业社会的过渡，也包括从农业社会向工业社会的转型，还包括从工业社会向信息社会的飞跃。正如美国著名的发展经济学家迈克尔·P. 托达罗所说："我们必须把发展看成是涉及到社会结构、人的态度和国家制度以及加速经济增长，减少不平等和根除绝对贫困等主要变化的多方面的过程。发展从实质上讲，必须代表全部范围的变化。"① 就其结果而言，发展意味着社会进步。"发展是所有人和所有社会的整体提升：它是经济和社会改善的实质，也是文化、精神和美学成熟的实质。"② 发展涉及人类生活的方方面面。发展既是经济问题又是政治问题，既是社会问题又是文化问题，既是资源与环境管理问题又是文明问题。在改革开放四十多年的发展实践中，价值冲突一直是困扰发展的重要因素。譬如，公平与效率的冲突、两极分化与共同富裕的冲突、发展经济与保护环境的矛盾等。针对发展实践中出现的价值冲突，我们先后提出了发展才是硬道理、可持续发展、以人为本的科学发展观等发展理念。

（二）发展伦理：对发展实践进行价值审视

伦理学是以道德现象作为研究对象的价值科学。人类的发展实践离不开道德的价值辩护和价值导向。人类愈是发展，社会关系愈是丰富，道德调节将愈是广泛而深入。伦理学作为道德哲学随着人类发展实践的拓展和丰富获得了长足的进步，其突出表现就是应用伦理学的迅速崛起，几乎在发展实践的每一个方面和每一个领域都产生了相应的伦理学分支学科。譬如：经济伦理学、消费伦理学、商业伦理学、产权伦理学、行政伦理学、管理伦理学、法律伦理学、宗教伦理学、医学伦理学、生命伦理学、科技伦理学、基因伦理学、生态伦理学、家庭伦理学、性伦理学等。这些应用伦理学对人类的发展实践的每一个方面和每一个领域的道德问题进行了比较深入细致的探讨，取得了一定的成果。但这些应用伦理学分支学科往往局限于自己相对独立的研究领域和价值准则，对发展实践缺乏一个整体的、全面的、系统的价值把握和伦理反思，因此，不可避免地造成某种程度的相互分立、相互冲突的现象。理论上的分立和冲突，导致人类发展实践的种种危机。

发展实践需要对各门应用伦理学分支学科进行整合，建立一门从整体上对发展实践进行伦理考察的应用伦理学。发展伦理学就是从整体评价和规范发展实践的应用伦理学。发展伦理学以发展实践中的道德问题作为自己的研

---

① ［美］迈克尔·P. 托达罗. 经济发展与第三世界 ［M］. 印金强，赵蓉美，等，译. 北京：中国经济出版社，1994：179.

② ［美］德尼·古莱. 发展伦理学 ［M］. 高铦，等，译. 北京：社会科学文献出版社，2003：63.

究对象，它不仅关注发展实践各个方面的伦理问题，而且着重于从整体上对发展实践进行价值审视，从而在宏观上为人类的发展实践提供价值导向。因此，价值导向是发展伦理学的根本使命。所谓价值导向，就是要为人类提供评价发展实践的终极价值标准和价值选择的总体方向。

二、价值导向的内在依据

价值导向是反映社会发展本质要求和公众普遍需要的社会总体价值目标。它对社会各成员的价值取向产生引导和制约的作用，也为整个社会发展提供价值指引和终极目标。

（一）价值导向是应对人类发展危机的客观需要

回顾人类社会的发展历程，发展危机的凸现主要是在工业社会。在前工业社会，生产力水平低下，自给自足的自然经济占统治地位，发展速度缓慢，人类和自然界保持一种比较和谐的状态，发展的危机主要集中于阶级之间的矛盾，并通过社会改革或社会革命来解决这一矛盾。工业革命以后，由于科学技术的迅速发展及其在生产中的广泛应用，人类逐渐由传统农业社会进入工业社会。在工业社会，人的主体地位的确立使其能动性、创造性被空前地释放出来；市场经济的发展促成了世界市场的形成，人类交往的范围空前地扩大；现代交通和通信工具的广泛使用使地球成为人类共同居住的一个小村庄。由此，各个国家、各个民族、各个地区在政治、经济、思想文化上相互依存、相互影响的程度空前地加深；由发展所导致的危机逐渐超出国家、民族、地区的界限，危机本身的广度和深度也远远超过了传统的农业社会。工业社会的发展危机具有世界性的意义，譬如：环境污染、生态失衡；资源匮乏、能源短缺；两极分化严重、恐怖活动猖獗；人文价值失落、异化现象严重等。

这些危机的形成既有人类认识上的错误，也有方法上的失误，更重要的是价值观的迷误。美国学者威利斯·哈曼博士说："我们唯一最重要的危机主要是工业社会意义上的危机。我们在解决'如何'一类的问题方面相当成功……但与此同时，我们对'为什么'这种具有价值含义的问题，越来越变得糊涂起来，越来越多的人意识到谁也不明白什么是值得做的。我们发展的速度越来越快，但我们却迷失了方向。"① 哈曼博士的这段话揭示了工业社会人类面临的发展危机实质上是价值观的危机。这种价值观的危机集中体现在"能够"与"应该"的价值冲突中——能够做的是否就是应该做的？"'如何'一类的问题"属于人类能够做的范畴，"'为什么'这种具有价值含义的问题"属于人类是否应该做的范畴。随着科学技术的发展，人类征服和改造自然的能力空前增强，人类在用以谋求发展的方法、手段和能力方面取得了相当的成功。然而，随着环境污染、生态失衡、资源匮乏等发展危机的出现，人类不免对自己的实践能力及其后果产生怀疑：我们能够做的是否就是应该做的？在现代社会，拦河筑坝、移山填海、借腹生子、变性易容、克隆人等都是人类力所能及的事。力所能及的事就是合理的吗？答案显然需要慎重考虑、深入分析才能确定。

　　"能够"与"应该"的价值冲突，对人类而言自古就存在。譬如：杀鸡取卵、竭泽而渔、损人利己、舍义求生、卖国求荣等都是人类很早以来就能轻而易举做到的事，但大多数人不会去做。在中国传统文化中，这些行为一直受到道义上的谴责。不过，这些"能够"与"应该"的价值冲突都是比较容易解决的。随着人类实践能力的提高和选择范围的扩大，"能够"与"应该"的价值冲突变得愈来愈复杂、愈来愈尖锐。它需要超越简单肯定或简单否定的思维方式。人类面对事物内在关系的复杂性和自身不断膨胀的欲望，在"能够"与"应该"的价值冲突中变得无所适从。也就是说，"能够"与"应该"的价值冲突的困惑导致了人类发展方向的迷失。美国发展伦理学家德尼·古莱说："发展既作为美好生活的一组不同形象，又作为一种社会变革进程，对这种双重性质的最佳理解办法是集中于发展所提出的价值观冲突。这些冲突构成了发展伦理学的主题。"② 这些价值观冲突表现在对发展目标的争辩之中、对互有竞争的政治制度和经济制度的选择之中以及传统生活方式与现代生活方式之间的普遍冲突之中。

　　价值观的冲突是发展伦理学的主题。发展伦理学的根本使命就是要解决

---

① ［美］威利斯·哈曼. 未来启示录［M］. 徐元，译. 上海：上海译文出版社，1988：193.
② ［美］迈克尔·P. 托达罗. 经济发展与第三世界［M］. 印金强，赵蓉美，等，译. 北京：中国经济出版社，1994：8.

发展实践中价值观的冲突，为人类的发展实践提供价值导向，保证发展实践的合理性。对此，德尼·古莱多次强调："发展伦理学的主要任务是使得发展行动保持人道，以保证在发展旗号下发动的痛苦变革不产生反发展，反发展摧残文化，付出过度的个人痛苦并牺牲社会福利，这一切就是为了利润，为了绝对化的意识形态，或为了某种所谓的效率的需要。"① 在德尼·古莱看来，最大限度的生存、尊重与自由反映了人类的基本需要，是人类社会普适的价值观念。保持人道，就是使发展实践保证生存、尊重、自由等这些基本价值目标的实现。德尼·古莱的话表明，发展伦理学的使命就是要规范发展决策和行动，使发展符合人类的基本需要；在利润、意识形态、效率与人类的福利等多种发展目标中，要以整个人类的福利为旨归，始终保证发展的正确方向。因此，我们说价值导向是应对人类发展危机、进行正确价值抉择的客观需要。

（二）价值导向是解决当前人类价值判断合法性危机的内在要求

所谓价值判断，即主体根据一定的价值标准对客体价值的一种评估和认定，是主体对客体价值的一种观念性把握。它既包括对具体事物价值的评价，也包括对具体价值标准合理性的分析。价值判断的合法性是人们对据以评价客体价值的终极标准的理解、认同和接受程度。人们对价值判断的终极标准理解、认同和接受程度愈高，则价值判断的合法性愈充分；反之，则价值判断的合法性愈不足。从价值哲学来看，价值判断的终极标准即所谓的本体价值。本体价值是作为一切价值的存在基础和最终依据的价值，它是判断其他一切具体价值之合理性的最高准则和标准。本体价值是一种价值目标和价值理想，是一种面向未来的承诺。一般哲学的本体是"存在"，而价值哲学的本体是"应该存在"。② "应该存在"为世界应该是什么提供价值观基础，目的在于为超越和完善这个"事实世界"提供理想和目标。一般哲学的本体是追根溯源的，着力于描述和解释世界；价值哲学的本体是面向未来的，着力于改造和完善世界。价值哲学的本体以"实践着的人"为起点，以理想的人为归宿。本体价值则是根据价值哲学的本体这一特性而设定的一种价值目

① ［美］德尼·古莱. 发展伦理学［M］. 高铦，等，译. 北京：社会科学文献出版社，2003：31.
② 邓安庆. 论价值哲学的本体论研究［J］. 江汉论坛，1997（3）：52-55.

标和价值导向，是一种具有终极关怀性质的目的性价值。

价值判断的合法性危机就是价值判断缺乏一个普遍有效和客观合理的标准，价值判断走向实用主义和相对主义。它具体表现在两个方面。一方面根本否认本体价值的存在。价值哲学兴起于 19 世纪末。尼采提出"重估一切价值"，着重于摧毁以上帝为基础的基督教价值观，而很少正面从理论上建构一种新的本体价值观。继尼采之后的新康德主义强调哲学的价值属性，致力于哲学的价值转向而非具体的本体价值观的建构。20 世纪，维也纳逻辑实证主义以"拒绝形而上学"为纲领，得到了英美哲学家的热烈响应。他们不仅否认本体价值的存在，有些人甚至不承认哲学上的价值概念，认为价值只是一个经济上的日常功用性概念。英国哲学家 A. J. 艾耶尔在其《语言、逻辑和真理》一书中从情感主义出发，认为价值只是一种情感的表达，否认价值判断的合理基础，是价值判断合法性危机的典型表达。另一方面对本体价值做出错误的承诺，造成现实生活中价值观念的混乱。譬如，就我国当前价值哲学的研究来看，这一问题就比较突出。有人认为，"实践标准是价值评价的最终标准，生产力是根本标准，综合国力是直接的现实标准，人民利益是最高标准，它们相互联系，相互作用，构成一个有中国特色社会主义的价值体系"[1]。也有人提出"'三个有利于'是新时期最高的价值标准"[2]。还有人主张，"人是价值的主体，人的全面自由的发展无疑具有最高的价值"[3]。"最高标准""最终标准""根本标准""最高价值"其实都是对本体价值的一种表述。如此多的价值判断的终极标准，的确让人无所适从，必将导致人们价值判断的混乱。

对价值缺乏一种形而上学的本体思辨是造成价值判断合法性危机的认识论根源。在价值哲学的研究中，人们往往把价值看作一个日常生活中的功用性概念，停留在对具体价值的研究层面上，而忽视了从最一般的意义上研究价值现象，忽视了对各种具体价值进行概括和提升；只看到了价值的功用性、现实性和相对性的一面，而忽视了价值的超越性、理想性和绝对性的一

---

① 石云霞. 当代中国价值观论纲 [M]. 武汉：武汉大学出版社，1996：30.

② 薛祖国. "三个有利于"——新时期最高的价值标准 [J]. 云南师范大学学报，1998 (5)：23-26.

③ 郁建兴. 关于马克思价值概念的商榷 [J]. 哲学研究，1996 (8)：40-47.

面。从而不能从相对把握绝对、从个性中发现共性、从有限中体会无限，也就无法为价值判断找到一个普遍有效和客观合理的标准。因此，价值导向也是解决当前人类价值判断合法性危机的内在要求。

三、价值导向的基本步骤

工业社会人类面临的发展危机实质上是价值观的危机，而价值观的危机归根到底又是价值判断的合法性危机，解决这一危机的有效方法就是进行价值导向。对发展实践的价值导向可以分为如下三个基本步骤。

（一）价值清理

所谓价值清理，就是对引导和影响发展实践的各种价值观念进行搜集整理。价值清理又可以分为两个步骤。首先是搜集发掘。一方面要把在发展实践的各个方面、各个领域明确存在的价值观念尽可能详细地列举出来；另一方面要对尚未明确的、蕴含在发展实践中的价值观念进行发掘提炼。其次是分类整理。以人处理与自身和外界关系的态度为标准对价值观念进行甄别分类，大体说来可以分为如下四类。第一类，就人与自身的关系而言，存在享乐主义与禁欲主义、现实主义与理想主义、物质主义与情感主义、乐观主义与悲观主义、理性主义与非理性主义等价值观念的对立；第二类，就人与他人的关系而言，存在利己主义与利他主义、功利主义与义务主义、平等主义与等级主义等价值观念的冲突；第三类，就人和自然的关系而言，存在自然中心主义与人类中心主义、自然主义与主体主义、科学主义与人文主义等价值观念的争论；第四类，就人与社会的关系而言，存在民主政治与极权主义，保守主义与自由主义，公平与效率，自由与平等，个人主义（个人本位）、集体主义（群体本位）、民族主义、国家主义与世界主义等价值观念的分歧。价值清理的目的就是要弄清有哪些价值观念在引导和影响发展实践，以便为价值批判提供材料。

（二）价值批判

价值观的冲突是发展伦理学的主题，因此价值批判就成为发展伦理学独特的思维方式。所谓价值批判，不是指对发展实践和发展观念进行批评和否定，而是指对发展实践和发展观念作价值意义上的分析、考察和反思。它不仅对具体的发展实践进行价值评价和反思，而且对引导发展实践的价值观念、价值标准进行检讨和追问：前者是一种具体的价值批判，后者是一种抽象的价值批判，是一种前提性的批判。价值批判作为一种前提性的批判，是一种形而上学的本体论思辨。它就是一种区分本质和现象的努力，也是一种考察价值基础的努力，要从相对把握绝对，从个性中发现共性，从有限中体会无限。它永不停息地怀疑一切在人们看来看似公正合理的东西，从而为价值判断找到一个可靠的基础。在价值批判中，首先，要澄清概念，去伪存真，揭示各种价值观念的实质。在这些相互对立的价值观念中，有些属于概念上的滥用，名异而实同，是一种虚假的冲突；有些内涵十分复杂，要确定其在不同的历史语境的具体含义，避免无谓的争论。在此基础上，区分哪些价值观念是本源性的、基础性的，哪些价值观念是派生性的和依附性的。其次，要从人类的现实生活和发展实践出发，以符合人类普遍的心理需求和人类社会发展的客观规律的程度为标准确定各种价值观念的层次高下和性质优劣，使人类在面临价值冲突时能进行正确的价值取舍。

（三）确立发展的价值总目标

对发展实践及其价值观念的批判，为发展价值总目标的确立奠定了理论基础。价值批判的最终目的就是确立发展的价值总目标，为发展实践提供一个主导性的价值参照。

对于发展价值总目标的确立，人类经历了一个艰难的探索过程。传统的经济发展观把发展理解为经济增长，把经济增长看成是发展的终极目标，它反映人类要求摆脱贫困、改变现状的强烈愿望。但经济增长的驱动引起人类对自然的无限扩张和野蛮征服，造成了环境污染、物种减少、全球变暖等生态危机和人的物化、异化等人文危机。为了克服传统发展观的弊端，人类提出了生态发展观。生态发展观强调任何物种和生物个体对生态系统的整体功能的完善都具有内在价值，把维护生态系统的完整性看成发展的终极目的。生态发展观赋予自然界权利和价值的思想，表达了人们要求改善生态环境的迫切要求，但实际上是消解了人，把人降低到了自然存在物的水平，在实践上是很难落实的。20世纪80年代，人类面对世界性的发展危机又提出了可持续的发展观。可持续发展是既满足当代人的需求，又不对后代人满足其需求的能力构成危害的发展。它以人类的可持续发展作为发展的终极价值目标，抓住了问题的根本，为确立发展的终极价值目标提供了正确的思路。但可持续发展观仅仅把发展的目标定位在人种的延续和人类的生存层面还是不够的。

发展伦理学是以人为本的。被西方媒体推崇为千年伟人的马克思为人类社会的发展确立了一个崇高的价值目标。马克思指出，未来的理想社会是"以每个人全面而自由的发展为基本原则的社会形式"①。未来的理想社会即共产主义社会。共产主义不仅是一种政治理想，同时也是一种价值理想。每个人的全面而自由的发展是马克思主义理论中最崇高的价值理想，也是整个马克思主义学说的理论归宿。

每个人的全面而自由的发展这一价值目标是主体的价值诉求与社会历史发展规律的统一。马克思认为人的发展是一个由不自由到自由、由片面到全面的发展过程。发展的目的在于不断摆脱自然、社会和自身能力的限制而获得自由。每个人的全面而自由的发展这一价值目标反映了人最本质、最深刻的需要。另一方面，每个人的全面而自由的发展这一价值目标是在考察了人的发展与社会历史发展的内在联系的基础上得出的必然结论。马克思指出人的发展依次经历了三个基本的历史阶段：人的依赖性占统治地位的阶段、以物的依赖关系为基础的人的独立性阶段、建立在个人全面发展和他们共同的社会生产能力成为他们社会财富这一基础上的自由个性阶段。因此，每个人的全面而自由的发展这一价值目标是在个体能力发展的基础上根据历史发展规律而做出的一种科学预测，完全符合历史发展的客观趋势。因此，每个人的全面而自由的发展既反映了人类的普遍的心理需求，又符合历史发展的客观规律，必然成为人类社会发展的价值总目标。

---

① ［德］马克思，恩格斯. 马克思恩格斯全集：第 23 卷［M］. 北京：人民出版社，1979：649.

第四讲　社会主义核心价值观：
　　中国崛起的精神动力

　　党的十八大报告提出了倡导富强、民主、文明、和谐，倡导自由、平等、公正、法治，倡导爱国、敬业、诚信、友善，积极培育社会主义核心价值观的要求。2013 年 12 月 23 日，中共中央办公厅印发了《关于培育和践行社会主义核心价值观的意见》。该《意见》将"三个倡导"作为社会主义核心价值观的基本内容——富强、民主、文明、和谐，是国家层面的价值目标；自由、平等、公正、法治，是社会层面的价值取向；爱国、敬业、诚信、友善，是公民个人层面的价值准则。"三个倡导"凝聚了人类文明发展过程中最先进、最美好的价值理念，是培育社会主义核心价值观的重要内容。这些价值理念具有丰富的伦理意蕴，它针对国家、制度和公民分别提出了相应的伦理要求，回答了中国特色社会主义建设中的三个基本问题：建设一个什么样的国家，建构一种什么样的社会，培养一群什么样的公民。"三个倡导"是对中华民族精神家园的一种总体设计，为整个社会的伦理运行描绘了一幅动人的图景，内蕴着国家伦理、制度伦理、公民伦理的互动机制。"三个倡导"是我们党对时代发展问题的积极回应和对中国崛起的文化自觉。在经济体制深刻变革、社会结构深层变动、利益格局重大调整的社会转型期，各种价值观念长期并存，各种社会思潮竞相登场，很多人无所适从，导致思想困惑、价值迷失。积极培育和践行"三个倡导"是引领社会思潮、凝聚价值共识的一项重要举措，它将为实现中国梦提供强大的精神动力。

一、国家伦理与共同理想的凝聚力

　　在霍布斯看来，国家起源于人类从自然状态进入社会状态的过程中，是遏制暴力、维护和平的主权者："国家的本质就存在于它身上，用一个定义来说，这就是一大群人相互订立信约，每个人对它的行为授权，以便使它能按其认为有利于大家的和平与共同防卫的方式运用全体的力量和手段的一个人格。"① 实际上，进入阶级社会，国家首先是阶级统治的工具。恩格斯在《家庭、私有制和国家的起源》中指出："国家是文明社会的概括，它在一切典型的时期毫无例外地都是统治阶级的国家，并且在本质上都是镇压被压迫被剥削阶级的机器。"② 但是，在名义上，国家又是整个社会的正式代表，还承担着管理公共事务的职能。马克思、恩格斯在《共产党宣言》中指出："现代的国家政权不过是管理整个资产阶级的共同事务的委员会罢了。"③ 国家只有执行这种社会公共事物的管理职能，才能保持社会的持续稳定，才能最终达到阶级统治的目的。

（一）国家伦理：国家合法性的重要来源

国家要实现长治久安，必须具有一定的合法性。哈贝马斯认为："合法性意味着某种政治秩序被认可的价值——这个定义强调了合法性乃是某种可争论的有效性要求，统治秩序的稳定性也依赖于自身（至少）在事实上被承认。"④ 某种政治秩序被认可的价值与一定历史时期整个社会的价值诉求相联系，只有这种政治秩序与整个社会的价值诉求具有内在的一致性，国家才具有合法性。国家的合法性是民众对国家政治统治的认同与支持程度，这种合法性取决于国家在多大程度上维护和体现了广大民众的利益诉求。从民众的视角来看，国家的合法性是一个应该建立一个什么样的国家的问题，是民众对国家建设的一种价值期待。国家在维护统治阶级利益的同时，必须适当地考虑社会民众的利益，以便获得民众的支持与认同；否则，政治秩序难以维持。只有国家具有合法性，它才可能占据道德上的制高点，从而赢得各族人民的尊重，国家才有向心力与凝聚力。国家的合法性蕴含着对于国家自身的伦理要求，国家只有具备一定的道德属性才能获得其合法性。国家伦理体现了国家的道德属性，是国家合法性的重要来源。

① ［英］霍布斯. 利维坦［M］. 黎思复，等，译. 北京：商务印书馆，1985：132.
② ［德］马克思，恩格斯. 马克思恩格斯选集：第4卷［M］. 北京：人民出版社，1995：176.
③ ［德］马克思，恩格斯. 马克思恩格斯选集：第1卷［M］. 北京：人民出版社，1995：274.
④ ［德］哈贝马斯. 交往与社会进化［M］. 张博树，译. 重庆：重庆出版社. 1989：184.

　　国家既是一种最高的政治实体，也是一种特殊的伦理实体："自在自为的国家就是伦理性的整体，是自由的现实化；而自由之成为现实乃是理性的绝对目的。"① 国家伦理是国家作为一个行为主体所应当遵循的行为规范和价值原则，是国家对其自身及其全体国民所承担的道德责任。国家伦理的目的在于使国家成为一个有道德的主体，制约与引导国家行为，从而为国家承担其主权与治权责任找到一种道德治理的路径。国家伦理是社会全部精神生活的起点，只有道德的国家才能造就道德的社会和道德的人。国家伦理的善恶就体现在国家伦理的价值目标之中，国家伦理的价值目标是整个国家发展的总体指向和"国家意志"的价值呈现，国家伦理的价值目标具有鲜明的时代特征。随着时代的变迁和国家性质的改变，国家伦理的价值目标也会发生相应的改变。至善、个人权利、国家利益、社会正义等曾经都是不同时期国家伦理追求的价值目标。中华人民共和国是工人阶级领导的以工农联盟为基础的人民民主专政的社会主义国家。我国国家伦理的价值目标必须反映广大人民群众对于国家建设的共同企盼。

　　（二）富强、民主、文明、和谐：国家伦理的基本价值目标

　　"三个倡导"囊括了我国国家伦理的基本价值目标。"三个倡导"表明我们致力于建设的国家将是一个富强、民主、文明、和谐的社会主义现代化国家。这是全国各族人民在社会主义初级阶段对于国家建设的共同理想。富强指经济的繁荣和国力的强盛，民主指人民当家作主，文明指体面优雅的生存状态，和谐指人与人、人与自然、人与社会的共生共荣。富强、民主、文明、和谐既是国家生存发展的战略目标，也是国家生存发展的伦理要求。也就是说，富强、民主、文明、和谐是全民之所欲，是善的；而贫弱、专制、野蛮、动荡则是全民之所憎，是恶的。以富强、民主、文明、和谐为基本价值目标的国家伦理的提出是对当代中国国家建设的伦理自觉，树立了一种全面现代化的国家形象。自鸦片战争到中华人民共和国成立的一百多年里，中国人民饱受封建主义、官僚资本主义和帝国主义的压迫与剥削；国家贫弱、政治黑暗、文化落后、社会动荡，广大人民群众一直生活在水深火热之中。落后就要挨打。只有国家好、民族好，大家才会好，这是中国近现代历史给

---

① ［德］黑格尔. 法哲学原理［M］. 范扬，张企泰，译. 北京：商务印书馆，1982：258.

予人们的基本启示。因此，实现国家的富强、民主、文明与和谐不仅是几代中国人的历史夙愿，而且是当今广大人民群众的共同企盼。国家伦理的合理性既证明了国家的合法性，同时又是国家力量的重要源泉。国家力量是一个国家生存发展所拥有的全部实力的总和，它既包括经济、科技、军事等硬实力，也包括思想文化、意识形态、国民素质、思维创新等软实力。

（三）共同理想的凝聚力

从国家的文化软实力来看，以富强、民主、文明、和谐为基本价值目标的国家伦理蕴藏着共同理想的凝聚力。共同理想是中国特色社会主义核心价值体系的主题，是全国各族人民团结奋斗的精神支柱和力量源泉。共同理想符合社会主义建设规律，反映了全国各族人民的共同愿望，是一种超乎想象的国家力量。人心的向背关系到事业的成败，只有广大人民群众同心同德地参与，全心全意地付出，心往一处想，劲往一处使，才能汇聚成强大的力量。在社会主义现代化建设过程中，共同理想发挥着统一思想、凝聚人心的巨大作用。邓小平同志曾指出："我们这么大一个国家，怎样才能团结起来、组织起来呢？一靠理想，二靠纪律。组织起来就是力量。没有理想，没有纪律，社会像旧中国一样一盘散沙，那我们的革命怎么能够成功？我们的建设怎么能够成功？"[①] 从全面建成小康社会到实现社会主义现代化，都离不开共同理想的维系和支撑。以富强、民主、文明、和谐为基本价值目标的国家伦理是现阶段全国各族人民共同理想的伦理表述，是整合各种社会力量的黏合剂。随着改革开放的深化，社会阶层分化加剧。然而，社会越分化，就越需要增强整合力与凝聚力。社会整合是社会中各因素和各系统化为一个有机整体的过程和结果。共同理想具有强大的社会整合功能，是统一人们的思想和行为的思想武器，是凝聚人心的强大精神力量。这种共同理想既是一种政治理想，也是一种道德理想。这种共同理想让人们感觉到：我们的国家前程似锦，我们的未来无限美好。这种共同理想勾勒了中国现代化建设的总体目标，是整个社会正能量的重要源泉。没有这种共同理想的支撑，整个国家将是一盘散沙，中国梦将成白日梦。

---

① 邓小平.邓小平文选：第3卷［M］.北京：人民出版社，1993：111.

二、制度伦理与制度正义的驱动力

制度是分配社会的基本权利与义务以调节社会关系的规则体系。按照存在形式，制度可以分为正式制度和非正式制度。正式制度包括由国家或政府制定的具有强制力的一系列法律、法规、政策等。非正式制度包括人们在社会交往中形成的具有心理约束力的文化传统、伦理道德、风俗习惯等。制度是社会治理的重要工具。制度构成了社会的基本结构，为整个社会运行提供了游戏规则。制度缺失或不合理都会使社会秩序难以维系。制度伦理是制度安排与制度运行过程中必须遵循的价值取向与行为规范。

（一）制度伦理：制度合法性的重要依据

制度为什么需要接受伦理的考量？或者说，伦理为什么要介入制度的建构与运行？制度伦理是沟通制度与伦理的中介。制度伦理使制度与伦理相互渗透、相互支撑、相互促进，实现了制度与伦理的有机结合，对人的行为形成强大的规范力量。"制度好可以使坏人无法任意横行，制度不好可以使好人无法充分做好事，甚至会走向反面。"① 制度伦理也是制度合法性的重要依据。任何制度只有符合社会的道德目的，才能获得社会公众的认同与支持，才能有效地发挥作用。制度伦理还是个人职责与义务的重要依据。制度伦理的目的在于建构社会的伦理秩序，使得人们能够从制度中汲取符合时代要求的伦理观念，从而实现社会的和谐稳定。罗尔斯在《正义论》中论证了制度伦理对于个体道德的意义。他认为，对制度的道德选择应当先于对个人的道德选择："一个人的职责和义务预先假定了一种对制度的道德观，因此，在对个人的要求能够提出之前，必须确定正义制度的内容。这就是说，在大多数情况下，有关职责和义务的原则应当在对社会基本结构的原则确定之后再确定。"② 只有道德的制度，才能建构道德的社会，才能造就道德的人。

（二）自由、平等、公正、法治：制度伦理的基本价值取向

"三个倡导"囊括了我国制度伦理的基本价值取向。"三个倡导"表明我

---

① 邓小平. 邓小平文选：第 2 卷［M］. 北京：人民出版社，1999：333.

② ［美］罗尔斯. 正义论［M］. 何怀宏，何包钢，廖申白，译. 北京：中国社会科学出版社1988：110.

们致力于建构的社会将是一个自由、平等、公正、法治的社会。自由、平等、公正、法治既是中国特色社会主义社会发展的价值企盼，也是中国特色社会主义制度的应有德性。自由、平等、公正、法治是民心所向，是善的；而奴役、等级、不公、人治则违背民心，是恶的。自由是人的本质与需要，奴役与压迫会导致人的异化。针对资本主义社会造成人的异化与片面发展，马克思指出，未来的理想社会是"以每个人全面而自由的发展为基本原则的社会形式"①。每个人全面而自由的发展是马克思主义理论中最崇高的价值理想。自由也是个人自我实现的根本条件。只有拥有自由，才能充分发挥个人的潜能，因此，自由成为制度保护公民基本权利的首要选择。平等是一种与生俱来的人格权利。英国著名法律史学家梅因指出："所有进步社会的运动，到此处为止，是一个'从身份到契约'的运动。"② 身份是对人格状态的一种限定，是分配社会资源的重要依据。身份不平等导致等级特权，等级特权将严重破坏社会公正。平等是对等级特权的否定。人没有高低贵贱之分：每个人都应受到一视同仁的对待。因此，平等成为制度确认成员资格的一个基本价值取向。公正即公平正义、合理、得当。公正是社会效率的保证。机会均等原则和按贡献分配权利原则能最大限度地发挥个人的潜能，是社会效率的活水源头。公正也是社会和谐的基础。公正保证了每个社会成员的基本权利和尊严，有利于社会的各个阶层合作与互动，减少矛盾与冲突。社会不公则容易激化社会矛盾，引发冲突与动荡。因此，公正是制度分配基本权利与义务必须遵循的价值取向。法治是依照宪法和法律来治理国家，是我们党治国理政的基本方式。仅靠圣人或贤人治理国家容易产生徇情枉法、意气用事、人亡政息等弊端。法治是对规则的遵守与敬畏，有利于保证制度的持续稳定，维护国家的长治久安。法律是制度的基本构件，实行法治是制度得以实施的前提条件。因此，法治必然成为制度建设必须坚守的价值理念。自由、平等、公正、法治是现代社会制度安排与制度运行的基本价值取向。以自由、平等、公正、法治为基本价值取向的制度伦理建构了一种公平正义、海晏河清的社会理想。

---

① ［德］马克思，恩格斯. 马克思恩格斯全集：第 23 卷［M］. 北京：人民出版社，1979：649.
② ［英］梅因. 古代法［M］. 沈景一，译. 北京：商务印书馆，1995：71.

（三）制度正义的驱动力

从国家的文化软实力来看，以自由、平等、公正、法治为基本价值取向的制度伦理蕴藏着制度正义的驱动力。制度正义是对制度安排是否公平合理、是否体现正义原则、是否具有正义的属性的价值评价。任何制度安排都是建立在一定的价值取向之上的。归根结底，制度正义是对支撑制度的价值取向本身合理性的价值追问与道德考量。制度正义是制度合法性的根本源泉，是一种根植于广大民众的道义力量，它为社会经济发展注入了强大的驱动力。制度决定了社会资源的分配方式，并自始至终地影响每一个人的生活前景。"社会的制度形式影响着社会的成员，并在很大程度上决定着他们想要成为的那种个人，以及他们所是的那种个人。"① 正义是制度的首要德性，制度正义与否直接影响个人能动性的发挥。正义的制度是激发个人能动性的重要机制，不正义的制度将会严重挫伤个人的积极性、主动性和创造性。制度正义的驱动力主要表现为制度安排所提供的激励机制。党的十一届三中全会以后，农村家庭联产承包责任制淘汰了"一大二公""以队为家"的经济组织结构，使农民的收入与劳动直接挂钩，大大调动了农民种田的积极性，农民生活水平迅速提高，这充分展现了制度安排所蕴藏的激励机制。要发挥制度的激励机制，制度安排必须遵循自由、平等、公正、法治等基本价值取向。唯物史观认为，人民群众是历史的创造者，决定历史发展方向的是"行动着的群众"。要实现中华民族伟大复兴，必须紧紧依靠人民，充分激发广大人民的积极性、主动性、创造性。公平正义是中国特色社会主义的内在要求。以自由、平等、公正、法治为基本价值取向的制度安排充分彰显了制度正义，为每一个人提供了公平竞争的机会。公平竞争所形成的强大激励机制有利于激发人的能动性，实现人尽其才，促进社会进步。以自由、平等、公正、法治为基本价值取向的制度伦理是国家伦理的具体落实和公民伦理的价值参照，为国家伦理和公民伦理的运行提供了背景正义和制度保障。只有自由、平等、公正、法治的社会，才能培养出爱国、敬业、诚信、友善的公民，才能建设成富强、民主、文明、和谐的现代化国家。

---

① ［美］罗尔斯. 政治自由主义［M］. 万俊人，译. 南京：译林出版社，2000：285.

三、公民伦理与公民品德的亲和力

公民概念源于古希腊时期的奴隶制民主政治。亚里士多德指出："公民的通常含义是参与统治和被统治的人。不同的政体有不同的公民，但在最优良的政体中，公民指的是为了依照德性的生活，有能力并愿意进行统治和被人统治的人。"① 在古希腊，公民是能够参与城邦事务的自由人，奴隶、女人、小孩等都不是公民。在中世纪，随着奴隶制民主政治的消失，公民概念也少有使用。进入现代社会，公民概念重获生机，成为现代社会成员资格的统称。一般而言，公民是指具有一国国籍并依法享有权利和承担义务的社会成员。

（一）公民伦理：公民社会的道德基础

在市场经济条件下，普遍的交换关系造成了普遍的依赖关系。公民之间互为目的与手段，公民关系是一种相互依赖的关系。"在公民社会中，每个人都以自身为目的，其他一切在他看来都是虚无。但是，如果他不同别人发生关系，他就不能达到他的全部目的，因此，其他人便成为特殊的人达到目的的手段。但是特殊目的通过同他人的关系就取得了普遍性的形式，并且在满足他人福利的同时，满足自己。"② 公民社会是自由逐利的场所，但是，这种逐利行为必须始终受到伦理的制约。相互依赖的关系意味着每一个公民不仅要考虑到自己也要考虑到他人的存在，并且每个人在关系上始终受到他人的约束。公民伦理是公民在公共交往中形成的关系以及处理这些关系必须遵守的行为规范与价值原则。这种伦理实质上是全体公民对个人利益、他人利益与公共利益的自觉调节与维护，是一种自由与责任、权利与义务相统一的伦理。

公民伦理是公民社会的精神维度，对于维护公共生活秩序具有重大意义。公民伦理首先是对公民概念的伦理规定，是每一个公民参与社会生活的

① ［古希腊］亚里士多德. 政治学 ［M］. 颜一，秦曲华，译. 北京：中国人民大学出版社，2001：100.

② ［德］黑格尔. 法哲学原理 ［M］. 范扬，张企泰，译. 北京：商务印书馆，1982：197.

必要条件。假如社会是一种公平合作的系统，那么，社会的良序运行离不开每个人自由而平等地参与。罗尔斯指出："个人被看作是因其在必要程度上拥有两种道德人格能力——即正义感能力和善观念的能力——而成为自由平等的个人。"① 正义感与善观念是公民必备的道德修养。正义感能力是理解、运用和践行公共正义观念的能力，善观念的能力是形成一种合理追求个人利益的能力。两种道德能力是人的内在条件。每个人只有拥有两种道德能力，才能成为一个自由而平等的公民，才能正常地参与社会生活。公民伦理也是制度运行的主体基础。制度的正常运行离不开人的道德品质。在公民社会中，每个公民只有具备一系列的道德品质，才能实现制度对公民的有效制约。为此，麦金太尔（Alasdair MacIntyre）在《追寻美德》一书中指出："在美德与法则之间还有另一种关键性的联系，因为只有对于拥有正义美德的人来说，才可能了解如何去运用法则。"②

（二）爱国、敬业、诚信、友善：公民伦理的基本价值准则

"三个倡导"囊括了我国公民伦理的基本价值准则和公民道德建设的基本内容。"三个倡导"表明我们致力于培养的公民将是一群爱国、敬业、诚信、友善的公民。爱国即热爱自己的国家，有一种家国天下的情怀。国家是公民福利的来源，爱国是公民对自己国家的基本责任。敬业就是热爱自己的职业，认真做好本职工作。职业是公民自我实现的重要途径，敬业是公民对自身的基本责任。诚信即诚实守信，严格遵守契约。现代社会本质上是一种契约社会，契约为公共生活的良性运行提供了制度保障，遵守契约是公民对他人的一种基本责任。友善就是友好善良，关爱他人。积善成德，神明自得；赠人玫瑰，手有余香。人间需要温情，友善是公民对待他人的态度与习惯。爱国、敬业、诚信、友善是维持正常社会交往的优良品德；卖国、渎职、欺诈、残暴则是破坏正常社会交往的恶劣品德。每个人都应该把自己视为良序社会的一个合格成员，在社会生活中养成良好品德。爱国、敬业、诚信、友善既是公民伦理的基本行为规范，也是现代公民必须具备的基本品

---

① ［美］罗尔斯. 政治自由主义［M］. 万俊人，译. 南京：译林出版社，2000：36.

② Alasdair MacIntyre. *After Virtue*［M］. Notre Dame：The University of Notre Dame Press，1981：152.

德。以爱国、敬业、诚信、友善为基本价值准则的公民伦理塑造了一种顶天立地、正道直行的现代公民理想人格。改革开放以后，公民的道德水平也出现了两极分化的情况，既有敬业奉献、见义勇为的道德楷模，也有见死不救、见利忘义的卑鄙小人。以爱国、敬业、诚信、友善为基本价值准则的公民伦理为应对这种复杂的道德状况提出了明确的价值导向。公民伦理是国家伦理和制度伦理的内化与践行，为国家伦理和制度伦理的运行提供了坚实的群众基础。马丁·路德·金曾指出："一个国家的前途，不取决于它的国库之殷实，不取决于它的城堡之坚固，也不取决于它的公共设施之华丽，而在于它的公民品格之高下。"① 公民的品格决定了国家的前途。只有爱国、敬业、诚信、友善的公民，才能建构自由、平等、公正、法治的社会，才能成就富强、民主、文明、和谐的国家梦想。

（三）公民品德的亲和力

从国家的文化软实力来看，以爱国、敬业、诚信、友善为基本价值准则的公民伦理蕴含着公民品德的亲和力。这种亲和力首先是一种化解利益冲突、维护社会和谐的力量。在市场经济条件下，利益主体日益多元化，不同利益主体之间的利益冲突是不可避免的。只有爱国、敬业、诚信、友善的公民才能自觉地协调好自己与国家、与社会、与他人之间的利益冲突，维护和谐稳定的大局。而卖国、渎职、欺诈、残暴等恶劣品德是社会和谐稳定的破坏力量。这种亲和力还是一种促进融洽相处、推动团结合作的力量。社会是一个世代相继的合作体系。作为一个社会的人，与世隔绝、离群索居是不可能的。每一个人都必须参与社会合作，并从中分享社会合作的益处。爱国、敬业、诚信、友善是公民团结合作的品德基础，爱国是对国家的忠诚，敬业是对职业的热爱，诚信、友善是对他人的信任。这种忠诚、热爱和信任是公民团结合作的黏合剂和精神纽带。离心离德、背信弃义将严重破坏社会的团结合作。

精神家园是人的安身立命之本。任何一个民族不可能没有自己的精神家园。"三个倡导"是全国各族人民的价值最大公约数，从国家伦理、制度伦理、公民伦理三个层面建构了中华民族共有的精神家园。如果把"三个倡

---

① ［英］塞缪尔·斯迈尔斯. 品格的力量［M］. 刘曙光，译. 北京：北京图书馆出版社，1999：1.

导"比喻为一座大厦，那么，富强、民主、文明、和谐就是大厦的屋脊，处于最耀眼、最崇高的位置；自由、平等、公正、法治就是大厦的主体，是支撑大厦的基本结构；爱国、敬业、诚信、友善就是大厦的基石，为大厦提供了最为坚实的支撑。国家伦理、制度伦理、公民伦理相互依存、相互渗透、相互促进，使"三个倡导"成为一个不可分割的有机整体。黑格尔断言："伦理本性上是普遍的东西，这种出自于自然的关联本质上也同样是一种精神，而且它只有作为精神本质时才是伦理的。"① 伦理铸就德性，德性就是力量。"三个倡导"具有丰厚的伦理意蕴，为实现中国梦提供了强大的精神动力。

---

① ［德］黑格尔. 精神现象学：下卷［M］. 贺麟，王玖兴，译. 北京：商务印书馆，1996：8.

第五讲　领导干部道德：社会主义核心价值观建设的关键

　　领导干部的道德修养是行政伦理的重要内容。中共中央《关于培育和践行社会主义核心价值观的意见》指出，领导干部要在培育和践行社会主义核心价值观中充分发挥模范带头作用。在社会主义核心价值观建设过程中，的确涌现了一批身体力行、率先垂范的优秀领导干部。但是，在反腐斗争中，我们也发现了不少领导干部道德失范，对社会主义核心价值观建设造成了严重危害。党的十九大报告指出："人民群众最痛恨腐败现象，腐败是我们党面临的最大威胁。只有以反腐败永远在路上的坚韧和执着，深化标本兼治，保证干部清正、政府清廉、政治清明，才能跳出历史周期率，确保党和国家长治久安。"① 领导干部道德失范是腐败的重要思想根源。要充分发挥领导干部在社会主义核心价值观建设中的政治领导和模范带头作用，就必须切实加强领导干部道德建设。

一、领导干部道德对社会主义核心价值观建设的重要意义

　　从精神品格的意义上来说，社会主义核心价值观是一种关于国家、制度和公民的总体性道德构想。"核心价值观其实是一种德，既是个人的德，也

　　① 习近平. 决胜全面建成小康社会，夺取新时代中国特色社会主义伟大胜利——在中国共产党第十九次全国代表大会上的报告［J］. 党建，2017（11）：15-34.

是一种大德，就是国家的德、社会的德。"①"个人的德"指公民道德，"一种大德"指国家道德和制度道德（制度构成了社会的基本结构，"社会的德"实为制度的道德要求）。作为社会主义核心价值观建设的领导力量，领导干部应该是社会主义核心价值观的坚定信仰者、积极践行者和榜样示范者。领导干部道德即领导干部的行为规范和道德品质，它与国家道德、制度道德和公民道德有着密不可分的内在联系，是社会主义核心价值观建设的重要抓手。

（一）领导干部道德是社会主义核心价值观制度化的道德支撑

中共中央《关于培育和践行社会主义核心价值观的意见》强调，要将社会主义核心价值观融入制度建设之中，为培育和践行社会主义核心价值观提供好人好报、恩将德报的正向效应。社会主义核心价值观的制度化是社会主义核心价值观建设的一项重要目标。制度离不开价值观的指导，价值观也离不开制度的保障。制度化是实现价值的一项重要机制，"价值通过合法与社会系统结构联系的主要参照基点是制度化"②。社会主义核心价值观由观念到实在的转化不仅需要宣传教育，而且需要制度安排。

"制度只不过是个人之间迄今所存在的交往的产物。"③ 作为生产方式的社会固定形式，制度是规范人们基本权利和义务关系的规则体系。正义是制度安排的根本要求："正义是制度的首要价值，正如真理是思想体系的首要价值一样。一个思想体系，无论多么精致和简练，只要不具真理性，就必须予以拒绝或修正；同样，一定的社会和法律制度，无论多么有效率和有条理，只要不公正，就必须予以改革或废除。"④ 由此，制度正义成为人们评判制度安排是否体现了正义原则的价值范畴——制度合法性的重要源泉。制度正义是一种根植于广大公众之中的驱动力。这种驱动力主要表现为制度安排所提供的激励机制——正义的制度能充分弘扬人们的主体性，而不正义的制

---

① 习近平. 青年要自觉践行社会主义核心价值观——在北京大学师生座谈会上的讲话 [J]. 中国高等教育，2014（10）：4-7.

② ［美］帕森斯. 现代社会的结构与过程 [M]. 梁向阳，译. 北京：光明日报出版社，1988：144.

③ ［德］马克思，恩格斯. 马克思恩格斯全集：第 3 卷 [M]. 北京：人民出版社，1956：79.

④ ［美］罗尔斯. 正义论 [M]. 何怀宏，何包钢，廖申白，译. 北京：中国社会科学出版社，1988：3.

度将会严重挫伤人们的主体性。

领导干部代表人民行使权力，制定和执行各种规章制度，他们的道德水准与制度正义密切相关。对社会主义核心价值观的制度化来说，领导干部道德是一种双重的道德支撑——制度的制定与执行都离不开领导干部道德的支撑。首先，只有具有正义美德的领导干部才有可能领导人民制定出正义的制度。对此，尼布尔深刻地指出："最高的道德洞见与个人良心的造诣两者与社会生活不仅是相关的而且是必要的。如果个人的道德想象力不寻求理解他的同代人的需要和利益，就不可能建立起最完善的公正。而且，如果任何实现公正的非理性手段不用道德良知加以控制，则它的运用就不可能不对社会造成巨大的危害；仅仅作为公正的任何公正，不久都会变质而失去公正性。公正必须被高于公正的事物来保证。"① 其次，只有具备正义美德的领导干部才有可能懂得如何贯彻执行正义的制度。"徒法不足以自行"（《孟子·离娄上》）。也就是说，治理国家离不开法律，但仅有法律是不够的。法律需要靠人来实施，只有具备一定认知能力和道德水准的人才能确保法律的贯彻执行。对此，麦金太尔明确指出："在美德与法则之间还有另一种关键性的联系，因为只有对于拥有正义美德的人来说，才可能了解如何去运用法则。"② 因此，仅有正义的制度是不够的，还必须具有正确执行制度的正义美德。

（二）领导干部道德是大众践行社会主义核心价值观的权威榜样

孟子曰："上有所好，下必甚焉。"（《礼记·缁衣》）上行下效，领导干部道德对大众道德影响很大。良好的领导干部道德会自发引起大众的敬仰，形成一种崇德向善的社会风尚。20 世纪 60 年代，县委书记焦裕禄就是一种妇孺皆知的道德榜样。但是，领导干部道德不是一般意义上的榜样，而是具有某种权威力量的榜样。那么，领导干部道德又何以成为一种权威榜样呢？我们认为，这是由领导干部的特殊角色和领导干部道德的政治属性共同决定的。领导干部来自民众，但又不是一般的民众——他们是由人民授权的具有特定身份的民众。领导干部是社会各行各业的领头雁，是公共权力的行使

---

① ［美］尼布尔. 道德的人与不道德的社会 ［M］. 蒋庆，等，译. 贵阳：贵州人民出版社，1998：201-202.

② Alasdair MacIntyre. *After Virtue* ［M］. Notre Dame：The University of Notre Dame Press，1981：152.

者。领导干部道德从属于公民道德，但是又不同于一般的公民道德，它是基于领导干部职业和领导干部角色而产生的一种特殊的道德要求。这种道德要求具有鲜明的政治性——领导干部道德承载着一定国家和政党的价值诉求。与普通大众作为道德榜样相比，权力的运用和特殊的政治使命相结合使得领导干部的这种道德榜样具有较大的权威性。

权力的强制性使得领导干部道德在践行社会主义核心价值观的榜样示范中具有了产生权威效应的条件。托马斯·戴伊指出："权力是社会体制中职位的标志，而不是某个人的标志，当人们在社会机构中占据权势地位和支配地位时，他们就有了权力，一旦他们占据这种地位，不管他们有所作为或无所作为，都对其他人的行为有着很大的影响。"① 权力的运用蕴含了是非善恶的价值判断，而且这种价值判断具有一定的强制性。譬如，某人欠债不还，法院可以通过合法程序强制某人还债。领导干部是社会实践活动的领导者，无论在公共生活领域还是在私人生活领域，领导干部的道德选择不仅为大众所关注，而且很容易为大众所仿效。从大众的道德期待来看，领导干部因为权力的运用往往被大众视为真理和正义的化身。由此而来，领导干部道德因为权力的强制性而被赋予了较高的权威性。

但是，领导干部道德因为权力而产生权威只是一种可能，将这种可能转化为现实的关键在于领导干部对权力的合法运用。马克斯·韦伯根据权威来源不同将权威分为传统的、超凡魅力的和法制的三种类型。② 传统型权威是一种对习俗的遵从而产生的权威，超凡魅力型权威是一种依靠领袖个人素质而产生的权威，法制型权威是一种对法律的有效性和客观性的信任而产生的权威。我们认为，领导干部道德作为大众践行社会主义核心价值观的权威榜样，其权威主要是一种法制型权威，这种权威主要依靠领导干部合乎法规地履行职责。如果领导干部滥用权力，领导干部道德将丧失权威性，不可能再充当道德榜样。村看村，户看户，老百姓看干部。只有领导干部自己正道直行，普通大众才有可能崇德向善。对此，习近平指出："榜样的力量是无穷

---

① ［美］托马斯·戴伊. 谁掌管美国［M］. 张维，吴继淦，刘党俦，译. 北京：世界知识出版社，1990：101-102.

② ［德］马克斯·韦伯. 学术与政治［M］. 冯克利，译. 北京：生活·读书·新知三联书店，1998：56-60.

的，广大党员、干部必须带头学习和弘扬社会主义核心价值观，用自己的模范行为和高尚人格感召群众、带动群众。"①

（三）领导干部道德是考量社会主义核心价值观建设成效的重要指标

社会主义核心价值观从国家道德、制度道德、公民道德三个层面描绘了中华民族的道德愿景：一种全面现代化的国家形象、一种海晏河清的社会蓝图、一种崇德向善的公民品格。领导干部道德是影响国家道德、制度道德、公民道德的关键要素，自然成为考量社会主义核心价值观建设成效的一项重要指标。

首先，领导干部是社会主义核心价值观建设的"关键少数"。一个组织要保持稳定和发展，必须充分发挥领导干部的作用。"政治路线确定之后，干部就是决定的因素"②。领导干部对社会主义核心价值观建设具有领导责任。领导责任包括把握政治方向、制定方针政策、营造建设环境、组织协调管理等。身居领导岗位，领导干部在社会主义核心价值观建设中居于"龙头"地位："上之所以率下，乃治乱之所由也。"（《尹文子·大道上》）领导干部的行为举止直接决定党风、政风，影响着社会大众的道德水准。如果领导干部这个特殊的社会群体都不能忠实地践行社会主义核心价值观，那么我们没有理由要求其他的社会成员忠实地践行社会主义核心价值观。因此，领导干部道德理所当然要成为考量社会主义核心价值观建设成效的一项重要指标。

其次，领导干部道德是社会主义核心价值观的重要载体。社会主义核心价值观与中华优秀传统文化和人类文明优秀成果相承接，是中国特色社会主义先进文化的重要组成部分。领导干部作为社会的中坚力量，必然要求代表先进文化的前进方向。社会主义核心价值观是我们党凝聚全党全社会价值共识做出的重要论断。它既是党的意志，也是一种公共意志。在行使权力的过程中，领导干部既要服从党的意志，也要服从公共意志。可以说，自觉践行社会主义核心价值观是领导干部的职责所在。因此，领导干部道德必然要承

---

① 习近平.把培育和弘扬社会主义核心价值观作为凝魂聚气、强基固本的基础工程［J］.党建，2014（3）：4-6.

② 毛泽东.毛泽东选集：第2卷［M］.北京：人民出版社，1991：526.

载社会主义核心价值观。领导干部道德良好表明社会主义核心价值观在领导阶层内部得到了很好的培育和践行，社会有可能呈现风清气正的局面；领导干部道德失范表明社会主义核心价值观在领导阶层内部没有得到很好的培育和践行，社会难免出现各种不正之风。

再次，领导干部道德建设是社会主义核心价值观建设的中枢命脉。领导干部道德既是社会主义核心价值观建设所必需的重要条件，也是社会主义核心价值观建设的重要内容。从道德视角来说，培育和践行社会主义核心价值观就是要把社会主义核心价值观转化为国家道德、制度道德和公民道德——把富强、民主、文明、和谐这些国家层面的价值目标转化为国家建设的道德要求，把自由、平等、公正、法治这些社会层面的价值取向转化为制度安排的道德要求，把爱国、敬业、诚信、友善这些个人层面的价值准则转化为公民教育的道德要求。从社会主义核心价值观的构成要素来说，领导干部道德属于公民道德层面。但是，领导干部道德又不同于一般的公民道德，领导干部道德在公共生活中具有举足轻重的地位。作为公民道德的特殊组成部分，领导干部道德对国家道德、制度道德、公民道德的形成和发展都将产生重大影响。从某种意义上来讲，领导干部道德既是社会主义核心价值观建设的一个重要缩影，也是整个社会道德风尚的一面镜子，通过考量领导干部道德的水准就可以基本预判社会主义核心价值观建设的成效。

二、领导干部道德失范对社会主义核心价值观建设的严重危害

据笔者不完全统计，从党的十八大以来到目前为止落马的数百名省部级干部中，约有 10% 的人分别被中纪委通报为"严重违反社会主义道德""毫无道德底线"或"道德沦丧"等（据中纪委网站）。从落马领导干部的违法违纪事实来看，领导干部道德失范确实到了令人触目惊心的地步。领导干部道德失范即道德对领导干部规范力不强或完全失效的状态。信仰迷失、权力异化、生活腐化等都是领导干部道德失范的重要表现。领导干部道德失范严重破坏了社会主义核心价值观建设的道德生态。

（一）信仰迷失损毁了社会主义核心价值观建设的精神根基

政治品德是领导干部必须具备的基本政治素养。"领导干部作为党和国家机关运行的主体，其政治品德状况直接影响党的执政地位和执政基础。"[①]领导干部的政治品德包括政治信仰、政治方向、政治立场等方面的内容。信仰坚定是领导干部的首要政治品德。政治信仰是人们对某种政治理论及其价值目标的笃信与敬仰。相对于大众而言，领导干部是政治信仰的首要担当主体。从中国特色社会主义理论体系出发，领导干部应该是马克思主义的坚定信仰者和忠实践行者，即使是党外领导干部也应如此。党外领导干部虽然不是中国共产党党员领导干部，但是都是中国共产党培养的领导干部，其信仰应该与中国共产党保持一致。马克思主义信仰是领导干部的思想旗帜和政治灵魂，是经受各种考验的精神支柱。

在金钱、权力和美色等的诱惑之下，一些领导干部的政治信仰发生了剧烈的嬗变。有的领导干部为求仕途升迁，每天求神拜佛；有的领导干部为了祈福避祸，迷信命相风水；有的领导干部为了对抗组织调查，聘请大师出谋划策。诸如此类，不胜枚举。在国家行政学院曾做的中国县处级公务员科学素养调查中，"参与调查的900多名县处级以上的公务员中，只有47.6%的县处级公务员不迷信，半数以上的县处级公务员相信'相面''周公解梦''星座预测'和'求签'等"[②]。这些毫无政治信仰的领导干部长期践踏党纪国法，总是担心劣迹败露，惶惶不可终日，幻想通过神灵的庇佑来求得内心的安宁。导致领导干部信仰迷失的原因是多方面的。从客观上讲，由于国内国际形势的变化，共产主义运动处于低潮，马克思主义信仰受到各种社会思潮的冲击，一些领导干部缺乏政治鉴别力，陷入利己主义、享乐主义、实用主义等泥潭中不能自拔。从主观上讲，在中国共产党长期执政的背景下，一些领导干部精神逐渐懈怠，忽视了理想信念教育，导致价值观念错乱，政治信仰逐渐让位于歪理邪说。

信仰迷失严重损毁了社会主义核心价值观建设的精神根基。社会核心价值体系是维系社会秩序的基本精神支柱。每一种核心价值体系都需要一种政

---

①　刘朋. 为官的政治品德［N］. 南方日报，2011-10-01（9）.

②　陈良. 贪官缘何迷信［N］. 中国纪检监察报，2015-05-29（5）.

治理论的支撑和指导。这一政治理论既是这一核心价值体系的灵魂，也是这一社会政治信仰的对象。马克思主义是社会主义核心价值体系的旗帜和灵魂，也是当代中国政治信仰的对象。社会主义核心价值观是社会主义核心价值体系的高度凝练和集中表达。因此，马克思主义也是社会主义核心价值观的精神根基和价值旨归。社会主义核心价值观建设的实质就是要用马克思主义的世界观、人生观、价值观，把人民群众的思想意识在共同理想的基础上统一起来。各级领导干部信仰坚定，人民群众就有主心骨；各级领导干部信仰迷失，不仅导致领导干部自身思想颓废，而且还会惑乱人心，造成大众思想和行为的混乱。因此，领导干部信仰迷失将严重削弱马克思主义信仰的权威性和感召力，对于社会主义核心价值观建设来说，无异于釜底抽薪、自毁长城。

（二）权力异化破坏了社会主义核心价值观建设的赏罚机制

权力是维护和实现公共利益的工具："按照纯粹的本质意义上的权力观点，权力应该是全体成员共同拥有共同行使，并能真正体现社会成员的共同意志和共同利益的政治力量。"① 在我国，一切权力属于人民。领导干部与社会成员之间是一种委托代理关系，即领导干部代表人民行使权力。根据这种委托代理关系，领导干部是公共利益的代表，应该将手中的权力用来保障公共利益。孟德斯鸠曾经说过："一切有权力的人都容易滥用权力，这是万古不易的一条经验。有权力的人使用权力一直遇到有界限的地方才休止。"② 权力的界限即法律——法不授权则不可为。只有依法用权，才能避免滥用权力。执行党的路线、方针和政策是领导干部的主要工作职责。在工作中，领导干部的所作所为大多与权力的运用直接相关。因此，依法用权是领导干部基本的工作品德。

按照马克思的理解，异化即存在与本质的疏离。权力异化即领导干部行使职权过程中，玩忽职守、滥用职权或以权谋私等致使权力超出法律界限的现象。不作为和乱作为是权力异化的两种基本类型。怠政懒政、拖延推诿、

---

① ［美］丹尼斯·朗. 权力论［M］. 陆震纶，郑明哲，译. 北京：中国社会科学出版社，2001：123.

② ［法］孟德斯鸠. 论法的精神：上册［M］. 许明龙，译. 北京：商务印书馆，2012：154.

敷衍了事、漠视民意等是不作为的主要表现，贪污受贿、寻租索贿、弄虚作假、越俎代庖等是乱作为的主要表现。权力异化本质上是一种权力腐败。权力本身天然具有腐败的倾向："权力导致腐败，绝对的权力必然导致绝对的腐败。"① 但是，我们并不能由此将权力异化的原因归咎于权力本身，而要从领导干部自身和权力运行的机制两个方面考察权力异化的原因。简而言之，领导干部道德失范是权力异化的内在原因，而权力缺乏有效的制约与监督则是权力异化的外在条件。

权力是伦理的现实政治形态，权力的公共性是其合法性的伦理基础。权力异化使权力成为少数人的专利从而丧失公共性，这从根本上动摇了现代社会的伦理基础。权力是维护社会正义的强制力量，权力异化严重破坏社会正义。任何权力异化都是一种渎职违法行为。领导干部渎职违法致使政策、法律和制度难以得到有效的贯彻执行，社会正义难以伸张。社会主义核心价值观建设离不开政策、法律和制度的强力支持。政策、法律和制度为社会主义核心价值观建设提供了好人好报、恶人恶报的赏罚机制。只有社会正义才能保证德福一致，只有德福一致才能充分调动大众践行社会主义核心价值观的积极性。人类的道德生活经验表明，德福一致是人们崇德向善的动力，而德福背离是社会道德滑坡的诱因。权力异化滋生社会不公，社会不公导致德福背离。德福背离破坏社会主义核心价值观建设的赏罚机制，进而严重挫伤大众践行社会主义核心价值观的积极性，加剧社会的道德失范。"如果社会上一部分人的非正义行为没有受到有效的制止或制裁，其他本来具有正义愿望的人就会在不同程度上效仿这种行为，乃至造成非正义行为的泛滥。"②

（三）生活腐化腐蚀了社会主义核心价值观建设的社会风气

领导干部生活在社会之中，也有自己的社会交往和生活情趣。但是，作为政治公众人物，领导干部在日常生活中必须谨言慎行，切实做好引领社会风尚的标杆。首先，他们的行为举止、业余生活、个人嗜好等备受大众关注，往往容易成为大众聚焦的话题。群众的眼睛是雪亮的。与一般人相比，领导干部的任何违法背德之举更容易被大众察觉。其次，他们的生活情趣、

---

① ［英］阿克顿. 自由与权力［M］. 侯健, 范亚峰, 译. 南京：译林出版社, 2001：342.
② 慈继伟. 正义的两面［M］. 北京：生活·读书·新知三联书店, 2001：1.

行为模式、价值取向等会潜移默化地影响大众，"上有好者，下必有甚焉者矣"（《孟子·滕文公上》）。再次，大众对领导干部有较高的道德期待。受中国传统文化的影响，许多人对领导干部有一种圣贤情结——他们期待领导干部具有崇高的道德品质，甚至成为道德楷模。从领导干部的社会地位和影响出发，他们必须承担起引领社会风尚的道德责任。因此，领导干部应该坚守正当的精神追求，保持高洁的生活情趣。情趣高洁是领导干部基本的生活品德。

"81.21%的受访者认为领导干部生活腐化是群众最反感的首要问题。"[①]生活腐化即领导干部在日常生活中任性妄为、自甘堕落，其具体表现包括奢靡享乐、滥情贪色、玩物丧志等。奢靡享乐的行为有吃山珍海味、喝高档酒水、穿名牌服饰、住豪宅别苑、考察名山秀水、出入高档会所等。享受生活、追求生活品位本身并不是坏事，但是，这种生活必须与自身的消费能力相适应。一些领导干部将贪腐作为奢靡享乐的资本，在穷奢极欲中追求人生的"高峰体验"，这无异于饮鸩止渴。滥情贪色的行为有与他人通奸、权色交易、包养情妇等。滥情贪色本来并非光彩之事，而少数领导干部竟以此为能耐，相互攀比炫耀，让群众大跌眼镜。玩物丧志的行为有赌博、吸毒、玩电游等。休闲娱乐是一个人的正常生活需要，但是，休闲娱乐的方式和内容必须是健康合法的。一些领导干部为了寻求刺激，沉溺于赌博、吸毒、电游等嗜好之中，玩物丧志。从领导干部自身来说，生活腐化是精神懈怠、放松思想修养的结果；从社会影响来说，生活腐化与享乐主义、消费主义、拜金主义等消费文化密切相关。

崇德向善的社会风气是社会主义核心价值观建设的必要条件。道德的社会为大众见贤思齐提供了良好的道德氛围。领导干部的生活品德既是评判社会风气的重要指标，也是影响社会风气的重要因素。孔子说："君子之德风，小人之德草。草上之风，必偃。"（《论语·颜渊》）领导干部生活腐化不仅败坏党风、政风，而且严重腐蚀社会风气。常言道：学好千日不足，学坏一日有余；上梁不正下梁歪。领导干部生活腐化的种种不良行为很容易被大众

---

① 孙墨笛. 群众最担忧什么？最期待什么？最反感什么？最欣赏什么？——"群众眼里的作风转变"调查报告 [J]. 人民论坛，2013（01）：36-39.

仿效。一些人以奢靡享乐、滥情贪色、玩物丧志为时尚，以勤俭节约、专一忠诚、兢兢业业为迂腐。久而久之，就会形成一种贪图享乐、是非不分的社会风气。这对于社会主义核心价值观建设来说，无异于春天的花蕾遭遇霜冻的蹂躏，难免悄然凋零。

三、矫正领导干部道德失范、推进社会主义核心价值观建设的着力点

我们党一直高度重视领导干部道德建设。常修为政之德、常怀爱民之心，是中国共产党历届领导人对广大领导干部的谆谆教诲。但是，有一些领导干部忘却初心、腐化堕落，在道德失范的迷途中渐行渐远。领导干部道德失范严重背离了社会主义核心价值观的价值诉求。要充分发挥领导干部在社会主义核心价值观建设中的领导作用和示范效应，必须采取有效措施切实矫正领导干部道德失范。

（一）坚定政治信仰，确保领导干部对核心价值观建设的精神引领

习近平指出："理想信念坚定，是好干部的第一位的标准，是不是好干部首先看这一条。如果理想信念不坚定，不相信马克思主义，不相信中国特色社会主义，政治上不合格，经不起风浪，这样的干部能耐再大也不是我们党需要的好干部。"[①] 政治信仰是否坚定既是选拔领导干部的首要标准，也是领导干部能否承担社会主义核心价值观建设精神引领重任的关键所在。面对一些领导干部的信仰迷失，坚定政治信仰既是领导干部道德建设的首要任务，也是社会主义核心价值观建设的重大命题。马克思主义信仰既是领导干部的政治信仰，也是社会主义核心价值观的精神根基。坚定马克思主义信仰就是为社会主义核心价值观建设夯实根基。

一些领导干部信仰迷失从根本上来说是对信仰对象马克思主义理论本身失去了信心和敬仰。要坚定政治信仰，必须重新确立理论自信。有了理论自信，领导干部才能在各种思想迷雾中找准历史方位，担当精神引领的历史重

---

① 习近平. 习近平谈治国理政 [M]. 北京：外文出版社，2014：413.

任。要确立理论自信，必须进行理论创新——在实践中坚持和发展马克思主义，把马克思主义的基本原理和中国的改革开放实践相结合，形成反映中国经验的中国理论——具有中国特色的马克思主义理论。邓小平曾意味深长地指出："如果我们不是马克思主义者，没有对马克思主义的充分信仰，或者不是把马克思主义同中国自己的实际相结合，走自己的路，中国革命就搞不成功。"① 只有不断地进行理论创新，才能用与时俱进的理论指导日新月异的实践，才能取得改革开放的成功。

历史表明，理论创新是社会变革的先导。当今中国处在一个大变革、大发展的时代。社会转型时期出现的各种问题对原有的理论提出了诸多挑战，理论创新迫在眉睫。正如习近平所说："当代中国正经历着我国历史上最为广泛而深刻的社会变革，也正在进行着人类历史上最为宏大而独特的实践创新。这种前无古人的伟大实践，必将给理论创造、学术繁荣提供强大动力和广阔空间。这是一个需要理论而且一定能够产生理论的时代，这是一个需要思想而且一定能够产生思想的时代。"② 理论创新不仅仅是理论工作者的职责，作为社会的政治精英，领导干部对于理论创新同样责无旁贷。领导干部，特别是高层领导干部，必须针对改革开放的实际问题做出理论回答，创造出符合中国实际的中国理论。只有具有强大实践证明力的理论，才能真正使人确立理论自信，内心变得真正强大而充实。缺乏理论自信的国家是没有脊梁的国家。政治信仰是政治合法性的深层心理依据。从领导干部的岗位职责来说，领导干部是布道者与传道者的统一。在多种社会思潮的较量与争夺中，领导干部必须充当大众的精神导师。领导干部只有具备坚定的政治信仰，才能旗帜鲜明地引领大众抵制各种歪理邪说，自觉践行社会主义核心价值观。

（二）严格依法治权，强化领导干部对核心价值观建设的政治责任

"政治责任是政治领导干部履行制定符合民意的公共政策，推动符合民意的公共政策执行的职责，以及没有履行好这些职责时所应承担的谴责和制

---

① 邓小平. 邓小平文选：第 3 卷 ［M］. 北京：人民出版社，1993：63.
② 习近平. 在哲学社会科学工作座谈会上的讲话 ［N］. 人民日报，2016-05-19 (2).

裁。"① 从政治责任的界定看来，政治责任包括两个方面：一是领导干部制定符合民意的公共政策并推动其实施的职责，二是领导干部未能履行职责时应承受的谴责和制裁。本讲所言的政治责任主要是指前者。从政治责任的内涵出发，领导干部对社会主义核心价值观建设的政治责任即把社会主义核心价值观要求贯彻到社会经济发展的各个领域，制定出符合大众利益的公共政策，形成有利于社会主义核心价值观建设的良好政策导向和利益机制。

权力异化严重背离了领导干部对社会主义核心价值观建设的政治责任。面对权力异化，我们要依法监督权力，确保权力的公共性和领导干部全心全意为人民服务的政治责任。公共选择理论打破了笼罩在领导干部头上的神圣光环，为加强权力监督、预防权力异化提供了理论依据。公共选择理论认为，在政治市场中，领导干部也是一种"经济人"，他们会根据个人利益的最大化原则采取行动——政策制定在很大程度上受领导干部自利动机的支配。因此，政治责任的落实不能寄希望于"好人"，而要寄希望于好的制度。正如波普尔所说："我们渴望得到好的统治者，但历史的经验向我们表明，我们不可能找到这样的人。正因为这样，设计甚至使坏的统治者也不会造成太大损失的制度是十分重要的。"② 在制度设计中，我们必须充分考虑领导干部的私欲膨胀以及权力异化的可能性。依法治权是防止领导干部私欲膨胀和权力异化的有效措施。

所谓依法治权即依照法律规范和制约权力，让权力在法治的框架内运行。首先，要依法设置权力——用法律的形式把政府及其部门的权力予以明确规定，法无明文授权即不可为，杜绝行政权力过度扩张的乱象。权力法定使领导干部能够准确地理解自己的权力界限，尽量避免以言代法、以权压法、徇私枉法等不法行为。其次，要依法产生权力的行使主体。在我国，一切权力属于人民，领导干部只是权力的行使者。领导干部的选拔任用有委任制、考任制、选举制、聘任制等多种方法，无论采取哪种方法，都必须程序合法并充分尊重民意。只有充分尊重民意，才能使领导干部关心民众疾苦，切实对民众负责。再次，要依法监督权力。监督有人大监督、新闻监督和群

---

① 张贤明. 论政治责任——民主理论的一个视角 [M]. 长春：吉林大学出版社，2000：22.

② [英] 卡尔·波普尔. 猜想与反驳 [M]. 周昌忠，译. 上海：上海译文出版社，1986：491.

众监督等途径。监督必须在政务公开的基础上进行。需要公开的政务信息包括政策、法律的制定与实施，公共开支，干部任免等。政务愈透明，对权力实施监督就愈有利。现代政治文明离不开民主法治，而依法治权是现代政治文明的核心。人民的幸福是领导干部的工作目标。只有依法治权，才能真正落实一切权力属于人民的宪法精神，才能使权力运行更加符合公众利益，从而使领导干部切实承担起对社会主义核心价值观建设的政治责任。

（三）坚持言行一致，凸显领导干部对核心价值观建设的示范作用

言行一致即说到做到，诚实守信。言行一致既是领导干部的政治纪律，也是领导干部的必备素养。领导干部只有言行一致，才能取信于民，凝聚人心——如果言行一致，群众就相信你，全心全意跟你干；如果言行不一，群众就会远离你，想尽办法敷衍你。有的领导干部在公众面前鼓励别人遵守道德规范，私底下自己却不遵守道德规范；有的领导干部采用双重道德标准来评判自己和他人的行为，对自己宽容而对他人苛刻；有的领导干部在公共场合慷慨激昂地高唱主旋律，背后却过着腐化堕落的生活；诸如此类都属于言行不一的行为。言行不一是一种有善言而无善行的伪善："优美灵魂它确实是很好地保全了自己的纯洁性，因为它并不行动，它是这样一种伪善，这种伪善只把判断当作行动，只以表述卓越心意的言辞而不以行动来证明其正直性。"① 领导干部言行不一不仅导致离心离德，还可能误党误国："吹牛撒谎是道义上的灭亡，它势必引向政治上的灭亡。"②

对于领导干部而言，言行一致的基本要求是说话要实事求是，做事要身体力行。实事求是不仅意味着要尊重客观实际——不讲空话、假话和大话，而且意味着要真正相信自己所说的内容——不口是心非、自欺欺人。"历史经验反复警示我们，什么时候坚持实事求是、讲真话，党和人民的事业就能胜利前进；什么时候虚报浮夸、讲假话，我们的事业就会遭受挫败。"③ 身体力行就是要以身作则，身先士卒。喊破嗓子不如做出样子——为官之要，重在实干。邓小平曾经说过："世界上的事情都是干出来的，不干，半点马克

---

① ［德］黑格尔. 精神现象学：下卷 ［M］. 贺麟，王玖兴，译. 北京：商务印书馆，1996：170.

② ［俄］列宁. 列宁全集：第 8 卷 ［M］. 北京：人民出版社，1986：231.

③ 程水泉. 党员干部要做言行一致的表率 ［J］. 湖湘论坛，2012（3）：52-57.

思主义也没有。"①

　　对社会主义核心价值观建设而言，领导干部要充分凸显榜样示范作用，必须切实坚持言行一致。首先，领导干部要坚持价值倡导与内心信念的一致。社会主义核心价值观作为一种自上而下的价值倡导，领导干部自身必须是真正的相信。有"真信"才会有"真行"。如果领导干部自己都不相信，只倡导他人去做，口头上冠冕堂皇，心里头龌龊不堪，那么，这种人迟早会因劣迹败露而遭大众唾弃。其次，领导干部要坚持宣传教育与日常践行的一致。领导干部对社会主义核心价值观建设负有宣传教育的责任。在宣传教育的过程中，要求群众做到的，自己先要做到，始终做到台上台下一个样、人前人后一个样。如果口头上讲爱国敬业，背地里疯狂敛财、全家移民，那么大众不仅会嗤之以鼻，而且会恨之入骨。再次，领导干部要坚持政策、法律、制度的制定与其贯彻实施的一致。政策、法律和制度是贯彻社会主义核心价值观的重要载体，领导干部是政策、法律和制度的制定者和执行者。但是，有了相关的政策、法律和制度，就必须真正贯彻落实，而不能有令不行、有法不依，搞上有政策、下有对策，最后导致核心价值观形同虚设。

　　相关调查表明，领导干部道德是影响社会主义核心价值观建设的关键因素："政府领导干部的伦理道德已经成为诸社会群体之间达成社会和谐，影响诸社会群体间价值共识和文化冲突，即核心价值观生成的感应器和关节点。"② 堡垒最怕从内部攻破。领导干部道德失范是社会主义核心价值观建设的内部破坏力量，可谓社会主义核心价值观建设的难言之痛。治国重在治吏，治吏首在立德。矫正领导干部道德失范，提升领导干部道德水准成为社会主义核心价值观建设的当务之急。

---

① 邓小平. 邓小平文选：第3卷 ［M］. 北京：人民出版社，1993：35.
② 樊浩. 当前中国伦理道德与大众意识领域"中国问题"的演进轨迹与互动态势 ［J］. 哲学动态，2013（7）：5-19.

第六讲　分配正义：从市场正义到社会正义

　　分配正义既是政治哲学的重要课题，也是道德哲学的重要课题。分配正义必须接受政治正义和道德正义的双重考量。在市场经济条件下，市场机制的作用决定了在收入分配上的差别是不可避免的。然而，怎样的差别才是社会所允许的或大众可以接受的，这才是社会正义原则所要解决的。影响社会资源分配的因素是多方面的。社会正义必须综合考虑各种因素对分配的影响。分配正义是程序正义和实质正义的统一。分配的程序正义原则就是平等地分配机会，分配的实质正义原则要求分配结果体现效率与公平相结合的差别原则。市场正义只是一种纯粹的经济正义，只有经过社会正义的矫正，才能最终实现分配正义。

一、关于分配正义的不同理解

　　随着社会利益分化程度的不断加深，人们对于分配正义的理解分歧日益彰显。在当前的学术探讨中，学者们对于分配正义的理解可谓众说纷纭，没有定论。以下所列仅是几种有代表性的观点。

（一）公平与效率之间的平衡

　　罗尔斯认为，"所有社会价值——自由和机会，收入和财富，自尊的社会基础——都要平等地分配，除非对其中一种价值或所有价值的一种不平等分配合乎每一个人的利益"①。从权利原则出发，所有的社会价值都要平等地

---

① ［美］罗尔斯. 正义论［M］. 何怀宏，何包钢，廖申白，译. 北京：中国社会科学出版社，1988：62.

分配，每个人都应该得到大致均等的份额，体现分配的公平，这是分配正义的一个方面。从差别原则出发，所有的社会价值的分配很有可能是不平等的，是有差距的。但是，如果这种不平等对所有人都有利，特别是对受惠最少者有利，那么，这种不平等分配也是正义的。"社会和经济的不平等（例如财富和权力的不平等）只有在其结果能给每一个人，尤其是那些最少受惠的社会成员带来补偿利益时，它们才是正义的。"① 不平等分配不仅给有才能的人以经济刺激、为社会发展提供驱动力，也给最少受惠的社会成员提供利益补偿，使贫富差距保持在社会可承受的限度之内，以缓和社会矛盾，促进社会和谐。贾中海认为，分配正义是分配结果正义与分配程序正义的统一。在市场经济条件下，收入和财富分配结果的社会正义原则就是效率与公平内在结合的差别原则。分配结果的正义性首先必须是一种程序正义的结果，分配的程序正义原则就是平等地分配机会。② 承认差别的正义性即不平等分配的正义性，与罗尔斯的观点是一致的。但是，两者在对待人的资质才能在分配中的作用的看法有些不同。

在市场经济条件下，分配差异与资质才能之间存在着直接的联系。罗尔斯认为，对个人来说，自然资质和天赋才能是一种道德运气，是不应得的。他把自然资质和天赋才能看作是一种集体的财产、一种共享的分配的利益。"没有一个人应得他在自然天赋的分配中所占的优势，正如没有一个人应得他在社会中的最初有利出发点一样，——这看来是我们所考虑的判断中的一个确定之点。"③ 自然资质与天赋才能的差别在有效率的市场经济条件下必然导致分配与持有的差别。贾中海认为，"人们对其自然资质和天赋才能是拥有权利的，人们拥有之并不侵犯别人的权利。社会要承认并默认这种特权，承认这种不平等的权利"④。

我们认为，自然资质和天赋才能是存在于个体中的知识、能力、才智、

① ［美］罗尔斯. 正义论［M］. 何怀宏，何包钢，廖申白，译. 北京：中国社会科学出版社，1988：14.

② 贾中海. 论分配正义与权利［J］. 吉林大学社会科学学报，1999（5）：88-91.

③ ［美］罗尔斯. 正义论［M］. 何怀宏，何包钢，廖申白，译. 北京：中国社会科学出版社，1988：104.

④ 贾中海. 论分配正义与权利［J］. 吉林大学社会科学学报，1999（5）：88-91.

气质、品性、理想、目的等本质力量的统称，它们是个体在社会中得以生存和拥有不同生活前景的基础。社会必须保护和承认这种差别，保护人们从其天赋才能的运用中得到的有差等的利益。初次分配必须承认选择、运气、努力与能力的差别，在再分配过程中，则要更多地关注那些先天不利、较少享受较好教育的人们，关注那些较少受惠者、社会弱势人群的需要。那些先天有利的人们可以在改善不利者状况的条件下从他们的幸运中获利。

（二）平等与福利之间的平衡

姚大志认为，在分配正义问题上，人们抱有两个基本目的：一个是希望得到平等的对待，另一个是希望自己的福利能够得到不断改善。[①] 因此，分配正义的关键是保持平等与福利的平衡。如何保持平衡？其一是"一种不平等的分配只有在能够得到弱势群体同意的情况下，才能被看作是正义的"[②]；其二是"社会安排应该把弱势群体的利益放在第一位，以最大限度地提高其成员的福利"[③]。但是，在社会资源的分配过程中，制度安排又如何能够满足上述两个条件？实际上，不太可能实现。

与姚大志的观点相反，段忠桥认为，分配正义只涉及如何在人们中间分配财富、机会和资源，而不涉及人们在福利上得到不断改善，正义的分配是平等主义的分配，不平等的分配不能被看作是正义的，分配正义原则是判断分配正义与否的原则，而不是确定平等与福利的平衡点的原则。[④] 我们认为，社会资源的初次分配不会考虑公民的福利水平，但在社会资源的再分配中，福利水平的差距应该是政府缩小贫富差距所考量的因素。

"权利决不能超出社会的经济结构以及由经济结构制约的社会的文化的发展。"[⑤] 弱势群体在整个权利结构中处于弱势地位，社会分配制度有可能会征求所有弱势群体的普遍同意吗？既得利益者有可能把弱势群体的利益放在第一位吗？社会弱势群体的权利地位决定了要保持平等与福利的平衡只是弱

---

① 姚大志. 分配正义：从弱势群体的观点看 [J]. 哲学研究，2011 (3)：107-114.
② 姚大志. 分配正义：从弱势群体的观点看 [J]. 哲学研究，2011 (3)：107-114.
③ 姚大志. 分配正义：从弱势群体的观点看 [J]. 哲学研究，2011 (3)：107-114.
④ 段忠桥. 关于分配正义的三个问题——与姚大志教授商榷 [J]. 中国人民大学学报，2012 (1)：17-24.
⑤ ［德］马克思，恩格斯. 马克思恩格斯选集：第3卷 [M]. 北京：人民出版社，1995：305.

势群体的一厢情愿。与此同时，我们认为，不考虑劳动者的贡献差异，片面要求每个人在社会资源分配中得到大体上平等的份额是一种平均主义的理想，在实际的收入分配中是不可能实现的。重视弱势群体，作为一种道德关怀本身是好的。但是，这种良好的愿望能否变为现实是值得斟酌的。

（三）个人利益和公共利益之间的平衡

向玉乔认为，"分配正义问题的实质是如何协调个人的分配正义诉求和社会的分配正义诉求的关系问题。真正的分配正义既不是个人的分配正义诉求得到单方面满足的状况，也不是社会的分配正义诉求得到单方面满足的状况，而是两种分配正义诉求得到有效协调和平衡的结果"①。个人的分配正义诉求往往基于个人的利益需要被提出，它具有个体性、扩张性、特殊性等特征，有可能侵害社会公共利益。社会的分配正义诉求往往基于社会集体的分配利益需要被提出，它具有强制性、公共性、普遍性等特征，有可能以各种名义侵害个人正当利益。因此，在如何实现分配正义的问题上，个人和社会之间存在博弈。这种观点可以归结为：分配正义是个人利益与公共利益之间的平衡。但是，我们认为，上述观点只看到了个人利益与社会公共利益之间的冲突，而忽视了个人利益相互之间的冲突、个人利益与群体利益的冲突、不同群体利益之间的冲突等。分配正义状况不仅是个人和社会的分配正义诉求相互竞争又相互妥协的结果，而且是不同利益主体的分配正义诉求相互竞争又相互妥协的结果。

二、分配正义的核心：分配原则

分配正义涉及三个因素：利益主体、分配对象、分配原则。利益主体：分配给谁？——表达分配正义诉求的权利主体，包括个人、群体、社会、国家等。分配对象：分配什么？——分配所涉及的标的，包括财富、机会、权利等在内的社会资源。分配原则：如何分配？——分配的依据与标准。

罗尔斯强调："正义在此的首要主题是社会的基本结构，或更准确地说，

---

①　向玉乔. 论分配正义 [J]. 湖南师范大学学报，2013 (3)：5-11.

是社会主要制度分配基本权利和义务，决定由社会合作产生的利益之划分的方式。"① 布莱恩·巴里指出："正义的主题是权利和特权、权力和机会的分配以及对物质资源的支配。从适当的广义的角度审视'资源'这个词，简约地说，正义只是关注稀缺资源的分配，这些资源的分配造成了潜在的利益冲突。"② 戴维·米勒认为，分配的对象包括"收入和财富，工作和教育机会，医疗保健等资源"③。尽管学者们对于分配对象的表述存在差异，但是诸种因素归结起来，分配对象应该是权利与义务、收益与负担的统一。

在分配正义的三个要素中，分配原则是分配正义的核心。当代美国哲学家杰弗利·雷曼（Reiman Jeffrey）把分配正义归结为一系列分配正义原则："正义是一套原则，它是所有人都愿意接受的合理行为规范，其存在的目的是为了保护所有人，使他们免受相互奴役的威胁。"④ 分配原则具有普遍的强制性，是分配的具体操作标准。在日常用语中，分配正义的基本含义是"给每个人以其应得"，但人们对"应得的依据是什么""每个人应得什么"往往存在不同的甚至截然对立的理解。"应得"只是一个含义十分模糊的概念，"应得"必须化为各种具体的操作原则。

（一）权利原则

在社会资源分配中，人们要求在人格和自由选择权上的平等，不受歧视，不受侵犯。侵犯自由是最大的不正义，社会资源的分配必须确保自由优先性。"分配正义的整个原则只是说：如果所有人对分配在其份下的持有都是有权利的，那么这个分配就是公正的。"⑤ 这就是说，在历史上和现实中凡是按照正当的获取和转让原则获得或接受的所有权，都是正当的、合法的。这是对市场经济下分配正义的权利原则的一个典型阐述。

---

① ［美］罗尔斯. 正义论［M］. 何怀宏，何包钢，廖申白，译. 北京：中国社会科学出版社，1988：7.

② ［英］布莱恩·巴里. 正义诸理论［M］. 孙晓春，曹海军，译. 长春：吉林人民出版社，2004：374.

③ ［英］戴维·米勒. 社会正义原则［M］. 应奇，译. 南京：江苏人民出版社，2008：13.

④ Reiman Jeffrey. *Justice and Modern Moral Philosophy*［M］. New Haven：Yale University Press，1990：4.

⑤ ［美］诺齐克. 无政府、国家与乌托邦［M］. 何怀宏，等，译. 北京：中国社会科学出版社，1991：157.

（二）差别原则

差别原则要求社会保障最低生活水平和基本文化卫生条件，市场竞争造成的差别不应使境况较差者状况更加恶化。同时，从人道主义和社会福利的观点出发，要求市场经济下的公共福利应当为每一个人提供最低限度的生活保障，不至于因为贫穷而饿死或病死。罗尔斯曾经简明地把自己的差别原则概括为："社会和经济的不平等应这样安排：（1）被合理地期望适合于每一个人的利益，（2）依系于地位和职务对所有人开放。"① 为了实现差别原则，政府采用义务税收、累进所得税等强制措施从有利者那里抽取一部分财富对不利者进行补偿。这样一来，差别原则与历史权利原则便形成了尖锐的冲突，因为如果将每个人历史中正当形成的拥有权的合法性贯彻到底，则当履行外部调整的差别原则时，必然要剥夺一部分人已经形成的所有权。

但是，二次分配不是一个所谓"劫富济贫"的过程，而是所有社会成员均从中各有所得的过程。社会财富二次分配通过社会基本结构及其制度安排，能够对社会成员中的所有不幸者给予有效救助，保证这个社会中的每一个人无论在何种情况下都能有尊严地生活。社会二次分配使每一个生活在这种社会基本结构中的成员都能获得安全感与稳定感，都能拥有做人的尊严。"社会二次分配对于任何人而言均不是掠夺，而是'保险'"②，这是一种现代契约论为每一个具有偶在性的个体提供的保险机制。

（三）劳动原则

劳动原则即按劳分配。马克思认为，社会主义的按劳分配仍存在不正义，这表现在它的两个弊病上，即由偶然的天赋和负担的不同所导致的人们实际所得的不平等。"一个人在体力或智力上胜过另外一个人，因此在同一时间内提供较多的劳动，或者能劳动较长的时间；而劳动，为了要使它能够成为一种尺度，就必须按照它的时间或强度来确定，不然它就不成其为尺度了。这种平等的权利，对不同等的劳动来说是不平等的权利，它不承认任何阶级差别，因为每个人都像其他人一样只是劳动者；但它默认劳动者不同等

---

① ［美］罗尔斯. 正义论 ［M］. 何怀宏，何包钢，廖申白，译. 北京：中国社会科学出版社，1988：61.

② 高兆明. "分配正义"三题 ［J］. 社会科学，2010（1）：106-113.

的个人天赋，因而也就默认劳动者不同等的工作能力是天然特权。所以就它的内容来讲，它像一切权利一样是一种不平等的权利……一个劳动者已经结婚，另一个则没有；一个劳动者的子女较多，另一个的子女较少，如此等等。在劳动成果相同，从而由社会消费品中分得的份额相同的条件下，某一个人得到的事实上比另一个人多些，也就比另一个人富些，如此等等。要避免所有这些弊病，权利就不应当是平等的，而应当是不平等的。"①

马克思认为，劳动者的不同等的个人天赋是由偶然因素造成的，即不是由他们自己选择的，因而从道德上讲是不应得的。因此，由其导致的劳动者所得的不平等是不应当的。但是，实际上，在收入的初次分配中，偶然的天赋是影响收入的重要因素，社会必须承认由于天赋差异导致的收入差距。如果能人与庸才在分配上没有差别，只能是一个绝对平均主义的分配。绝对平均主义的分配必然是一个低效率或无效率的社会。每个劳动者都要负担他自己及其家庭成员的生活，但每个劳动者家庭成员的状况往往不同，因而他们的负担也不相同，正是由于家庭负担不同，他们的实际所得也是不均等的。马克思认为，劳动者不同的家庭负担是由各种偶然因素造成的，即不是他们自己有意选择的，因而从道德上讲都是不应得的。因此，由其导致的劳动者实际所得的不均等是不应当的。但是，个人负担的不同不可能是初次分配考虑的因素，而要通过二次分配解决生活水平的实际差距问题。对劳动产品的分配是与劳动紧密相连的，从这种意义上来说，只有付出了实际劳动的劳动者才能参与分配。

（四）需要原则

需要原则即按需分配。"在共产主义社会高级阶段上，在迫使人们奴隶般地服从分工的情形已经消失，从而脑力劳动和体力劳动的对立也随之消失之后；在劳动已不仅仅是谋生的手段，而且本身成了生活的第一需要之后；在随着个人的全面发展生产力也增长起来，而集体财富的一切源泉都充分涌流之后，只有在那个时候，才能完全超出资产阶级法权的狭隘眼界，社会才能在自己的旗帜上写上：各尽所能，按需分配！"② 按需分配是一种社会政治

---

① ［德］马克思，恩格斯. 马克思恩格斯选集：第3卷［M］. 北京：人民出版社，1995：305.
② ［德］马克思，恩格斯. 马克思恩格斯选集：第3卷［M］. 北京：人民出版社，1995：306.

理想，体现了对人的需要的充分尊重与满足。但是，在现阶段按需分配并不具备实现的客观条件。

（五）贡献原则

贡献原则即按贡献分配。从收入的初次分配来看，分配正义意味着报酬与贡献的对等或一致。这里所说的贡献并非仅指劳动贡献，而是包括劳动、资本、技术、管理、土地等在内的各种生产要素的贡献。市场经济基本上以效益即贡献为基础进行分配，即按所投入各种要素——劳动、资本、技术、管理、土地等的市场交换收益进行分配。这种分配方式的优点在于创造了一种激励机制，通过收入与效益紧密挂钩来鼓励人们勤勉工作、积极创造、奋发进取。按贡献分配是通过市场机制来实现的。市场经济不仅是一种资源配置方式，也是一种利益分配方式。市场经济通过市场机制实现资源配置和利益分配。我们将通过市场机制分配社会利益的规则称为市场正义。具体而言，如果人们依据自己的能力、运气，通过自己的努力在市场竞争中获得财富、机会与权利，那么，他们拥有这些社会利益就是正义的。市场正义充分肯定了自然天赋、主观努力和运气等在社会利益分配中的作用，是一种自由主义的正义观。自由主义的正义观认为，所得与应得的一致就是正义："在一个正义的世界中，你应该得到你所得到的，并且得到你所应该得到的。"[1]

三、市场正义的合理性

市场机制是指市场体系的供求、价格、竞争、风险等要素之间互相联系及作用的机理。市场机制不包含任何人为的非经济因素，即使它最终还是会受到某些人为因素的影响，如政府干预、道德调节等，但这种影响只可能发生在市场过程以后，而不是在此之前，或在此之中。正如罗尔斯所说："一种竞争体系在其运行的具体环节上是非人格的、自动进行的；它的特殊结果并不表达个人的有意决定。"[2] 市场机制的客观性使市场正义具有如下三个方

---

[1] Charity Scott. Belief in a Just World: A Case Study in Public Health Ethics. *Hastings Center Report*, 2008, 38 (1): 19.

[2] ［美］罗尔斯. 正义论 [M]. 何怀宏，何包钢，廖申白，译. 北京：中国社会科学出版社，1988: 281.

面的价值合理性。

(一) 市场正义保证了个人自由的充分发挥

作为政治哲学范畴，自由与奴役相对，是人的一项社会权利，标志着人的解放程度。天高任鸟飞、海阔凭鱼跃，市场竞争为个人自由的充分发挥提供了无限广阔的空间。在市场经济条件下，个人自由的充分发挥具体体现在如下几个方面。

第一，个人利益得到最大程度的认可。市场经济是以"经济人"作为其理论预设的。利己是"经济人"的内在本性。"经济人"的利己本性成为个人经济行为的原始动因。每一个市场主体就是一个利益主体，市场经济允许并鼓励人们追求个人利益的最大化。物权不过是个人利益的法律表达。在黑格尔看来，自由是人的本质，而物权是"自由的最初定在"①，也就是说，物权就是个人自由的外在表现。因此，在市场经济条件下，个人利益的合理性是不言而喻的。

第二，个人自主得到最大程度的尊重。市场机制要求每一个市场主体自主经营、自负盈亏。如何生产、如何经营、如何决策，完全取决于个人的自主选择。也就是说，市场经济把选择权完全交给市场主体。从这个意义上来说，市场经济真正做到了"我的地盘我做主"。为此，罗尔斯指出，市场经济除了富有效率之外，还有一个重要的优点，即"在必要的背景制度下，它是和平等的自由及机会的公正平等相协调的。公民对前途和工作具有自由选择权"②。

第三，个人潜能得到最大程度的发挥。个人潜能包括智力、体力、天赋、主观能动性等各方面的因素。个人潜能是影响个人行为的内在因素。自由竞争使每一个市场主体享有了充分发展其潜能、追求尽可能高的效益的机会。与此同时，在激烈的市场竞争中，为了实现个人利益的最大化，市场参与者不得不全力以赴，放手打拼。

(二) 市场正义保证了机会平等的普及

马克思指出："商品是天生的平等派和昔尼克派，它随时准备不仅用自

---

① ［德］黑格尔. 法哲学原理 ［M］. 范扬，张企泰，译. 北京：商务印书馆，1982：59.

② ［美］罗尔斯. 正义论 ［M］. 何怀宏，何包钢，廖申白，译. 北京：中国社会科学出版社，1988：273.

己的灵魂而且用自己的肉体去同任何别的商品交换，哪怕这个商品生得比马立托奈斯还丑。"① 在马克思看来，形态千差万别的商品在本质上都是相同的：它们都是用来交换的劳动产品，都是价值与使用价值的统一体，等价交换是市场经济的基本规则。我们认为，正是这种等价交换的要求将机会平等观念贯彻到市场经济的各个方面。

第一，市场主体地位的平等。市场主体是指在市场上从事经济活动，享有权利和承担义务的个人和组织。市场经济的建立过程，在很大程度上也就是英国著名法律史学家梅因所说的"从身份到契约"的过程。它在客观上要求打破传统的以身份、地位等为标准来配置资源的方式，并确立以市场机制为主导的资源配置方式。市场经济解除了人们之间因社会政治、文化因素所负有的身份束缚，每个市场主体都是一个平等的民事主体，都可以自由而平等地参与市场竞争，从而保证了市场主体地位的平等。

第二，市场规则的平等。市场竞争是一种普遍化的客观力量，由此形成的市场效率也是一种客观的分配规则。这种规则具有一种天然平等的特征，它对所有参与者一视同仁。市场规则的变化只服从市场经济本身的内在需要，不随任何个人或集团的意愿而改变。市场就像一个游戏场所，它不管游戏参与者的身份地位如何，所有的游戏参与者都必须平等地遵守游戏规则并受游戏规则的支配。市场竞争不相信眼泪，只相信冒险家和强者。

第三，交易过程的平等。每一个市场主体必须始终遵循自愿互利的原则从事商品交易。商品交易实质上就是一个不同的市场主体相互讨价还价、平等协商的过程。交易过程既不能强买强卖，也不能坑蒙拐骗；违背市场契约的行为将受到法律的制裁。

（三）市场正义促进了社会公益的自发实现

这里所说的"公益"是孟德威尔"私恶即公益"意义上的"公益"，即社会整体福利。个体充分而合理的自由竞争必然会促进社会公益的自发实现。社会公益的自发实现具体体现在如下几个方面。

第一，生产要素的合理配置不仅提高了整个社会的经济效益，而且增加了社会财富的总量。市场机制不仅使人力资源得到充分有效的利用，而且使社会

---

① ［德］马克思. 资本论：第 1 卷 ［M］. 北京：人民出版社，1975：103.

生产资源得到合理配置，可谓真正实现了"人尽其才，物尽其用"。因此，市场机制在提高整个社会的经济效益的同时，也带来了社会财富的迅速增长。

第二，市场竞争促进了商品的优胜劣汰，提高了整个社会的产品质量。产品质量是市场竞争制胜的重要保障。质量优良的产品会赢得更多的消费者，从而获得更多的利润；相反，质量低劣的产品将会无人光顾，从而不得不退出市场。为此，商品生产者不得不想方设法提高产品质量。

第三，生产技术的不断革新提高了整个社会的生产力水平。在实际的生产活动中，技术水平高的生产者总是可以获得较多的利润。因此，商品生产者为了获得更多的利润总是千方百计地改进生产技术，从而自发地提高了整个社会的生产力水平。市场是一只"看不见的手"，引导个人的利己行为自发地促进社会的繁荣。为此，斯密指出："只盘算自己得益的所有人在自由竞争中随意交往，会受一只看不见的手的指引，可以达到一个同他的盘算不相干的目的。他追求自己的利益，往往使他能比在真正出于本意的情况下更有效地促进社会的利益。"①

四、市场正义的局限性

市场正义如同一把双刃剑，在道德上具有两面性。它既具有上述内在的价值合理性，也会导致贫富悬殊、公地悲剧与唯利是图等问题。市场正义是通过市场竞争而自发实现的原始正义。市场竞争片面强调市场机制在收入分配中的作用，而忽视了公民的需求权利；片面追求经济效益的最大化，而忽视了市场交易的社会成本；片面彰显利益诉求，而忽视了市场经济的道德规范。因此，市场正义不可避免地带有某些局限性。

（一）市场竞争导致了收入分配的两极分化

市场正义充分肯定了自然天赋、主观努力和运气等在社会利益分配中的作用。市场主体在这些因素上的差距，必然导致他们在收入分配中的差距。那些天赋和运气好、奋力打拼的人在市场竞争中不断获得成功；相反，那些

---

① ［英］亚当·斯密. 国民财富的性质和原因的研究：下卷［M］. 郭大力，王亚南，译. 北京：商务印书馆，1979：27.

天赋较差、运气欠佳或者努力不够的人在市场竞争中业绩平凡，甚至每况愈下。差距的严重程度有时可以使"成功者喂养猫狗的食物甚至胜过了失败者哺育他们后代的食物"①，社会贫富悬殊给社会发展带来诸多不利影响。

第一，影响经济的可持续发展。两极分化导致了在数量上占绝对优势的低收入群体的需求萎靡，同时也必然降低整个社会的平均消费水平，进而导致消费需求不足。消费是拉动经济增长的重要动力，投资和消费失衡将严重阻碍经济的健康发展。如果这种严重失衡导致大规模的产能过剩，最终会酿成经济危机。

第二，严重威胁社会稳定。社会稳定与社会成员对现实状况的满意度密切相关，对社会不满是社会紧张和社会冲突的根源之一。贫富悬殊将严重挫伤穷人的劳动积极性，动摇他们追求幸福生活的信念，由此导致他们对社会的普遍不满。心理失衡引起行为失范。当穷人的生活得不到保障时，由贫困激发出来的不满和仇恨可能会使他们走上违法犯罪的道路，从而严重威胁社会的安全与稳定。

第三，激化社会矛盾，影响社会和谐。贫富悬殊不可避免地引发和加剧社会成员之间的矛盾和冲突。在穷人和富人之间，形成了两种相互敌视的心理和情绪。一方面，穷人仇富，先富者往往成为一些社会矛盾的焦点。另一方面，富人歧贫，穷人成为富人歧视的对象。而且，富人对穷人的歧视程度远远超过了穷人对富人的仇视程度。两极分化本来就令穷人愤愤不平，与此同时，一些富人还要利用自己的话语优势不断地歧视穷人，由此更加激发穷人的仇富心理。因此，沃尔泽指出："产生平等主义政见的并不是富有与贫困并存这一事实，而是富者'碾碎穷人的容颜'，把贫穷强加到他们身上，迫使他们恭顺这一事实。"② 贫富之间的对立和冲突如果不能得到合理的消解，必定会削弱社会的凝聚力，影响社会和谐。

（二）市场竞争造成了公地悲剧的泛滥

著名生态经济学家加勒特·哈丁（Hardin G.）于 1968 年提出了公地悲

---

① [美] 阿瑟·奥肯. 平等与效率 [M]. 王奔洲，译. 北京：华夏出版社，1999：1.

② [美] 迈克尔·沃尔泽. 社会正义诸领域　为多元主义与平等一辩 [M]. 褚松燕，译. 南京：译林出版社，2002：3.

剧的理论："在共享公地的社会中，每个理性的牧民都追求各自的最大利益。这就是悲剧的所在。每个人都被卷入一个迫使他在有限范围内无节制地增加牲畜的制度中。毁灭是所有人都奔向的目的地。因为在信奉公地自由的社会当中，每个人均追求自己的最大利益。公地自由给所有人带来了毁灭。"① 简而言之，公地悲剧是指一种资源如果没有排他性的所有权，就会导致这种资源的过度使用，从而产生共同毁灭的悲剧。在缺乏必要规范和约束的情况下，市场竞争不可避免地引发公地悲剧的泛滥。公地悲剧的泛滥具体体现在如下几个方面。

第一，生态环境的恶化。对于商品生产者来说，生态环境是一块自由使用的公地。在商品生产过程中，环境成本往往不被市场所考虑。这种环境成本的外在化造成了自工业社会以来不负责任的环境污染。全球气候变暖，生物多样性减少，臭氧层耗竭等，就是生态环境恶化的结果。

第二，自然资源的枯竭。对于商品生产者来说，自然资源也是一种取之不尽、用之不竭的公共资源。市场经济本身只关注资源的有效配置，却缺少对资源贮存和来源的合理考量。利益驱使导致了商品生产者对自然资源的盲目开采和奢侈利用。

第三，公共设施的瘫痪。在公共市场中，公共设施也是一种自由使用的公地。在市场活动中，所有的市场主体都从使用公共设施中受益，但是，很少有人会出于公共利益的动机去自觉地维护公共设施。实践证明：在没有国家干预或非政府组织参与的情况下，自由放任的市场竞争必然导致公共设施的瘫痪。

（三）市场竞争还滋生了唯利是图的行为

市场竞争是残酷无情的——优胜劣汰是市场竞争的必然结果。如果缺乏必要的社会规范和道德约束，单纯追求经济利益和效益最大化必然会滋生唯利是图的行为；"经济人"的利己假设将可能演化成人类社会的普遍事实，一些无良商家将完全屈从于资本逻辑而无视社会的道德和法律。唯利是图是指为了获取和占有金钱不择手段。19世纪英国著名工会活动家托·约·登宁对资本家唯利是图的本性进行了深刻的揭露与批判："一旦有适当的利润，

---

① Hardin G. The tragedy of commons, *Science*. 1968, 162（3859）: 1244.

资本就胆大起来。如果有 10％的利润，它就保证到处被使用；有 20％的利润，它就活跃起来；有 50％的利润，它就铤而走险；为了 100％的利润，它践踏一切人间法律；有 300％的利润，它就敢犯任何罪行，甚至冒绞首的危险。如果动乱和纷争能带来利润，它就会鼓励动乱和纷争。"① 唯利是图不仅是资本家的本性，而且是所有无良商家的共性。唯利是图的行为将对社会和他人造成多种不良后果。

第一，唯利是图的行为严重损害了劳动者的合法权益。在社会主义市场经济条件下，如果缺乏伦理的限制，在资本逻辑的驱使下，同样会出现资本主义"过度劳动"的问题。这种过度劳动使工人完全沦为工作的机器和赚钱的工具，并严重影响工人的身心健康，是对劳动者合法权益的侵犯。

第二，唯利是图行为也严重损害了消费者的利益。层出不穷的食品安全事件就是一个有力的证据。回顾近年来发生的一系列食品安全问题，"皮革奶""染色馒头""瘦肉精"等问题食品的生产者和经营者无一不利欲熏心、利令智昏，有的甚至达到丧心病狂的程度。

第三，唯利是图的行为也造成了唯利是图者自身的异化。金钱成为财富和普遍价值的化身，成为衡量一切的价值标准。拥有了金钱似乎就可以购买一切、占有一切和享用一切。这就很容易使人产生金钱万能的错觉。金钱由一般的等价物变为万能的统治者——神，唯利是图者向它顶礼膜拜，沦为金钱的奴隶。

五、社会正义对市场正义的矫正

社会正义是界定人的基本权利与义务的规则体系，是政治正义和道德正义的统一。社会正义是通过制度安排来实现的。制度安排是一个国家对国家机关、社会组织、社会成员等行为主体之间基本权利与义务的具体规定，是制度的具体实现形式。在罗尔斯看来，制度安排是实现社会正义的关键。市场正义仅仅是一种排除了各种主客观因素影响的具有市场平均化、理想化色彩的经济正义，它缺乏对社会的宏观考虑和整体协调。仅靠市场机制所实现的利益分配，不能直接达到较充分程度的公平合理，在某种情况下甚至还可

---

① ［德］马克思. 资本论：第 1 卷 ［M］. 北京：人民出版社，1975：829.

能导致较严重的社会不公。为了实现社会的公平正义，必须根据社会正义矫正市场正义的缺陷。

（一）缩小贫富差距，促进分配正义

市场正义是通过市场竞争形成的原始正义和自发正义，市场竞争结果的合理合法，并不必然意味着道德和政治上的公平合理。我们不能把市场分配的经济正义看作是分配正义的全部内容，更不能把它等同于社会正义。一个充满竞争的市场经济有助于产生一个富裕经济。然而，这种"天性自由"的制度导致的收入分配的两极分化将达到难以接受的程度。对此，罗尔斯明确指出："分配份额的正义显然依赖于背景制度，以及这些制度分配总收入、工资和别的收入加转让部分的方式。我们有理由强烈反对由竞争来决定总收入的分配，因为这样做忽视了需求的权利和一种适当的生活标准。"①

从社会正义出发，必须对社会利益进行二次分配，甚至三次分配。税收对于调节居民个人收入再分配，促进分配公平将发挥重大作用。譬如，英国在税收之前，收入的差距是 120 倍，但通过对高收入群体征收个人所得税，给低收入群体提供社会保障补贴后，收入的差距从 120 倍降到了 4 倍。西方发达国家主要通过二次分配缩小收入差距，解决公平问题。除了税收调节之外，社会还可以鼓励公民通过慈善、捐赠、互助等社会扶助活动调节收入分配。经济学家厉以宁提出，市场经济条件下的收入分配包括三次分配："第一次是由市场按照效益进行分配；第二次是由政府按照兼顾效率与公平的原则，通过税收、扶贫及社会保障统筹等方式来进行第二次分配；第三次是在道德力量的作用下，通过个人收入转移和个人自愿缴纳和捐献等非强制方式再一次进行分配。"② 厉以宁的观点表明，在市场经济条件下，收入分配需要经过多次调节才能逐步缩小差距，实现分配正义。

（二）坚守公共理性，促进代际正义

代际正义指当代人和后代人在利用自然资源、满足自身利益、谋求生存与发展上的权利均等，即当代人必须留给后代人生存和发展的必要环境资源

---

① ［美］罗尔斯. 正义论 [M]. 何怀宏，何包钢，廖申白，译. 北京：中国社会科学出版社，1988：277.

② 厉以宁. 股份制与现代市场经济 [M]. 南京：江苏人民出版社，1994：33.

和自然资源，而不能为了满足当代人的需求而损害子孙后代的利益。代际正义是一种关怀性理论诉求，它要求当代人在谋求自己的利益时，应当关照并合理安排后代人的利益，做到资源与财富的可持续发展。在自由而平等的市场竞争中，公地悲剧的泛滥严重损害了代际正义。面对人性的自私与贪婪，必须坚守公共理性，保护公共资源，促进代际正义。

公共理性是"一个民主国家的基本特征。它是公民的理性；是那些共享平等公民身份的人的理性。他们的理性目标是公共善，是政治正义观念对社会之基本制度结构的要求所在，也是这些制度所服务的目标和目的所在"[①]。公共理性的目标是公共善和根本性的正义问题。公共善是社会公共利益的体现。公共善是个体善的前提，个体只有在社会中才能获得他自己的善。因此，"自由而平等的公民分享着政治权利，而作为理性而合理的公民，他们有一种诉求于公共理性的公民义务"[②]。也就是说，自觉接受公共理性的限制是公民的一项基本义务。生态环境、自然资源和公共设施等公共资源是人类生存发展的基本条件。肆意滥用公共资源不仅会危及当代人的生存，而且会影响子孙后代的发展。当公民的个人权利与公共善发生冲突时，个人权利必须自觉服从公共善，这是公共理性的内在要求。只有这样，才能有效地保护公共资源，促进代际正义。

（三）坚持以义取利，促进获取正义

获取正义即一个人获得某种利益的资格或权利的合理性。获取正义的原则是机会均等和不损害他人利益。唯利是图者不择手段、损人利己，严重违背了获取正义。在自由而平等的市场竞争中，我们应当坚持义利并重，以义取利。当我们追求个人利益的时候，既不能把他人纯粹地当作实现个人利益的手段，更不能突破道德底线，损害他人和社会的利益。人和人之间是互为手段和目的的，个人利益的实现离不开他人和社会。"每个人是手段，同时又是目的，而且只有能成为手段才能达到自己的目的，只有把自己当做自我的目的才能成为手段……"[③] 海德格尔在《存在与时间》中提出，他者与自

---

① ［美］罗尔斯. 政治自由主义［M］. 万俊人，译. 南京：译林出版社，2000：225.

② ［美］罗尔斯. 政治自由主义［M］. 万俊人，译. 南京：译林出版社，2000：240.

③ ［德］马克思，恩格斯. 马克思恩格斯全集：第46卷［M］. 北京：人民出版社，1979：196.

我的关系是共同在世的关系："此在的世界是共同世界。'在之中'就是与他人共同存在。"① 生命存在是一种共在，他者与自我是共同在世的存在者；自我的生存并非只意味着"我"，还意味着"我们"。因此，只顾自己，唯利是图是极端错误的。

与此同时，市场竞争并不是一种在道德真空中运行的经济，市场竞争必须始终接受道德的考量。随着市场经济的成熟与完善，唯利是图的违法败德行为将逐渐为市场所淘汰。就像恩格斯指出的那样："现代政治经济学的规律之一就是，资本主义生产越发展，它就越不能采用作为它早期阶段的特征的那些小的哄骗和欺诈手段……这些狡猾手腕在大市场上已经不合算了，那里时间就是金钱，那里商业道德必然发展到一定水平，其所以如此，并不是出于伦理的狂热，而纯粹是为了不白费时间和辛苦。"② 也就是说，市场体系对违法败德的牟利行径具有一定的筛选和惩戒能力，如消费者对那些伪劣产品的抵制、员工对雇主违规生产的投诉、环保部门对企业非法排污的处罚等。总之，社会是一个公平合作的系统，每个人都按照既定的规则与程序履行社会责任并从社会合作中受益。在义利关系上，只有见利思义、以义取利，才能获取正义。

自由与平等是现代社会的基本原则，自由与平等之间的适当张力则是现代社会发展的动力。与平等相比，市场正义侧重于自由；就平等本身而言，市场正义侧重于起点平等与过程平等，而无法保证结果平等。社会正义既要保障自由，也要促进平等，并致力于自由与平等之间的平衡。因此，经济学家阿瑟·奥肯指出："市场竞争机制需加以限制，但不能限制过分；同样，收入均等化措施必须要有，但也不能过度。"③ 在市场经济条件下，一些人认为，无需政府干预，市场机制会自发地解决社会正义问题。由上可知，这种想法是不切实际的。只有国家权力的适度介入和一定程度的道德自律才能弥补市场正义的不足，促进社会公平。

---

① ［德］海德格尔. 存在与时间［M］. 陈嘉映，王庆节，译. 北京：生活·读书·新知三联书店，1987：138.

② ［德］马克思，恩格斯. 马克思恩格斯全集：第22卷［M］. 北京：人民出版社，1972：368.

③ ［美］阿瑟·奥肯. 平等与效率［M］. 王奔洲，译. 北京：华夏出版社，1999：54.

第七讲　善恶并存的资本：伦理
规约刻不容缓

改革开放以来，由于个体、私营与外资经济的出现，资本成为一种活力十足的生产要素。与此同时，资本又是一种生产关系："资本不是物，而是一定的、社会的、属于一定历史社会形态的生产关系，后者体现在一个物上，并赋予这个物以独特的社会性质。"① 增值谋利是资本的普遍本性，无论在何种社会制度下，资本都具有善恶二重性。在利用资本加快我国社会主义现代化建设的过程中，我们对资本的善恶二重性应有一个客观全面的认识。唯有如此，才能扬善抑恶，保证我国社会经济的健康发展。

一、资本的善恶二重性

马克思曾经明确指出，"每一种经济关系都有其好的一面和坏的一面"②。资本的善恶二重性是资本本身所固有的，资本运行的历史和现实都充分证明了资本这一道德属性。

（一）资本的反道德性

"资本来到世间，从头到脚，每个毛孔都滴着血和肮脏的东西。"③ 资本的不道德性体现在许多方面。

第一是资本原始积累的掠夺性。资本的原始积累即"生产者和生产资料分离的历史过程"④。在这个过程中，"个人的分散的生产资料转化为社会的

---

① ［德］马克思，恩格斯. 马克思恩格斯全集：第 46 卷［M］. 北京：人民出版社，2003：922.
② ［德］马克思，恩格斯. 马克思恩格斯文集：第 1 卷［M］. 北京：人民出版社，2009：616.
③ ［德］马克思. 资本论：第 1 卷［M］. 北京：人民出版社，2004：871.
④ ［德］马克思. 资本论：第 1 卷［M］. 北京：人民出版社，2004：822.

积聚的生产资料，从而多数人的小财产转化为少数人的大财产，广大人民群众被剥夺土地、生活资料、劳动工具——人民群众遭受的这种可怕的残酷的剥夺，形成资本的前史。这种剥夺包含一系列的暴力方法……对直接生产者的剥夺，是用最残酷无情的野蛮手段，在最下流、最龌龊、最卑鄙和最可恶的贪欲的驱使下完成的"①。所以，马克思说，资本的历史是"用血和火的文字载入人类编年史的"②。中国近代百年耻辱史就是资本主义对外掠夺的一个见证。

第二是资本逐利的贪婪性。实现价值的不断增值是资本的内在逻辑。19世纪英国著名工会活动家托·约·登宁对资本唯利是图的本性进行了深刻的揭露与批判："资本害怕没有利润和利润太少，就像自然界害怕真空一样。一旦有适当的利润，资本就胆大起来。如果有 10% 的利润，它就保证到处被使用；有 20% 的利润，它就活跃起来；有 50% 的利润，它就铤而走险；为了 100% 的利润，它践踏一切人间法律；有 300% 的利润，它就敢犯任何罪行，甚至冒绞首的危险。如果动乱和纷争能带来利润，它就会鼓励动乱和纷争。"③ 从登宁的话来看，资本的视野之内似乎没有道德。

第三是资本增值的剥削性。马克思具体分析了剩余价值生产的两种基本方法，即绝对剩余价值和相对剩余价值："我把通过延长工作日而生产的剩余价值叫做绝对剩余价值；相反，我把通过缩短必要劳动时间、相应地改变工作日的两个组成部分的量的比例而生产的剩余价值，叫做相对剩余价值。"④ 绝对剩余价值的生产主要是通过延长工人的劳动时间实现的，而相对剩余价值的生产主要是通过增加工人的劳动强度实现的。

第四是资本文化的媚俗性。现代社会是一个不断世俗化的社会。社会生活的世俗化是市场经济发展的必然结果。资本是推动世俗化的强大动力。等价交换原则抹平了神圣价值与世俗价值之间的鸿沟，所有的事物均转化为可以自由交换的商品。在社会生活世俗化的过程中，资本的媚俗性日益凸显出来。资本为了促进消费，不断刺激消费者的感官欲望，制造牛奶浴、黄金

---

① ［德］马克思. 资本论：第 1 卷 ［M］. 北京：人民出版社，2004：873.

② ［德］马克思，恩格斯. 马克思恩格斯选集：第 2 卷 ［M］. 北京：人民出版社，1995：261.

③ ［德］马克思. 资本论：第 1 卷 ［M］. 北京：人民出版社，1975：829.

④ ［德］马克思. 资本论：第 1 卷 ［M］. 北京：人民出版社，2004：366.

宴、喝人奶等各种令人耳晕目眩的消费名目，使消费者沉溺于感官享乐之中而无法自拔。

（二）资本的合道德性

马克思明确指出，"在资本的简单概念中必然自在地包含着资本的文明化趋势等等"①。资本的合道德性具体体现在如下几个方面。

首先，资本极大地激发了人们创造财富的热情与潜能。在资本主义社会里，"只有一般的致富欲望才能成为不断重新产生的一般财富的源泉。由于劳动是雇佣劳动，劳动的目的直接就是货币，所以一般财富就成为劳动的目的和对象。作为劳动目的的货币在这里成了普遍勤劳的手段。生产一般财富，就是为了占有一般财富的代表。这样，真正的财富源泉就打开了。"② 在致富欲望的推动下，人的潜能被极大地释放出来，各种海外探险和技术创新层出不穷，社会财富急剧增长。马克思站在人类社会历史发展的角度，对此给予了高度评价："资产阶级在它不到一百年的阶级统治中所创造的生产力，比过去一切世代创造的全部生产力还要多、还要大。"③

其次，资本加速了落后地区的文明开化。资本的趋利性使其不断地打破世界各国、各地区相互隔绝的状况，将亚、非、拉等广大落后的地区与民族纳入资本主义文明之中，整个世界日益成为一个不可分割的整体。"过去那种地方的和民族的自给自足和闭关自守状态，被各民族的各方面的互相往来和各方面的互相依赖所代替了。物质的生产是如此，精神的生产也是如此。各民族的精神产品成了公共的财产。民族的片面性和局限性日益成为不可能。"④

再次，资本使劳动者获得了人身自由，为弘扬道德主体性创造了条件。"资本的文明面之一是，它榨取剩余劳动的方式和条件，同以前的奴隶制、农奴制等形式相比，都有利于生产力的发展，有利于社会关系的发展，有利

---

① ［德］马克思，恩格斯. 马克思恩格斯文集：第 8 卷［M］. 北京：人民出版社，2009：95.
② ［德］马克思，恩格斯. 马克思恩格斯全集：第 30 卷［M］. 北京：人民出版社，1995：174-176.
③ ［德］马克思，恩格斯. 马克思恩格斯选集：第 1 卷［M］. 北京：人民出版社，1995：277.
④ ［德］马克思，恩格斯. 马克思恩格斯选集：第 1 卷［M］. 北京：人民出版社，1995：276.

于更高级的新形态的各种要素的创造。"① 在封建社会，劳动者的人身自由受到各种限制，道德主体性被淹没。在资本主义社会，资本使劳动者摆脱了人身依附关系，获得了人身自由，道德主体性逐渐被激发出来。

最后，资本促成了自由、平等、公正、法治等观念的形成。马克思说："流通中发展起来的交换价值过程，不但尊重自由和平等，而且自由和平等是它的产物；它是自由和平等的现实基础。作为纯粹的观念，自由和平等是交换价值过程的各种要素的一种理想化的表现；作为在法律的、政治的和社会的关系上发展了的东西，自由和平等不过是另一方向的再生产物而已。这种情况也已为历史所证实。"② 商品是天生的平等派。资本所到之处无情地碾碎了旧时代留下来的各种等级关系和人情关系。在资本运行的过程中，市场竞争自发地促进了自由、平等、公正、法治等观念的形成。

二、资本之恶对发展的若干不利影响

马克思指出："个人怎样表现自己的生活，他们自己也就怎样。因此，他们是什么样的，这同他们的生产是一致的——既和他们生产什么一致，又和他们怎样生产一致。因而，个人是什么样的，这取决于他们进行生产的物质条件。"③ 资本的不道德性可谓资本之恶。无论在哪一种社会制度之下，资本之恶都不同程度地存在着。在利用资本的过程中，尽管资本给国民经济发展注入了巨大的活力，但是，资本之恶对发展已经产生了诸多不利影响。

（一）过度劳动损害发展机会

自由时间是人的全面自由发展的重要条件。马克思指出："节约劳动时间等于增加自由时间，即增加使个人得到充分发展的时间。"④ 劳动时间的缩短意味着自由时间的增多，劳动时间的延长意味着自由时间的减少。过度劳

---

① ［德］马克思，恩格斯. 马克思恩格斯全集：第2卷［M］. 北京：人民出版社，1974：925.

② ［德］马克思，恩格斯. 马克思恩格斯全集：第46卷（下）［M］. 北京：人民出版社，1979：477-478.

③ ［德］马克思，恩格斯. 马克思恩格斯全集：第42卷［M］. 北京：人民出版社，1979：24.

④ ［德］马克思，恩格斯. 马克思恩格斯全集：第46卷（下）［M］. 北京：人民出版社，1980：225.

动致使自由时间减少，严重损害了劳动者的发展机会。马克思在《资本论》中一针见血地指出："资本是根本不关心工人的健康和寿命的，除非社会迫使它去关心。人们为体力和智力的衰退、夭折、过度劳动的折磨而愤愤不平，资本却回答说：既然这种痛苦会增加我的快乐（利润），我又何必为此苦恼呢？"①

资本与劳动者的关系是一种极度的不平等关系。在社会主义市场经济条件下，如果资本缺乏伦理的限制，在资本逻辑的驱使下，同样会出现资本主义"过度劳动"的问题。据报道，在深圳富士康公司，为最大限度地追求利润，机器24小时不停地运转，员工一般实行"两班倒"，劳动强度大，劳动时间长。在半军事化的管理流程下，员工变成了机器的零部件，随着机器的节奏不停转动。② 因为工资过低，工人被迫长时间加班而赚取加班费。尽管舆论认为富士康并非"血汗工厂"，但是，过度劳动是毋庸置疑的。这种过度劳动使工人完全沦为工作的机器和赚钱的工具是对人权的侵犯。所谓人权，是指在一定的社会历史条件下每个人按其本质和尊严享有或应该享有的基本权利。从人权原则来看，任何组织和个人都不得非法侵害他人权利。人权原则是当代具有普遍约束力的道德原则："它不仅构成了道德论证的唯一基点，而且也是人们对复杂的伦理难题做出道德判断时，必须坚持的根基性的价值诉求和最高的道德法则。"③

过度劳动和强制劳动实质上既是对人权的践踏，也是对人的尊严和价值的践踏。只有缩短劳动时间，避免过度劳动，才能给劳动者提供更多的自由时间。因此，马克思说："如果资本不存在，那么工人就只劳动6小时，有闲者也必须劳动同样多的时间。这样，所有的人的物质财富都降到工人的水平。但是所有人都将有自由时间，都将有可供自己发展的时间。"④

（二）唯利是图引发道德滑坡

唯利是图是资本的本性。19世纪英国著名工会活动家托·约·登宁对此

---

①　［德］马克思. 资本论：第1卷［M］. 北京：人民出版社，1975：299.

②　佚名. 富士康发生今年第九起坠楼事件　警方确认系自杀［EB/OL］.（2010-05-16）. https：//finance. qq. com/a/20100516/000389. htm.

③　甘绍平. 应用伦理学教程［M］. 北京：中国社会科学文献出版社，2008：38.

④　［德］马克思，恩格斯. 马克思恩格斯全集：第26卷［M］. 北京：人民出版社，1974：281.

进行了深刻的揭露与批判：“资本害怕没有利润和利润太少，就像自然界害怕真空一样。一旦有适当的利润，资本就胆大起来。如果有 10% 的利润，它就保证到处被使用；有 20% 的利润，它就活跃起来；有 50% 的利润，它就铤而走险；为了 100% 的利润，它践踏一切人间法律；有 300% 的利润，它就敢犯任何罪行，甚至冒绞首的危险。如果动乱和纷争能带来利润，它就会鼓励动乱和纷争。”① 由此看来，在资本的视野之内似乎没有道德。在利益的驱动下，资本往往罔顾道德，不择手段，引发道德滑坡。“毒奶粉”“染色馒头”“地沟油”等食品安全事件频繁发生就是佐证。

对人的全面而自由的发展而言，道德既是必要条件，又是重要内容。道德是一种行为规范，为人的全面自由发展提供了规则与方向。道德滑坡致使社会道德生态恶化。一个不道德的社会不可能培养出全面自由发展的人。道德又是人之为人的本质规定，构成了人的全面自由发展的核心要素。道德水平是衡量人的全面而自由的发展的重要指标。资本理性是一种工具理性。工具理性只问可能，不问应该，从根本上窒息了人们对道义问题的思考。利欲膨胀使一些人见利忘义，亲情、爱情、友情等什么都可以放弃——对金钱的贪婪超出了常人的想象。功利遮蔽了道义，一些人成为唯利是图的人，经济人假设成为经济人事实。

（三）环境污染危害公共健康

在恩格斯看来，牟利性的生产方式是造成环境问题的根本原因。“到目前为止的一切生产方式，都仅仅以取得劳动的最近的、最直接的效益为目的。那些只是在晚些时候才显现出来的、通过逐渐的重复和积累才产生效应的较远的结果，则完全被忽视了。”② 在资本的驱动下，自然成为企业自由享用的公地和任意宰割的对象。许多企业只顾眼前利益，对自然资源滥采滥伐，任意地排放“三废”，将环境成本完全外在化。企业的这种短视行为对资源环境造成了严重破坏，其典型案例不胜枚举。自 20 世纪 90 年代以来，河南省沈丘县的东孙楼村、黄孟营村、孙营村等，癌症患者的比例均大幅度上升。由于癌症暴发的密度大、频率高，故上述村庄被当地人称为“癌症

---

① [德] 马克思. 资本论：第 1 卷 [M]. 北京：人民出版社，1975：829.

② [德] 马克思，恩格斯. 马克思恩格斯选集：第 4 卷 [M]. 北京：人民出版社，1995：385.

村"。沙颍河贯穿沈丘全境，严重污染的沙颍河是癌症高发的元凶，而沿河企业长年超标排污是河水污染的根本原因。[1] 生态环境破坏与污染不仅会导致疾病流行，甚至使人无法生存。公地悲剧是指如果一种资源没有排他性的所有权，就会导致这种资源的过度使用，而资源的过度使用将会导致共同毁灭的悲剧。自然好比一个公共牧场，如果企业只顾赚钱，忽视社会责任，就会造成环境污染、资源枯竭、疾病流行、家园被毁等公地悲剧的产生。

　　健康是一个人身心和谐的完好状态。从当代著名经济学家 Sen 的"可行能力视角"来看，健康是一种可行能力。一个人倘若失去健康，则从根本上摧毁了扩展其他自由或可行能力的可能性，如受教育的机会、劳动能力、心理愉悦的程度等。因此，健康不仅是人的全面而自由的发展的基本条件，也是人的全面而自由的发展的重要内容。没有健康，就不可能有人的全面而自由的发展。公共健康是众多人口的健康。公共健康不仅关系到千家万户的幸福，而且关系到国家的人口安全和社会经济的可持续发展："安全而健康的人口为国家的各个方面——政府机构、社会组织、文化才能、经济繁荣和国防等——建立了强大的根基。"[2] 公共健康是一种具有重大价值的公共利益。企业只顾赚钱，肆意破坏环境，危害公共健康，实质上是对公共利益的损害。

三、资本之恶的原因分析

　　任何资本都是人格化的，都必然要反映人和社会的道德诉求。人和社会所具有的道德诉求渗透在资本运行的全过程。资本增值的道德属性与人和社会的道德诉求密切相关。因此，资本之恶并不在资本本身，而在于掌控资本的人和社会。

（一）人的利己倾向是滋生资本之恶的沃土

　　人与生俱来都具有一种维持自己生存发展的利己倾向。正如英国进化论

---

①　郭建光. 冰点：有一种利润蔑视生命 [EB/OL]. (2007-09-26). http：//news. sohu. com/20070926/n252357263. shtml.

②　Lawrence O. Gostin, etc. The Future of the Public's Health：Vision，Values，And Strategies [J]. *Health Affairs*，2004，23（4）：104.

伦理学家赫胥黎所说："况且人们的天资虽然差别很大，但有一点是一致的，那就是他们都有贪图享乐和逃避生活上的痛苦的天赋欲望。简单说来，就是只做他们喜欢的工作，而丝毫不去考虑他们所在社会的福利。这是从他们的漫长的一系列祖先——人类、猿类和禽兽那里继承来的天性，他们这些祖先中这种天赋的'自我肯定'倾向的力量是在生存中取得胜利的条件。"① 人的利己倾向是一种保存自我的生命意志。马克思说："在任何情况下，个人总是从自己出发的，但由于从他们彼此不需要发生任何联系这个意义上来说，他们不是唯一的。由于他们的需要即他们的本性，以及他们求得满足的方式，把他们联系起来（两性关系、交换、分工），所以他们必然要发生相互联系。"② 如果不同他人和社会的利益发生关系，人的利己倾向在道德上都是无所谓善恶的。但是，当人的利己倾向不断扩张，并超出一定的限度时，利己就可能转化为恶，这种恶就可能是"人的鄙俗的贪欲"。然而，这些恶往往是历史发展的动力。恩格斯在讲到文明时代所实现的进步时说："鄙俗的贪欲是文明时代从它存在的第一日起直至今日的起推动作用的灵魂：财富，财富，第三还是财富，——不是社会的财富，而是这个微不足道的单个的个人的财富，这就是文明时代唯一的、具有决定意义的目的。"③ 由此，我们认为，人的利己倾向乃至贪欲是滋生资本之恶的沃土。

（二）目的合理性的扩张是导致资本之恶的价值维度

按照马克斯·韦伯的理解，合理性分为两种，即价值合理性和目的合理性。目的合理性的行为是"通过对外界事物的情况和其他人的举止的期待，并利用这种期待作为'条件'或作为'手段'，期待实现自己合乎理性所争取和考虑的作为成果的目的"④。目的合理性是指将自然科学范畴所具有的理性计算的手段用于检测人们自身的行为及后果是否合理的过程，如资本主义企业生产的精于计算的"簿记方式"。价值合理性的行为是"通过有意识地对待一个特定的举止的——伦理的、美学的、宗教的或作任何其他阐释

---

① ［英］赫胥黎. 进化论与伦理学 ［M］. 北京：科学出版社，1971：18.
② ［德］马克思，恩格斯. 马克思恩格斯全集：第 3 卷 ［M］. 北京：人民出版社，2002：515.
③ ［德］马克思，恩格斯. 马克思恩格斯选集：第 4 卷 ［M］. 北京：人民出版社，1995：177.
④ ［德］马克斯·韦伯. 经济与社会：上卷 ［M］. 林荣远，译. 北京：商务印书馆，1997：56.

的——无条件的固有价值的纯粹信仰，不管是否取得成就"①。价值合理性体现一个人对价值问题的理性思考，强调的是动机的纯正和选择正确的手段去实现自己意欲达到的目的，而不管其结果如何。与价值合理性相区别，目的合理性只由追求功利的动机所驱使，行动借助理性达到自己需要的预期目的，行动者纯粹从效果最大化的角度考虑，而漠视人的情感和精神价值。目的合理性所把握的世界是不依赖于人和人的主观意识而存在的客观世界，以目的为取向的合理性只看重所选行为能否作为达到目的之有效手段；而以价值为取向的合理性只看重行为本身的价值，甚至不计较手段和后果。

　　社会实践活动的成功取决于价值合理性与目的合理性的统一。价值合理性的实现，必须以目的合理性为手段。任何一种价值合理性的存在，必须有相应的目的合理性来实现这种价值预设；没有目的合理性，价值合理性的实现就是水中捞月。目的合理性必须以价值合理性为指导，离开价值合理性的指导，目的合理性将蜕化为统治和奴役人的工具。在马克斯·韦伯看来，随着"启蒙"的展开，人类的目的合理性日益僭越价值合理性。在日渐清醒的自我意识的驱使下，人类理性越来越体现为如何最大限度地满足自己的物欲，"工具"的意味越来越浓，而对于善恶是非之类的道德价值，越来越不屑一顾。由于目的合理性只问可能，不问应该，只问功利，不问道义，经济人假设成为经济人事实。资本运行过程中道德考量的缺席必然导致资本之恶。

（三）市场的不成熟是诱发资本之恶的社会条件

　　人的利己倾向自古亦然，而资本之恶是现代社会的产物。可见，由人的利己倾向滋生资本之恶还需要一定的社会环境。资本只有在其循环运动中才能实现价值增值，而资本增值离不开市场交换。因此，市场经济是资本运行的前提。在价值规律的作用下，市场将自发地促进生产要素的合理配置和商品生产者的优胜劣汰。在成熟和完善的市场经济条件下，资本运行将遵循社会的道德和法律，合法经营，正当求利。相反，如果市场经济不成熟、不完善，如法治不健全、政府监管不到位、市场主体的理性不完善等，就为人的利己倾向的扩张提供了可乘之机，一些人蝇营狗苟，资本之恶便随之而来。

---

① ［德］马克斯·韦伯. 经济与社会：上卷［M］. 林荣远，译. 北京：商务印书馆，1997：56.

资本主义市场经济发展的历史为之提供了确切的佐证：在 20 世纪初期的美国，官商勾结、金融欺诈、食品药品掺假等丑恶现象是当时的社会公害。

可以说，资本的文明程度与市场经济的成熟程度成正比。随着市场经济的成熟与完善，资本在利益驱动下的违法败德行为将逐渐为市场所淘汰。就像恩格斯指出的那样："现代政治经济学的规律之一就是，资本主义生产越发展，它就越不能采用作为它早期阶段的特征的那些小的哄骗和欺诈手段……这些狡猾手腕在大市场上已经不合算了，那里时间就是金钱，那里商业道德必然发展到一定水平，其所以如此，并不是出于伦理的狂热，而纯粹是为了不白费时间和辛苦。"① 也就是说，市场体系对违法败德的牟利行径具有一定的筛选和惩戒能力，如消费者对那些伪劣产品的抵制、员工对雇主违规生产的投诉、环保部门对企业非法排污的处罚等。由此可知，不成熟的市场是诱发资本之恶的温床。

四、资本之恶的伦理规约

黑格尔指出："当我面对着善和恶，我可以抉择于两者之间，我可对两者下决心，而把其一或其他同样接纳在我的主观性中，所以恶的本性就在于，人能希求它，而不是不可避免地必须希求它。"② 在黑格尔看来，恶是一种主观故意，但并不是不可避免的。"伦理价值、伦理关系、伦理责任是现实生活中从事经济活动的人和组织无法回避的。"③ 资本的逐利本性是无法改变的，但是，资本的逐利方式是可以随着社会环境的改变而不断调整的。在社会主义市场经济条件下，要规避和限制资本之恶，掌控资本的人必须始终接受伦理限制。只有资本掌控者树立正确的价值观念，才能保证资本理性的获利行为，而不是原始的掠夺行为。

（一）以人为本：坚决反对拼劳力的资本增值

由于科学技术的飞速发展，发展问题日益凸显，引发了人们关于发展目

---

① ［德］马克思，恩格斯. 马克思恩格斯全集：第 22 卷 ［M］. 北京：人民出版社，1972：368.

② ［德］黑格尔. 法哲学原理 ［M］. 范扬，张企泰，译. 北京：商务印书馆，1982：146.

③ ［美］丹尼尔·豪斯曼，迈克尔·麦克弗森. 经济分析、道德哲学与公共政策 ［M］. 纪如曼，高红艳，译. 上海：上海译文出版社，2008：2.

的的思考。美国学者威利·哈曼博士说："我们唯一最重要的危机主要是工业社会意义上的危机。我们在解决'如何'一类的问题方面相当成功……但与此同时，我们对'为什么'这种具有价值含义的问题，越来越变得糊涂起来，越来越多的人意识到谁也不明白什么是值得做的。我们发展的速度越来越快，但我们却迷失了方向。"[①] 哈曼博士的这段话揭示了工业社会人类面临的发展危机实质上是价值观的危机。这种价值观的危机集中体现在"能够"与"应该"的价值冲突中——能够做的是否就是应该做的？发展的根本目的究竟是为了什么？是经济、科技，还是其他？我们认为，人才是发展的根本目的。社会经济发展的落脚点应该是促进每个人的全面而自由的发展。把人作为发展的根本目的的发展观即以人为本的发展观。

为什么要把人作为发展的根本目的？因为"人就是现世上创造的最终目的"[②]，为此，美国发展伦理学家德尼·古莱多次强调："发展伦理学的主要任务是使得发展行动保持人道，以保证在发展旗号下发动的痛苦变革不产生反发展，反发展摧残文化，付出过度的个人痛苦并牺牲社会福利，这一切就是为了利润，为了绝对化的意识形态，或为了某种所谓的效率的需要。"[③] 在经济利益的驱动下，资本将人视为价值增值的工具，为了经济增长不惜牺牲人的健康乃至生命，实际上是对人的尊严和价值的践踏。只有树立以人为本的发展观，才能切实维护人的尊严和价值。

（二）义利兼顾：坚决反对无道德的资本增值

有人说，资本无道德，财富非伦理。这种论调必然会导致无道德的经济发展。我们在利用资本的过程中，必须坚持义利兼顾，以义制利，促进经济的健康发展。义即道德义理，利即功效利益。在资本运行过程中，义利相互依存，缺一不可。义为利提供价值导向，利为义提供现实支撑。经济发展满足人的生理需要，道德考量指向人的价值诉求——人应当如何生活？什么是好的生活？义是对利的反省与评价：利是否合理？当利试图摆脱义的制约走向唯利是图的时候，不道德的经济行为在所难免。因此，经济发展必须始终

---

① ［美］威利斯·哈曼. 未来启示录［M］. 徐元，译. 上海：上海译文出版社，1988：193.

② ［德］康德. 判断力批判［M］. 邓晓芒，译. 北京：人民出版社，2002：89.

③ ［美］德尼·古莱. 发展伦理学［M］. 高铦，译. 北京：社会科学文献出版社，2003：31.

接受道德的制约。

正当谋利是经济活动的基本要求。"贪得无厌绝对不等于资本主义，更不等于资本主义精神"①。在西方市场经济的发展过程中，资本的谋利行为一直受到伦理的制约："清教的约束和新教伦理扼制了经济冲动力的任意行事。当时人们工作是因为负有天职义务，或为了遵守群体的契约。"② 利欲无限膨胀，资本谋利势必产生各种乱象。为保证资本正当谋利，必须为经济行为设立道德界限。当前，企业是资本运行的主体，加强企业的道德责任建设是确保资本正当谋利的重要途径。P. 普拉利指出："在最低水平上，企业须承担三种责任：（1）对消费者的关心，比如能否满足使用方便、产品安全等要求；（2）对环境的关心；（3）对最低工作条件的关心。"③ 我们认为，保证产品质量、保护环境和维护劳动者权益是企业在生产经营过程中必须承担的最低限度的道德责任。只有这样，才能有效地抑制资本谋利的各种不道德行为。

（三）天人和谐：坚决反对拼环境的资本增值

和谐是一种稳定、有序、协调的状态，人与自然的和谐共存是对协调稳定的生态秩序的追求。人类为什么要与自然和谐共存？第一，人类是自然界的一个组成部分，决定了人类不应该以自然的统治者自居，而要自觉地与自然的其他构成要素和谐共存。在处理人与自然关系时，我们"决不像征服者统治异民族一样，决不像站在自然界以外的人一样——相反地，我们连同我们的肉、血和头脑都是属于自然界，存在于自然界的"④。第二，自然是人类的衣食之源。马克思指出，人"把整个自然界——首先作为人的直接的生活资料，其次作为人的生命活动的对象（材料）和工具——变成人的无机的身体，自然界，就它自身不是人的身体而言，是无机的身体。人靠自然界生活。这就是说，自然界是人为了不致死亡而必须与之处于持续不断地交互作

---

① ［德］马克斯·韦伯. 新教伦理与资本主义精神 ［M］. 北京：生活·读书·新知三联书店，1987：8.

② ［美］丹尼尔·贝尔. 资本主义文化矛盾 ［M］. 赵一凡，等，译. 北京：生活·读书·新知三联书店，1989：67.

③ ［美］P. 普拉利. 商业伦理 ［M］. 洪成文，等，译. 北京：中信出版社，1999：98.

④ ［德］马克思，恩格斯. 马克思恩格斯全集：第20卷 ［M］. 北京：人民出版社，1971：519.

用过程的、人的身体"①。人与自然的物质交换是人类生存和发展的必要条件，破坏自然就等于自毁家园。第三，人类改造自然的活动要受到自然规律的制约，违背规律会导致严重后果。恩格斯指出："不要过分陶醉于我们对自然界的胜利。对于每一次这样的胜利，自然界都报复了我们。每一次胜利，在起初确实取得了我们预期的结果，但是往后和再往后却发生完全不同的、出乎意料的影响，常常把最初的结果又取消了。"② 自然是一个有机的生态系统。将自然视为公共牧场，无视自然规律，任意破坏资源环境，必然会导致公地悲剧的不断发生。

马克思说，资本的历史是"用血和火的文字载入人类编年史的"③。但是，"发展社会劳动生产力，是资本的历史任务和存在理由"④。资本是现代化的一个基本要素。对人的全面而自由的发展而言，资本是一把双刃剑。我们利用资本的最终目的是要消灭资本。在我国社会主义现代化建设过程中，我们不仅要充分利用资本以推动生产力的发展，而且要采取有效措施遏制资本对发展的不利影响。资本谋利从野蛮到文明的变化，不仅需要资本所有者的道德自觉，更加需要市场经济体制的不断完善与各种社会力量的共同作用。

---

① ［德］马克思，恩格斯. 马克思恩格斯选集：第 1 卷 ［M］. 北京：人民出版社，1995：45.
② ［德］马克思，恩格斯. 马克思恩格斯全集：第 20 卷 ［M］. 北京：人民出版社，1971：519.
③ ［德］马克思，恩格斯. 马克思恩格斯选集：第 2 卷 ［M］. 北京：人民出版社，1995：261.
④ ［德］马克思，恩格斯. 马克思恩格斯选集：第 2 卷 ［M］. 北京：人民出版社，1995：466.

第八讲　道德资本：能否借道德以谋利

道德资本概念提出者的本意是主张在市场经济活动中以合道德的方式追求企业利润，反对在经济活动中巧取豪夺和坑蒙拐骗。这种理论构想具有一定的现实合理性。但是，作为一种伦理范畴，其理论本身存在诸多问题。道德资本概念在学界引发广泛关注和争议，是一个值得深入探讨的课题。

一、与道德资本概念相关的争论

针对道德资本概念，学者们就道德和资本是否可以联姻、道德资本是否导致道德工具化、道德资本是否败坏社会风气等问题展开了辩论。归结到一点，就是道德资本概念的合理性问题面临着理论和实践的巨大挑战。

（一）道德和资本是否可以联姻

就道德资本概念的"资本"而言，道德资本概念的支持者认为，道德资本概念并不是简单地把道德与资本联姻，道德资本之"资本"不是马克思意义上的"资本"。"这里所说的道德资本概念中的'资本'并非马克思使用和论述的经典资本概念，而是资本一般视域下的范畴。"[①] 所谓"资本一般"是指资本的价值源于活劳动的价值创造过程，所有在价值的创造与增值中影响活劳动发挥作用的物质和精神因素都具有资本属性。社会道德能够以其特有的引导、规范、制约和协调功能作用于生产过程，促进经济价值增值。因此，从资本一般概念出发，道德作为影响价值形成与增值的精神因素具有资本属性。换言之，道德资本是体现生产要素资本的概念，是广义资本观下的资本概念。它不同于马克思政治经济学中作为反映或批判资本主义社会制度

---

① 王小锡. 论道德的经济价值 [J]. 中国社会科学，2011 (4)：55-66.

和经济关系的分析工具的资本概念。简而言之，"资本一般"是指资本的价值增值的属性，而不是指称资本主义社会的剥削关系。道德完全可以在经济建设中发挥独特的经济增值作用，道德资本有其存在的依据。经济学学者罗卫东明确地将道德的经济功能及其作用称为道德资本：道德的经济功能与资本相类似，它介入经济活动，会带来较大的利益。我们可以借用布尔迪厄的宽泛的资本概念称其为道德资本。从社会效用来看，道德资本不单纯是促进价值物保值和增值的精神要素，更是一种蕴含社会理性精神的价值目的，以实现经济效益与社会效益的双赢。①

　　道德资本概念的反对者认为，"在马克思那里，资本的本质不是物，而是生产关系，资本的每一个毛孔都是肮脏的""在马克思的意义上，'道德'与'资本'的联姻不可想象"②。此处的"资本"概念不可泛论。它既不是严格经济学意义上的，也不是严格马克思政治经济学意义上的。此处的"资本"概念，只能在能够带来利益的一般手段、工具意义上而言。是否任何一种道德或道德价值都能为市场经济活动带来经济价值，成为经济活动中的"资本"？结论显然是否定的。③并不是所有的道德都能成为资本。很多情况下，道德都是以自我牺牲为代价的，践行道德的结果往往不是经济利益的增值，而是精神的升华与安慰。周德海认为，作为道德资本逻辑前提之一的人力资本概念不能成立。道德资本论者似乎没有领会道德概念的本来含义，以及个人道德与社会道德或国家道德之间的关系。因而，道德资本是一个既没有客观实在性，也没有任何实际意义的概念。④

　　就道德资本概念的逻辑演绎而言，道德资本概念的支持者认为，道德资本概念的提出，并不是将"'道德'解读为一种'资本'"，也不是将道德资本化，更不是将道德与资本等同，至于道德资本是"资本的道德化"，道德资本是"道德给资本命名"等提法，与道德资本概念实不相干。⑤"道德资本"概念的提出是基于道德在经济发展和获得利润过程中有其独特的不可替

　　①　罗卫东. 论道德的经济功能［J］. 中共浙江省委党校学报，1998（1）：40-44.
　　②　高兆明. "道德资本"概念质疑［J］. 哲学动态，2012（11）：49-51.
　　③　高兆明. "道德资本"的提法有三大误区［N］. 北京日报，2013-08-26（18）.
　　④　周德海. 道德能够成为资本吗？［J］. 福建江夏学院学报，2013（1）：29-37.
　　⑤　王小锡. "道德资本"何以可能［J］. 哲学动态，2013（3）：66-69.

代的作用。这样的理路与道德资本化并不是一回事。道德是资本形成过程中不可缺少的精神因素，也是获得更多利润的重要精神性条件。国内外普遍认同的"人力资本""精神资本"的基本理念都必然内含道德要求。就道德是"人力资本""精神资本"的核心内容来看，道德资本是符合思维逻辑的。

道德资本概念的反对者认为，道德资本的逻辑演绎只是一个纯粹的概念泛化运动，其必然的结果是：道德资本理论至少是当前的道德资本理论尚未成长为能够为当代社会整体结构的图景提供有穿透力的解释与有执行力的解决方案的理论。道德资本概念是"简单的概念泛化层面的道德的资本化"①。道德资本化就是把道德等同于资本，把道德完全看成是赚钱的资源和工具，这是亵渎了道德。然而，道德是资本精神层面的要素，它不可能独立形成资本，它在发挥经济作用过程中需要依附于物质要素，因此，趋善意义上的道德资本化是一种主观臆造。

（二）道德资本是否导致道德工具化

道德资本概念的支持者认为，资本的投向与作用的发挥一定会有道德在起着独特的"工具理性"作用，而工具理性作用与道德工具化是不能等同的。如果把道德的工具理性作用与道德工具化混同，并进而将道德资本概念的提出认定为让道德"待价而沽"，那是没有逻辑根据的庸俗的理论观点。②其一，如果把道德仅仅作为赚钱的工具，这时候的道德不是我们所指的趋善意义上的道德，而是趋恶意义上的道德，甚或是伪道德，是缺德。如果缺德而赚钱，那是特殊社会背景下的暂时的畸形经济现象。其二，如果把道德作为市场上的交易条件或手段，这说明道德或良心可以用来交换或买卖，那这样的所谓道德或良心不是我们所理解的道德。就科学的道德要求来说，规范性价值要求应该是追求和主张具有客观必然性的普遍性，它对经济社会发展有正向促进作用。如果认为工具性的规范价值所指向的是利，以利度之，有利取之，无利弃之，那么在利之下，甚至道德本身也有可能被弃若敝屣，那就形而上学地割裂了道德与利益的关系。③

---

① 郑成根. 道德陷入"工具化"的危险 [N]. 社会科学报，2012-07-05.
② 王小锡. "道德资本"何以可能 [J]. 哲学动态，2013（3）：66-69.
③ 王小锡. "道德资本"何以可能 [J]. 哲学动态，2013（3）：66-69.

　　道德资本概念的反对者认为，道德资本概念的提出会使道德陷入工具化。[①] 道德的资本运动过于强调道德因素之于经济活动的工具性价值，这可能使道德陷入一种"工具化"的危险境地，道德也因此可能沦落为经济合理性的附庸，成为经济目标的简单工具。更为严重的是，道德工具性价值的过度倡扬还可能导致道德意义的危机：撇开社会结构的整体图景或社会繁荣的系统目标，单纯强调道德的经济价值或道德的资本逻辑，无疑会引起人们对道德价值理解的混乱。将道德仅仅视为手段性存在，无疑否定了善良动机的必要性。没有善良动机的道德，无论在理论层面还是在日常生活道德评价层面，均无法想象。如果道德资本是规范性价值要求，则如前述，这种规范性价值要求是工具性的，它将道德视为一种纯粹手段，因而，它亦是或然性的，不具有客观必然性，不能成为普遍命题，此道德不能成为普遍的价值精神。

（三）道德资本是否败坏社会风气

　　道德资本概念的支持者认为，道德资本逻辑地内含着资本要讲道德。这不仅不会败坏社会风气，而且道德在调控资本的同时，能够推动社会道德的进步。说道德是一种资本并不是要从道德上去美化资本，使道德沦为资本增值的伪善工具。道德资本存在两重性：它一方面充当资本的营利要素或手段，另一方面却是对资本的"内向批判"[②]。前者强调在正当意义上获取更多的利润或剩余价值，后者是指资本在追逐剩余价值的同时，也在客观上塑造着人本身，而这些被提升了的人类物质方面和精神方面反过来又会内在地成为约束资本负面效应的力量，也即对资本的"内向批判"。

　　道德资本概念的反对者认为，在一个事实上唯利是图、效率至上的社会，一切绝对"终极"超越性的东西都已在贪婪下化为乌有，人已沦为物的工具。此时，再鼓吹将道德变为资本与手段，只会使社会愈益沉沦于迷惘与疯狂之中。[③] 如果人们立足于道德工具主义的工具理性立场而不是绝对价值目的性的价值理性立场来把握与理解道德，不仅背离了道德的本体性，而且

---

① 郑成根. 道德陷入"工具化"的危险 [N]. 社会科学报，2012-07-05.
② 王小锡. "道德资本"何以可能 [J]. 哲学动态，2013（3）：66-69.
③ 高兆明. "道德资本"概念质疑 [J]. 哲学动态，2012（11）：49-51.

会使社会已经溃塌的道德根基进一步崩溃。

二、道德究竟是什么

　　道德目的论与道德工具论是伦理思想史上两种最主要的道德价值理论。它们根源于人对道德本质和价值的思考，反映着人们的道德立场、道德觉悟和道德思维方法，是道德观中两种互相对垒且有一定联系的伦理理论。英国伦理学家乔治·爱德华·摩尔在《伦理学原理》一书中认为，伦理学以善为研究对象，而善又具有目的善与手段善或内在善与外在善两大类：目的善是自身具有善性质的事物，即"善事物本身"，它自身就是内在地善的；手段善是指本身并不具有善性质而与善事物具有某种因果联系的事物，它可以作为达到善事物的工具或手段。

（一）道德工具论

　　道德工具论者以道德为某种更高目的的手段，认为道德只具有外在价值和手段善。道德工具论者并不认为道德自身具有最高或终极的价值，他们认为人生最高或终极的价值在道德之外或道德之上，道德是人达到某种更高或至高目的的工具或手段，人生并不是为道德而活着的，道德只具有工具或手段的价值。

　　道德工具论者只承认道德的外在价值和手段价值，主张"为某个更高或至高的目的而讲道德"，蕴含有"实现某个更高或至高目的不需要讲道德时，则可以不讲道德"的因素，彰显出的是一种实用主义和相对主义的伦理精神。道德工具论者主张以外在的非道德价值作为判断道德行为的价值，是故特别看重行为的效果或功用，在道德评价上持效果论的立场。道德工具论者将道德与其他非道德的目的或非道德的价值联系起来，认为道德的价值不在道德自身，而在于能促成其他非道德目的的实现，而这些非道德的目的其价值远在道德的价值之上。

　　道德工具论者所确立或论及的非道德目的，常常表现为世俗生活的功名利禄、富贵荣华、幸福快乐、舒适安逸等，这就意味着在道德工具论者眼里，功利幸福这些非道德目的的价值远远高于并优于道德本身的价值，道德应当成为人们谋利计功或追求人生幸福的工具或手段，为人们追求功利和幸福进行价值论证和伦理辩护是道德发挥作用的主要方式。这就势必大大强化人们和社会的功利意识和功利追求，导致道德功利主义和实用主义泛滥的局面。

（二）道德目的论

道德目的论者以道德为目的，认为道德本身具有内在价值和目的善。道德目的论者肯定道德自身具有无上的价值和至高的价值，是人必须孜孜不倦地追求、信守并践行的。在道德目的论者看来，人是道德的动物，道德是人之所以为人的内在规定性，人的价值和人生的意义就在于遵循并讲求道德。

道德目的论者视道德为终极价值。主张为道德而道德，要求纯化道德动机，彰显出一种绝对主义和严肃主义的伦理精神。道德目的论者主张从人的内在道德理性去寻找判断道德行为的价值标准，重视人对道德本身的态度和意向，在道德评价上往往持动机论的立场。道德目的论有助于弘扬人之为人的内在规定性，使人成为真正意义上的人。这种理论从道德精神上建构了人的道德主体性，本质上使人由凡入圣，突显了人性的尊严与完满。

道德目的论常常把人的物质欲望和功利幸福同道德对立起来，似乎道德的追求必须以牺牲人的物质欲望和功利幸福为条件，道德天生是反功利反幸福的。它在理论上总是同权威主义和绝对主义的道德观不谋而合，甚至互为表里、互相确证、互相补充，将人绝对置于道德的宰制与统治之下，使人纯粹成为道德目的的工具。

（三）道德：目的与工具的统一

就社会而言，道德是社会治理的工具。西方制度经济学将道德因素明确引入经济活动，也正是从经济管理意义上来看的。它强调在社会治理过程中重视道德因素，有意识地通过利益诱导的方式进行价值引导，通过一系列具体制度体制、运行机制的安排，使社会成员只有通过德行（正当的方式）才能获得自身的正当利益，进而培育起健康的社会风尚与社会精神，并在此基础之上提高社会活动效率。道德契约论也具有道德工具论的意味。契约论又称社会契约论，它有三种形式：一是关于政治合法性的政治理论，二是关于财富公平分配的经济理论，三是关于道德规范合法性的道德理论。道德契约论将道德视为一种为了合作利益所达成的契约，道德规范的合法性来自理性存在者之间的协议与共识，道德的目的是避免人们因利益冲突而相互伤害。

就个人而言，道德是个人修养的目的，任何时候，将道德视为手段本身就是不道德的。

三、道德资本：何以崇德向善

道德的经济功能往往通过经济活动中的诚信守法、生产管理中的人本取向、营销策划中的公益活动等方式体现出来。这些方式服从并服务于经营者对于利润最大化的价值目的。这种利润最大化的价值目的只能是道德的额外效应，而不可视为预期收益；否则，就是伪善。我们只能提倡崇德向善，而不能把额外效应作为崇德向善的条件。

（一）道德资本：一本万利只是一厢情愿

道德资本论的支持者杨育谋说，道德资本有一本万利的功效。① 但是，这只是一厢情愿的理论设想。将道德作为一种生产要素纳入成本效益的核算，其经济效益是难以预算的，既有可能一本万利，也有可能得不偿失。美国经济学家乔治·阿克洛夫于 1970 年发表的《"柠檬"市场：质量不确定性和市场机制》一文，研究了由产品质量的不确定性所引致的信息不对称性及其对市场效率的影响，开了逆向选择理论研究的先河。他指出，在多数市场环境下，由于买方通常无法观测到个别商品的具体质量，从而买方往往采用市场的平均统计值作为对商品的基本认识。在这种信息不对称的前提下，若不存在其他规制力量，根据效用最大化原则，卖方被激励经营低质量的商品以实现收益最大化，其结果是交易商品的质量和市场规模都将逐步退化，出现劣胜优汰，市场机制所实现的均衡则为无效率的均衡。②

在商品市场上，生产经营者拥有商品信息优势，消费者处于信息劣势，这样的市场交易往往会出现逆向选择问题。当某类优质商品和假冒伪劣商品同时出现在商品市场上时，消费者在价格上往往采取中间策略，这个价格高于假冒伪劣商品生产经营者的成本价格而低于优质商品生产经营者的成本价

---

① 杨育谋. "道德资本"打造企业竞争力［J］. 经济导刊，2006（6）：70-72.

② G. Akerlof. The Market for Lemons：Quality Uncertainty and the Market Mechanism［J］. *Quarterly Journal of Economics*，1970（84）：488-500.

格，从而使愿意成交的某类商品都是假冒伪劣商品，高质量的该类商品则被驱逐出该类商品市场。假冒伪劣商品的泛滥使一些名牌优质商品经营困难，甚至破产倒闭，就是典型的劣质商品驱逐优质商品的"柠檬"市场效应。由于信息不对称导致消费者的逆向选择，守德的商品生产者反被淘汰。

（二）道德工具化：消解终极价值

道德在根本上是否可以在工具理性的意义上被把握？在根本上，道德究竟是人类的终极价值关切，还只是手段性存在？这点不能含糊。事实上，此问题在东西方思想史上已是一种常识。自古以来，东西方思想史上就没有绝对否定道德的工具性价值。但是，从根本上讲，道德毕竟是一种终极价值——道德是人的安身立命之本。

道德工具主义思想，可以远溯至古希腊罗马时期。"人是万物的尺度，是存在的事物存在的尺度，也是不存在的事物不存在的尺度。"① 这种人本主义思想的背后蕴藏着道德工具主义的倾向。它的全面兴起是在文艺复兴之后，伴随着资产阶级的兴起而兴起的。在资本主义制度下，商品成为社会最普遍、最一般的客观存在。商品经济将传统的群体化的人转化为个性化的经济人，人们更多地关注自身的物质利益，在现实的物质利益要求中审视人的价值和尊严，不仅物质的生产资料和精神产品都成了商品，甚至连人的名誉、地位等都采取了商品的形式，商品关系渗透到社会生活的各个领域，商品的买卖原则支配着人们的一切活动。商品拜物教助长了道德工具主义的膨胀。道德工具主义否认道德的目的性价值，将道德只理解为表现人的手段，因而将人视为赤裸裸的利己主义道德存在物。道德工具主义导致人际关系的恶化、人与自然的尖锐对峙。

道德工具主义否认道德本体价值的存在，将道德规范看作是没有任何客观依据的东西。把道德当作资本——将道德视为谋求功利的工具，是一种道德实用主义思维。把道德纯粹当工具或手段，道德没有了形而上的终极价值关怀，人失去了自我超越的动力和目标，道德的价值诉求日益向下滑落，人无以安身立命。我们必须迅速摆脱工具化价值对社会生活的主宰，确立起一

---

① 姚介厚. 西方哲学史：第二卷 古希腊语罗马哲学（上）［M］. 北京：人民出版社，2011：429.

种具有超越性、终极关切的价值，为人提供安身立命之本。

（三）以功利为圭臬：加剧社会物化

事实证明：文明的社会风尚、自律的道德精神，本身就可以给社会带来难以想象的外溢效应。在市场经济活动中以合道德的方式、手段追求利润，这是企业的基本义务。不管其经济效益如何，遵纪守法、遵守社会道德都是企业必须做的。守法合德的企业可能因为自己的良好信誉给企业带来好的经济效益，守法合德经营所带来的经济效益只是守法合德行为的附属品。但并不是说，我们不能言利或耻于言利，追求利益的最大化是经济活动的基本原则。诚然，利益是道德生成的基础。利益只能是人们履行道德的条件，是道德能力的基础。没有一定的物质基础，人们无法做出相应的道德行为。但是，不能以此为据，说道德行为必须考虑实际收益，或者把收益作为道德行为的动机。也就是说，我们不能把获利作为崇德向善的必要条件或直接目的，更不能以功利作为道德评价的最高标准。

以利益为动机，为追求利润而鼓动道德，是对道德的亵渎。在当今中国，经过数十年效率优先的价值导向，出现了一切价值在物质财富面前均已工具化的价值倾向，终极价值失落，整个社会处于精神迷茫、灵魂无所安顿的困境。将功利置于道德之上，作为道德评价的圭臬，只会加剧社会的物化，使整个社会愈益陷入物欲横流之中。将人的功利幸福置于道德之上，高扬了人的主体性和目的性。但是，功利化的价值取向将人完全视为功利的动物，忽视了人的道义需求，必然导致人的片面发展和整个社会道德的滑坡。

第九讲　经济与伦理的较量：
食品技术的伦理规制

食品技术是指食品生产、加工、运输和贮藏等过程中使用的技术。食品技术的应用与人类文明相伴随。火的使用是人类最初应用的食品加工技术。在农业社会，焙烤、干藏、腌制、烟熏等是普遍应用的食品制作技术。随着食品工业的发展，新兴的食品技术，如食品生物技术（酶工程、细胞工程、基因工程、发酵工程）、食品辐照技术、食品微波技术、食品分子蒸馏技术和无菌包装技术等在食品生产经营中被广泛应用。追求利益的最大化是人类经济活动的基本原则，而技术是实现利益原则的有力工具。在经济利益的驱动下，一些不法分子滥用食品技术致使食品安全问题频发。食品技术的运用不仅需要法律的规范，更需要伦理的关照。面对食品技术滥用的严重后果，我们不禁要问：经济与伦理，谁该主宰食品技术？

一、经济利益驱动下食品技术的滥用

"毒奶粉""瘦肉精""染色馒头""皮革奶""假羊肉"等食品安全事件表明，食品技术的滥用几乎涉及食品生产经营的整个过程，似乎没有最恶，只有更恶。食品技术滥用的乱象大致可归纳为如下三个方面。

（一）违规添加非食用物质和食品添加剂

一些不法企业出于改变食物的形状、提高产量、降低成本、防腐保鲜等目的，在食品中添加非食用物质。比如：在酸奶和果冻中添加工业明胶，在豆制品中添加吊白块，在火腿生产中使用敌敌畏，在水发产品中添加甲醛，等等。非食用物质是绝对危害人体健康而严禁添加的。2008年的三鹿毒奶粉事件就是非法添加非食用物质的典型案例。三聚氰胺是一种重要的有机化工产品，主要用来制作三聚氰胺树脂。三聚氰胺本身只具有轻微毒性，但长期或反复大量摄入三聚氰胺可导致生殖系统损害、膀胱或肾脏结石。三鹿婴幼儿配方奶粉中含有三聚氰胺，是不法分子为增加原料奶或奶粉的蛋白含量而人为加入的。全国约有 29.4 万名婴幼儿因食用问题奶粉患泌尿系统结石。食品添加剂是现代食品工业必不可少的原料。食品添加剂具有保持食品本身的营养价值、提高食品的质量和稳定性、便于食品的生产或贮藏等作用。但是，食品添加剂必须严格按照安全标准添加，过量使用同样危害人体健康。一些不法企业为了改善食品的性状和口感，不顾食品安全标准滥用食品添加剂。譬如，为了使饮料颜色鲜亮诱人，在饮料中超量添加柠檬黄、日落黄等色素。若长期或一次性大量食用柠檬黄、日落黄等色素超标的食品，可能会引起过敏、腹泻等症状，对肾脏、肝脏都会产生一定伤害。不仅如此，一些不法商人还利用食品添加剂制造伪劣食品。譬如，利用羊肉精制作假羊肉，利用香油精生产假香油。

（二）滥用化肥农药以及动植物生长调节剂

在农产品的生产过程中，生产者不合理地使用农药、兽药、化肥和激素，使大量有毒有害物质附着沉淀在农产品中。农药残留超标会直接危及人体的神经系统和肝、肾等重要器官，同时残留农药在人体内蓄积，超过一定量后，会导致一些慢性或急性疾病，影响身体健康，严重时会出现食物中毒。一些企业为了提前收获期或者改变产品品质，大量使用一些化学激素，如催熟剂、膨大剂、保鲜剂、瘦肉精等，生产出了色泽新鲜、营养价值低的动植物产品，这些动植物激素严重危害人体健康。2011 年的双汇瘦肉精事件是不当使用生长调节剂的典型案例。任何能够促进瘦肉生长、抑制肥肉生长的物质都可以叫作瘦肉精。人体食用含有瘦肉精的猪肉后会出现恶心、头晕、耳鸣、肌肉疼痛、震颤等中毒症状，长期食用会导致人体代谢紊乱，诱发恶性肿瘤。为此，我国相关部门发布公告严禁在动物饲料中添加瘦肉精。

（三）违规进行人体试验

2012 年 8 月 1 日，《美国临床营养杂志》网站刊登了《黄金大米中的 β-胡萝卜素与油胶囊中的 β-胡萝卜素对儿童补充维生素 A 同样有效》一文。论文称，为考证研究成果，美国塔夫茨大学、湖南省疾控中心、中国疾控中心营养与食品安全所、浙江医学科学院等工作机构的研究人员于 2008 年共同在湖南省衡阳市一所小学进行试验。试验选取了 72 名 6 到 8 岁的健康儿童，分为三组，其中 24 名儿童在 21 天里每日午餐进食 60 克转基因食品"黄金大米"，并对其体内维生素 A 含量进行抽血检测，得出的结论是："黄金大米"与维生素 A 胶囊效果相当。该论文作者署名依序为：美国塔夫茨大学教授汤广文、湖南省疾控中心胡余明、中国疾控中心荫士安、浙江医学科学院王茵和另三名美国学者。论文中提到，这篇论文已经经过所有作者的审核。但是，该事件经过媒体报道以后，湖南省衡阳市政府通过微博否认在衡阳进行过转基因大米的临床试验，中方合作的三位作者都否认进行过该项试验。为了调查"黄金大米"实验的真相，中国疾控中心成立了专门的科学审查委员会。2012 年年底，中国疾控中心公布了"黄金大米"事件的调查结果：实验负责人在事前未履行对受试儿童家长的告知义务，刻意隐瞒了使用转基因"黄金大米"的事实，此项转基因试验违反了相关规定、科研伦理和科研诚信，相关责任人已被撤职。[①] 转基因食品对人类健康的危害具有科学上的不确定性，科技工作者必须以谨慎的态度对待转基因食品的人体试验。任何人体试验不仅要进行风险评估和伦理审查，而且要尊重受试者的知情选择权利，还要建立相应的责任追踪制度，而不是遮遮掩掩逃避责任。

现阶段，食品技术的滥用基本上都是经济利益驱动下的败德行为。冷战结束以后，经济主义浪潮席卷全球，俨然成了许多发展中国家社会意识形态的核心。片面追求经济增长的经济主义带来了一系列社会问题，日益为人所诟病。当经济主义主宰食品技术的时候，食品技术将失去伦理的规约而完全沦为牟利的工具。相比一些微小的惩罚，巨大的利益诱惑足以让违规者甘愿受罚而肆无忌惮地滥用食品技术。正如舒尔曼所说："一旦经济主义主宰了技术，利润取得了核心的地位，商品的生产就不再受到消费者当前需要的支配；相反，需要是为了商业性的原因而通过广告创造出来的，技术产品甚至不经人们的追求而强加于人们。"[②] 食品技术的滥用不仅危害消费者的生命健康，而且造成了技术的异化和人自身的异化。因此，食品技术的应用必须始

---

① 李叶. 官方通报黄金大米事件调查结果：试验隐瞒家长 [EB/OL]. (2012-12-6). http://news. 163. com/12/1206/20/8I2MAEBC0001124J. html

② ［荷］E. 舒尔曼. 科技时代与人类未来——在哲学深层的挑战 [M]. 李小兵，等，译. 北京：东方出版社，1996：26.

终接受伦理的规约，而不能听任经济的摆布。

二、食品技术为何需要伦理的规约

经济是技术应用的直接目的，伦理是技术应用的价值规范。经济与伦理都不应该是技术的主宰，人本身才是技术的主宰。食品技术的应用应该接受伦理的规约。伦理学是以善恶评价为中心并教人如何趋善避恶的学问。伦理对食品技术的规约就是要求伦理委员会对食品技术的研发和应用进行价值评价，选择正确的价值目标，趋善避恶，使食品技术造福人类。食品技术本身的价值负载和技术应用者动机的复杂性决定了食品技术迫切需要伦理的规约。

（一）食品技术的善恶属性需要伦理分析

对于技术与价值的关系问题有两种截然相反的观点。一种观点是价值中立论。雅斯贝尔斯说："技术在本质上既非善的也非恶的，而是既可以用于为善亦可以用于为恶。技术本身不包含观念，既无完善观念也无恶魔似的毁灭观念，完善观念与恶魔观念有别的起源，即源于人，只有人赋予技术以意义。"[①] 价值中立论认为技术只关心自己的效用，而不涉及人的价值观念，无所谓善与恶，所以我们不应当对技术及其后果进行价值评价。

另一种观点是价值负载论。价值负载论又有三种不同的意见。其一是技术至善论。至善论认为技术具有天然的合理性，技术本身永远是好的，人类应永不止息地谋求技术的发展，不应人为地设置任何技术研究的禁区。其二是技术原恶论。技术有独立的逻辑发展进路，它具有本质的危害性，特别是在技术空前发达的当代社会，这种危害性外化后日益膨胀，甚至到了人类很难控制的地步。哈贝马斯曾经把科学技术的消极社会作用说成是由科学技术本身造成的，赋予科学技术一种原恶。其三是善恶兼具论。这种观点认为，技术不仅在应用上具有善恶二重性，而且本身就具有内在的善恶二重性。斯塔迪梅尔认为技术不仅是解决问题的手段，也是伦理、政治与文化价值的体现，本身就兼具善恶二重性："脱离了它的人类背景，技术就不可能得到完

---

① 赵建军. 技术本质特性的批判性阐释 [J]. 自然辩证法研究，2001（3）：35-38.

整意义上的理解。人类社会并不是一个装着文化上中性的人造物的包裹。那些设计、接受和维持技术的人的价值与世界观、聪明与愚蠢、倾向与既得利益必将体现在技术的身上。"①

　　价值是人类实践活动的一个基本原则。从人的目的性行为来看，技术必然承载人类的价值诉求。在技术的研发过程中，作为主体的人总是要把自身的价值诉求渗透到研究对象之上，而作为其成果的技术客体也必然要把人们的这种价值诉求积淀或保存下来，成为技术所荷载的人类价值。古希腊哲学家普罗提诺说过，人一半是天使，一半是魔鬼。技术都是人类智力的产物。人本身的善恶二重性决定了技术及其应用的善恶二重性。价值中立论把技术视为一种与人无关的客观存在，夸大了技术的相对独立性。无论如何，是人创造了技术，它必然要打上人类价值诉求的烙印。由此，我们认为，价值中立论是错误的，价值负载论是正确的。善恶本来就是一个相对的功利概念，人们对事物的善恶评价总是因人而异、因时而异、因地而异。根据对立统一规律，矛盾是普遍存在的，任何事物均有二重性。世界上从来没有纯粹的善，也没有纯粹的恶。技术至善论只看到了技术对社会发展的突出贡献，而忽视了技术的应用所造成的负面影响。技术本身的恶与其应用的恶是既相区别又有联系的：前者是潜在的、间接的，后者是现实的、直接的；前者是后者的必要而非充分条件。技术本身的恶只有通过人的恶的价值取向才能转化为现实的恶。技术原恶论只看到了技术本身的潜在的恶，而忽视了技术的应用者在价值选择中的能动作用。因此，在价值负载论中，至善论和原恶论都是片面的，而善恶兼具的观点才是关于技术与价值关系的正确认识。由于食品技术本身兼具善恶二重性，技术应用者必须对食品技术的善恶二重性进行深入的、全面的伦理评估。如果恶大于善，或恶可能危及未来人类生存，那么该技术就必须严禁应用；如果善远远大于恶，那么技术就可以应用。这种伦理分析可以使技术主体谨慎地对待食品技术的应用，积极防范技术的副作用，从而趋利避害，规避食品安全风险。

（二）食品技术应用者的价值取向需要伦理指导

　　控制论的创始人维纳指出，技术应用兼具善恶二重性："新工业革命是

---

　　①　赵建军. 追问技术悲观主义［M］. 沈阳：东北大学出版社，2001：132.

一把双刃剑，它可以用来为人类造福，也可以毁灭人类，如果我们不去理智地利用它，它就有可能很快地发展到这个地步的。"① 人是技术的研发者、应用者、管理者与控制者。技术不会自动地发生作用，只有人才能使技术发生作用；即使是恶的技术，人不去使用，也不会危害人类。因此，给技术应用者的价值取向提供正确的导向，对于食品技术应用带来的食品安全风险显得尤为重要。食品技术应用者的价值观决定了食品技术应用的价值取向。人类价值观念的多元化会使食品技术既可能造福人类，也可能危害人类。有什么样的价值观就会有什么样的行为选择。如何趋利避害，关键在于技术主体的价值取向。如果食品技术的应用者只着眼于局部的、眼前的、直接的经济方面的利益，而忽视全局的、长期的、间接的自然生态、社会人文等方面的利益，必然会导致食品技术的滥用。对食品技术应用者价值观的伦理审查，可以使技术主体明辨是非、知善知恶，从而避免食品技术的有意滥用。

三、应用食品技术的伦理原则

人类实践活动具有鲜明的目的性，价值是人类实践活动的一个基本原则。人类能够依据主体的尺度对客体的属性、功能及其可能产生的效果进行分析、比较，进而进行价值选择。价值选择植根于社会成员的心灵深处，渗透于其行为之中并规范他们的行为。价值选择为技术发展确定目标、划定范围，并影响技术发展的程度与效应等。"在技术领域，根本的问题是干预事件的过程，或者是预防某种状态的发生，或者是造成某种不能自发出现的状态。然而这一切是根据某个目标而进行，这一目标最终又是由支配全部行动的价值系统决定。正是这些价值系统决定着要追求什么而又避免什么。"② 面对高新技术的运用，科技工作者必须选择正确的价值观念，切实维护食品安全。为此，食品技术的应用必须接受多重伦理原则的规约。

（一）以人为本是应用食品技术的最高行为原则

也就是说，在应用食品技术的过程中，要尊重人、关心人和爱护人；始

---

① ［美］维纳. 人有人的用处 ［M］. 陈步，译. 北京：商务印书馆，1978：132.
② ［法］让·拉特利尔. 科学和技术对文化的挑战 ［M］. 吕乃基，等，译. 北京：商务印书馆，1997：38.

终把人当目的，而不是把人当工具和手段。人是宇宙的最高存在，是世界的终极目的。人是价值的创造者、赋予者和仲裁者；没有人，世界将是一片荒芜，毫无意义。正如尼采所说："人类为着自存，给万物以价值——他们创造了万物之意义，一个人类的意义。所以他们自称为'人'，估价者……估价，然后有价值，没有估价，生存之核桃只是一个空壳。"① 尽管人与人之间是互为目的和手段的，没有人是纯粹的目的，也没有人是纯粹的手段："每个人是手段，同时又是目的，而且只有能成为手段才能达到自己的目的，只有把自己当作自我的目的才能成为手段……"② 但是，在处理人与技术的过程中，人始终是目的。科技工作者必须始终坚持："你的行动，要把你人格中的人性和其他人人格中的人性，在任何时候都同样看作是目的，永远不能只看作是手段。"③

爱因斯坦在分析科学技术对人类的作用时指出："关心人本身，应当始终成为一切技术上奋斗的主要目标；关心怎样组织人的劳动和产品分配这样一些尚未解决的重大问题，用以保证我们科学思想的成果会造福于人类，而不致成为祸害。"④ 在应用食品技术的过程中，科技工作者必须始终把握正确的价值取向：食品技术是造福人类的，而不是危害人类的。有学者提出，技术的研究与应用应遵循技术人道主义。所谓技术人道主义，即在技术研究与应用中贯彻人道主义原则——技术的研究和应用必须以服从人类的根本利益为前提，符合人类根本利益的就应当研究和应用，不符合人类根本利益的就应当禁止研究和应用。⑤ 这种技术人道主义就是以人为本的体现。

（二）责任原则是防范食品技术风险的根本保障

黑格尔说："道德之所以是道德，全在于具有知道了自己履行义务这样

---

① ［德］尼采. 查拉斯图拉如是说 [M]. 尹溟，译. 北京：文化艺术出版社，1996：55.

② ［德］马克思，恩格斯. 马克思恩格斯全集：第46卷 [M]. 北京：人民出版社，1979：196.

③ ［德］康德. 道德形而上学原理 [M]. 苗力田，译. 上海：上海世纪出版集团，2005：48.

④ ［德］爱因斯坦. 爱因斯坦文集：第3卷 [M]. 许良英，等，编译. 北京：商务印书馆，1979：349.

⑤ 林德宏. 关于社会对技术的必要约束——评技术价值中立论与价值自主论 [J]. 东南大学学报（哲学社会科学版），2000（3）：15-19.

一种责任。"① 责任既是道德价值的重要源泉，也是道德评价的基本依据。由人类自身导致的技术风险只能依靠人自身来解决。普通公众由于专业知识的匮乏，对于重大技术决策可能无力参与，科技工作者无疑对技术的应用承担着重大责任。从责任原则出发，科技工作者必须树立积极的责任意识，担当起维护食品安全的道德责任，实现自我立法和自我约束。在食品技术迅速发展的现代社会，防范风险的道德责任是由他们的社会角色所决定的。贝尔纳指出："掌握科学的人在解决日益重大的问题时所肩负的责任越来越沉重，他们发现强大的力量失去了道德的指南，所以今天的科学家比任何时候更加需要伦理道德的指导。"② 在技术应用过程中，掌握技术的人必须充分重视技术的价值取向和自身肩负着的重大道德责任。技术决策者必须高度重视技术应用带来的种种不良后果，诉诸道德自律，积极防范社会风险，减少人为的灾害。

　　与普通公众相比，技术专家掌握了专业科学知识，能更准确、全面地预见这些食品技术的应用前景，对于技术成果可能带来的某些危险要比普通人认识得更清楚。但是，他们是忽视或故意隐瞒食品技术的副作用，还是重视和积极防范食品技术的副作用，完全取决于他们的责任意识。如果从维护食品安全的道德责任出发，在决策过程中积极防范食品技术的副作用，那么，风险的概率自然降低。如果缺乏责任意识，忽视或故意隐瞒食品技术的副作用，那么社会风险不可避免。正如西方罗马俱乐部主席雷利奥·佩西所说："人类从全球规模面向未来，这还是第一次，人类能够如此完整地掌握未来，能够为今后几个世纪制订地球这艘太空船的航道，这也是第一次，这是既令人高兴又令人惊恐的事。……我们正处在一种与以往不同的新地位，负有各种前所未有的责任：如果我们无知、疏忽、目光短浅和愚蠢，那么我们就会造就一个灾难性的未来。"③

---

　　① ［德］黑格尔. 精神现象学：下卷［M］. 贺麟，王玖兴，译. 北京：商务印书馆，1979：157.

　　② ［英］J. D. 贝尔纳. 科学的社会功能［M］. 陈体芳，译. 北京：商务印书馆，1982：37.

　　③ ［意］奥雷利奥·佩西. 未来的一百页——罗马俱乐部总裁的报告［M］. 汪帼君，译. 北京：中国展望出版社，1984：8.

（三）不伤害是应用食品技术的伦理底线

不伤害是主体对客体的一种消极责任：我们没有能力造福他人，却有责任不伤害他人。最先提出"不伤害原则"的是西方医学家希波克拉底，他提出要尽己所能为患者谋福利而不伤害患者。这一原则后来成为医务工作者基本的职业守则。在密尔那里，不伤害是厘清公权与私权、社会控制和个人自由界限的原则：个人的行为只要不涉及自身以外其他人的利害，个人就不必向社会负责交代；关于对他人利益有害的行为，个人则应当负责交代，并且还应当承受或是社会的或是法律的惩罚。"不伤害原则"既界定了个人自由的界限，同时也界定了社会控制的界限。对个人来说，不能伤害他人或社会整体的利益；对社会来说，除非某一个体的行为在未经同意的情况下伤害了他人，否则就不得任意干涉。

从事科学技术活动是科技工作者的自由，但是，科技工作者在行使个人自由权利的同时，不得损害他人的、社会的和集体的利益。在食品生产中，食品技术的运用必须严格遵守不伤害的底线原则：不伤害自然——不破坏生态平衡，不伤害人类——不危害生命健康，不伤害社会——不造成社会混乱。技术的研发及其应用最终要以满足人的需要为目的。因此，有效性是技术价值的核心。一项技术决策往往首先是经济上的决定，成本效益的考虑是决策程序中的主要参数。但对于食品技术的应用来说，经济上的考虑又并非总是最重要的，更不是全部的，政治、文化和伦理的考量也是必不可少的。在食品的研发与生产中，对于科技工作者而言，可以从经济效益、产品性能、个人荣誉等各种目的出发运用技术，但是，无论出于何种目的，始终必须坚持不伤害的底线原则。超出这一底线，就会给社会带来无穷的祸患。面对高新技术的应用所带来的食品安全风险，科技工作者必须居安思危，深谋远虑，趋利避害，防范为先。譬如，虽然我们目前没有充分的证据证明转基因食品对人体健康有直接的危害，但是我们不得不考虑转基因食品对人类健康长期累积的效用和间接的效应。正如我们开始没有发现有机农药杀虫剂（DDT）对生态环境的危害，直到几十年后才发现它对生态环境的巨大危害。鉴于转基因食品的潜在风险，不少科技工作者建议对转基因食品的安全性评价采取"有罪推定"的战略，即如果我们不能证明转基因食品是安全的，首先假设转基因食品不安全，而后对它实行科学的检测和严格的管理。这种

"有罪推定"的战略实际上也是不伤害原则的体现。

　　查尔斯·泰勒认为，现代性至少存在三个隐忧：其一是个人主义的片面发展可能导致意义丧失、道德视野褪色以及认同危机，其二是工具主义理性猖獗导致了技术的支配地位从而使我们的生活狭隘化和平庸化，其三是"温和的专制主义"使当代社会面临自由丧失的危险。① 技术的支配地位不仅带来了生活的狭隘化和平庸化，而且带来了许多社会风险。食品技术广泛应用所带来的风险成为食品安全的现代性隐忧。在风险社会，风险越大，收益越大。人类不应该因为食品技术的应用所带来的社会风险而放弃高新技术，而是要在社会风险和收益之间保持必要的张力。

---

① ［加］查尔斯·泰勒. 现代性之隐忧［M］. 程炼，译. 北京：中央编译出版社，2001：139-140.

第十讲　生育、疾病与死亡：生命伦理如何应对

当今，生命伦理学与医学伦理学不可分割地联系在一起。多数医学伦理学问题都在生命伦理学的名义下展开讨论。因此，我们可以将生命伦理学与医学伦理学共同关注的生物医学技术问题放在生命伦理的名义下讨论。生命伦理学主要关注生物医学技术的发展所带来的伦理问题。我们以生命的孕育、生命的发展和生命的结束为线索将生命伦理学的相关伦理问题分为三类。

一、与生育相关的伦理问题

与生育相关的伦理问题包括人工授精、体外受精、代孕母亲、无性生殖、性别选择、人工流产等所产生的伦理问题。这里仅重点探讨如下三个问题。

（一）异源人工授精的伦理问题

人工授精指用人工的方法将男性的精子注入女性的体内，以达到受孕目的的生殖技术。这种技术实际上是取代自然生殖过程中的性交这一环节。人工授精的主要目的在于解决男性精子质量差等不育症问题。根据精子来源的不同，人工授精可以分为两类：一类为夫精人工授精，也可称作同源人工授精。其适应证为：男性少精、弱精、液化异常、性功能障碍、生殖器畸形等问题；女性宫颈黏液分泌异常、生殖道畸形及心理因素导致不能性交等不育、免疫性不育等问题。另一类称作供精人工授精，亦称异源人工授精。其适应证为：男性无精子、严重少精、弱精和畸精等；输精管绝育术后期望生育而复通术失败及射精障碍等；男方或其家族有不宜生育的严重遗传性疾病

等。前者的精子来源于丈夫本身，后者的精子来自捐精者。人工授精的伦理问题主要产生于异源人工授精，因为同源人工授精，完全合乎人们传统的性道德观念，只不过由于性功能障碍或男方精液异常等原因，无法使精卵结合，而求助于人工辅助生殖技术。异源人工授精由于精子来源于与丈夫毫不相干的人而使关系变得更为复杂，其伦理问题也随之而来。

首先，异源人工授精是否涉嫌通奸？反对异源人工授精的人认为，妻子的卵子与第三者精子的结合涉嫌通奸，是对婚姻关系的破坏。"在采用上述技术后，许多不育的丈夫非常羞愧，很多夫妇彼此产生隔膜感；有些人甚至将人工授精等同于通奸；还有折中的观点认为，尽管这些技术不是奸淫，但却有导致通奸行为的可能。20世纪初，加拿大（1921）和美国的法庭判例认为，捐精型人工授精可被视为合法的通奸。"① 赞成异源人工授精的人认为，人工授精技术通过人工注射的方式供精，妻子与供精者彼此不会直接发生性关系，因此根本谈不上通奸。不过，异源人工授精的前提是夫妇双方对异源人工授精必须达成一致意见，即夫妇双方都同意这样做。与此同时，为了确保精液的质量，不仅要做好供精者的精子检查、筛选、保存这些环节的工作，而且要严格限制同一供精者的供精次数和精液的使用次数，以避免后代发生血亲通婚的可能。婚姻是由情爱培养的人与人的关系，其中起主要作用的不是性的垄断，而是彼此之间的爱情和对儿女的照料。对于许多无子女的夫妇，通过人工授精生儿育女可以巩固婚姻家庭关系。

其次，匿名捐精制度是否有权不让人工授精出生的孩子知道谁是他/她的血缘父亲？这对孩子公平吗？严格保密捐精者的身份信息是多数精子库的首要制度。与此同时，捐精者必须签署一个弃权协议——要求完全放弃因捐精导致的父亲的任何权利。匿名捐精制度有利于减少捐精者与受捐者以及所生子女之间的利益和情感纠葛，但是由此也剥夺了血缘父亲对于自己孩子的知情权和孩子对于自己血缘父亲的知情权。在捐精者的信息保密与他的子女所渴望的亲情之间应该如何取舍，这是一个两难的问题。不让孩子知道谁是自己的血缘父亲是痛苦的。一个知道自己是通过捐精人工授精出生的16岁

---

① ［加］许志伟. 生命伦理：对当代生命科技的道德评估［M］. 北京：中国社会科学出版社，2006：152.

女孩如此说道："历史是学校的必修课，图书馆有专门的族谱分类——在这样的世界里，我认为任何人都不能有意夺去像一个人的血缘身份如此基本的、重要的资讯。"[1] 因此，有人主张异源人工授精孩子在成年后有了解自己生物学父亲相关信息的权利，不育症父母也有义务告知有关真相。瑞典法律规定，异源人工授精出生的子女在 18 岁时有权知道与他有血缘关系的父亲的姓名。但是，取消匿名捐精制度会减少自愿捐精者的数量，很多不孕夫妇有可能因此失去了生儿育女的机会。

再次，由精子商品化引发的伦理问题。在美国，供体出卖精子已成常规。精子作为商品买卖这是否亵渎了人的尊严和权利？我们依据什么确定精子的价格？是根据供体的健康状况、智力高低、社会成就等条件来定价，还是根据人工授精后产生的子女的情况来定价？精子的商品化还可能会导致供体有意或无意地隐瞒自己的缺陷，结果把遗传病甚至艾滋病传给孩子。精子库既可能由于追逐利润而忽视精子的质量，也可能为了追求高质量而只提供所谓的优质精子，最终导致人类基因库丧失多样性。

（二）代孕母亲的伦理问题

代孕指的是通过辅助生殖技术的手段，由能孕女性代替委托人怀孕分娩。分娩者常被称为代理孕母或代孕母亲。委托人常常是因为女方子宫问题或其他严重疾病无法怀孕分娩的夫妇，通常这些夫妇的男女双方具有可用以繁衍后代的生殖细胞——卵子和精子。代孕是体外受精与胚胎移植及其衍生技术发展的产物，可以视为临床上解决不孕症的一种方法。代孕满足了不孕不育夫妇拥有孩子的需要，但是也带来了一系列伦理问题。

首先，关于谁是孩子母亲的追问。代孕作为一种非自然的生殖方式，对传统的家庭观、人伦观形成了不小的冲击，并提出了谁是母亲的伦理问题。根据代孕女性除了提供子宫之外，是否兼供卵，代孕可分为妊娠型代孕（代孕女性不供卵，与代孕子女无血缘关系）和基因型代孕（代孕兼供卵，与代孕子女有血缘关系）两种类型。在基因型代孕中，代孕母亲其实就是代孕婴儿的亲生母亲。在妊娠型代孕中，由于血缘、孕育、养育三个母亲身份分

---

[1] ［加］许志伟. 生命伦理：对当代生命科技的道德评估 [M]. 北京：中国社会科学出版社，2006：147.

离，如何来确定代孕母亲、血缘母亲、养育母亲与婴儿之间的伦理关系，母亲身份的认定标准是什么，学界目前有如下几种不同观点：血缘说认为，提供卵子者为生物学上真正的母亲；分娩说认为，"谁分娩，谁为母亲"；契约说认为，女方委托人无论自己与婴儿有无血缘关系，都应是婴儿的母亲；等等。

其次，关于代孕是否将女性子宫工具化的争论。代孕是否将女性子宫工具化的伦理争议关键在于如何看待女性身体。其实，在特定的社会情境下，身体总是承载着政治、经济和文化所形成的伦理价值。一些女性主义者和伦理学家反对代孕的原因是：女性的子宫被当作工具是对女性尊严的一种贬低，商业性代孕破坏了人的尊严，因此代孕是不道德的。还有一些人将代孕母亲与妓女相比，认为代孕母亲出售身体和生殖能力，正如妓女出售身体的生殖器官一样，是不合伦理的。假如女性可以靠替人生育孩子赚钱，市场将会根据代孕者的学历、外貌、健康状况等为这些女性标价，从而贬低了女性的人格。而赞成代孕的人认为，从医学的观点来看，子宫本身就是一个工具性的器官，其功能在于孕育胎儿，子宫的工具化并非罪不可赦；代孕是代孕母亲用子宫为不孕夫妇造福的善行，在伦理上并无不妥。

再次，关于代孕是否存在剥削的争论。有人担心开放代孕会造成富裕者对贫穷妇女的剥削。在加拿大，一些激进派女性主义者认为，"在所有借腹生子的安排中，都存在有经济剥削的可能。不仅是穷人妇女面临这种剥削，孩子们因被当作商品，而同样遭受了剥削"[①]。然而，也有数据显示：在国外，很多蓝领家庭也通过此种方式获得小孩。很少代孕母亲是穷人，因为求孕夫妇担心穷人的健康状况无法生出健壮聪明的宝宝。因此，认为代孕就是富裕者对贫穷者的剥削有失片面，不孕者未必都是富裕者，贫困者也需要代孕。

（三）克隆生殖的伦理问题

无性生殖即克隆繁殖——用细胞融接技术把单一供体细胞核移植到去核的卵子中，从而创造出有与供体细胞遗传上完全相同的机体的生殖方式。无性生殖自 20 世纪 30 年代起在动物身上做了大量研究。1997 年 2 月 24 日，

---

① ［加］许志伟. 生命伦理：对当代生命科技的道德评估［M］. 北京：中国社会科学出版社，2006：184.

英国罗斯林研究所和英国 PPL 生物技术公司宣布，他们的研究小组在 7 个月前用一只 6 岁的母羊无性繁殖了一只为多利的小母羊。新西兰科学家也于 1997 年 3 月 15 日报道用克隆技术培养成功两只孪生羊。克隆技术的成功，意味着可用以大量复制纯正的动物且能很容易地改造动物的基因，培养大量品质优良的家畜，提供某些药物的原料和适合人体移植的器官。但这种技术如果使用不当，可能对生态环境造成不良的影响。如果将这项技术应用于人类自身的繁殖上，人类将面临诸多伦理危机。

首先，克隆生殖破坏了个体基因的独特性。"人类的存在本身具有一个令人兴奋的事实，那就是除非他拥有一个同卵的孪生者，否则世界上不会有一个与其完全相同基因独特性的个体，在人类历史上从来没有任何一个人曾经与我相同，将来也不会有——我们中的每一个人都可以因为自己的基因独特性而感到自豪。"① 通过无性生殖产生的个体是一个已经存在的基因型拷贝。尽管原生体与克隆体的心理、行为和人格特征是不尽相同的，但是，他们在遗传性状上是一致的。因此，克隆人是对人的生命个体独特基因权利的侵犯。

其次，克隆人的出现将会搅乱代际关系和家庭伦理。克隆生殖过程中可能出现体细胞核供者、卵细胞供者以及孕育者三位生物学父母，以及抚养者的社会学父母的多种选择，人类的代际关系将被打破，家庭伦理关系也将会含混不清。家庭伦理的混乱还可能会影响成员间的相处和造成克隆儿童幼小心灵的困惑："克隆儿童生活在基因供体或者说他们亲代的生活期望和要求之下而无法自主地成长。"②

再次，克隆生殖的滥用将会贬低人类的价值。克隆生殖可以将人当作工具随意制造出来，人类将由此丧失由于自然生殖所具有的内在价值与尊严。如果克隆生殖被别有用心的人滥用，例如被像希特勒这样的独裁统治者利用，那么灾难性的后果将不可避免。因此，当前绝大多数国家都明令禁止克隆人。有不少国家主张，为了人类健康可以进行非生殖性克隆研究。但是，

---

① ［加］许志伟. 生命伦理：对当代生命科技的道德评估［M］. 北京：中国社会科学出版社，2006：224.

② Justine Burley. The Ethics of Therapeutic and Reproductive Human Cloning［J］. *Cell and Developmental Biology*，1999（10）：291.

有少数国家如美国、西班牙和梵蒂冈等认为，无论是生殖性克隆还是治疗性克隆——凡是通过人类体细胞核移植的克隆过程都是不能被接受的。

二、与提升生命健康水平相关的伦理问题

基因工程、蛋白质工程、细胞工程等生物医学技术的进步不断彰显其在改善人类生命健康水平中的突出地位。然而，生物医学技术的发展在造福人类、促进健康的同时，也带来了诸多棘手的伦理难题。这里仅介绍基因治疗、器官移植、人类胚胎干细胞研究等高新技术导致的伦理问题。

(一) 基因治疗的伦理问题

基因治疗是通过基因转移技术将外源正常基因导入病变部位的靶细胞并令其有效表达，以纠正或补偿基因缺失或异常，从而起到治疗疾病作用的一种医疗方法。基因治疗的方法主要有两种。一是体外法——把患者的体细胞取出，将异常基因修饰成正常基因，然后把修饰后的细胞放回患者体内。此方法易于操作，安全性好，但其实施规模受到一定的限制。二是体内法——将目的基因导入患者体内的细胞，以取代致病基因，使异常细胞获得正常功能，从而达到治疗遗传病的目的。此方法有利于大规模实施，但其技术上要求高，且需要对导入的基因及其载体进行严格的安全性研究。目前，基因治疗已被用于恶性肿瘤、传染性疾病、心血管疾病、风湿病等疑难病症。基因治疗是目前基因工程领域中最热门的应用技术之一，但是也引发了安全性、公平性、社会歧视等一系列伦理问题。

首先，基因治疗效果的不确定性危及基因治疗的伦理合理性。多数基因治疗需要病毒作为载体，把治疗基因带入靶细胞。使用这些病毒进行基因治疗具有潜在的危险。这些风险包括病毒传染、定位不准、激活致癌基因、基因突变等。因此，在基因治疗实践中还存在许多不确定性，医生很难准确预测基因治疗的效果。如果基因治疗的安全性问题得不到有效的控制，其伦理合理性也将无法得到根本的解决。

其次，基因治疗加剧了医疗卫生资源分配的不公平。基因治疗的费用十分昂贵，普通人无法承受。基因治疗只为少数有支付能力的患者带来了治愈希望，而对多数患者无帮助。医疗卫生服务是一种社会公益事业，其基本目

的是治病救人，增进人类健康，而不是以营利为目的。在多数人看来，基因治疗的这种不平等是不道德的。对此有学者指出："在世界上其他国家中有数量多得多的孩子因饥饿和传染病而死亡的同时，为了满足少数人拥有孩子的愿望而采取一种费用极其昂贵的技术，从公平分配的角度看能是正当合理的吗?"[①]

再次，基因治疗还可能产生新的社会歧视。为患者进行基因治疗时必须先有基因诊断，即弄清患者的相关遗传信息，这便涉及患者个人的隐私问题。由于这些信息可能会影响患者的升学、就业、保险、婚姻等，由其所产生的不利影响可能会远远超出咨询者本人的预料。这些遗传信息一旦外泄，将会使患者遭受歧视并在社会竞争中处于不利地位。

（二）器官移植的伦理问题

器官移植是用一个健康的器官置换另一个损坏的器官以挽救患者生命的治疗方法。早在19世纪，人们便开始了器官移植的实验研究。1954年，医生约瑟夫·默里在美国波士顿首次成功完成肾移植手术。20世纪以来，随着血管缝合技术的进步、低温生物学的发展以及免疫抑制剂的问世，器官移植的基础研究和技术发展获得了很大的成功，已经成为挽救生命垂危病人的一种有效手段。但是，器官移植也带来不少的伦理问题。与器官移植有关的伦理问题主要集中在器官的来源、分配方式、移植后可能出现的心理问题、潜在的远期并发症、存活时间等方面。但是，最主要的伦理问题集中在器官的商品化以及器官分配等方面。

首先，人体器官商品化是对人类尊严的亵渎。器官有两个主要来源：死者与活人。尸体器官来源最关键的伦理学问题是知情同意问题。只有捐献者生前知情且出于自愿同意死后捐献器官才符合伦理要求。因为尸体器官来源严重不足，人们才考虑活体捐献。活体器官来源最大的伦理学问题是风险与收益的评估问题。在伦理学上，不允许因为挽救一个人而牺牲另外一个活人。只有在利益远大于风险，并且捐献者完全自愿的情况下进行的活体捐献器官才具有伦理合理性。人体器官的供不应求一直制约着器官移植的发展。世界卫生组织的统计表明，全世界需要紧急器官移植手术的患者数量与所捐

---

① ［德］库尔特·拜尔茨. 基因伦理学 ［M］. 马怀琪，译. 北京：华夏出版社，2000：328.

献人体器官的数量比为 20：1，这个数字还不包括那些靠药物维持可以等待但又必须接受器官移植手术的患者。供体器官的匮乏不可避免地产生了器官的非法买卖问题。人体器官的商品化把人变成了商品，伤害了人类的尊严与权利。不仅如此，人体器官商品化还会引发绑架人口、盗取器官、拐卖儿童等新的犯罪活动。因此，很多国家禁止买卖人体器官。

其次，人体器官的公平分配问题。器官是一种稀有的卫生资源，如何分配才是公正的？——是需要放在首位，还是支付能力放在首位？如果仅依据支付能力来分配器官这种稀缺资源，造成器官移植这种技术仅能为富人享有，对穷人来说是不公正的。政府、社会、医疗机构有责任使穷人也能得到这种技术服务。而且，只考虑支付能力，就可能不会充分考虑医学适应证，从而浪费了器官资源，进一步加剧了器官供应紧缺。因此，器官移植首先要严格遵守医学标准，审慎地选择受体。选择受体的医学标准包括：第一，生命器官功能衰竭而又无其他疗法可以治愈，短期内不进行器官移植将告死亡者；第二，健康状况相对较好，有器官移植手术适应证，机体的心理状态和整体功能好，对移植手术的耐受性强，且无禁忌症者；第三，与供体器官的配型相容性位居前列，移植术后有良好的长期存活前景者。在医学标准优先考虑的同等情况下，还可以参考有关的社会因素决定谁应当优先获得器官。这些因素包括受体的社会价值、在家庭的地位及作用、经济支付能力等。

（三）人类胚胎干细胞研究的伦理问题

干细胞是一类具有自我复制能力和多向分化潜能的原始细胞。根据来源的不同，干细胞分为成体干细胞和胚胎干细胞两种。成体干细胞指人体内为修复或替代体内损伤或正常死亡的细胞而产生的干细胞，其分化能力有限。胚胎干细胞指受精后若干天内未分化的干细胞，它具有发育为所有类型细胞的潜力。对于研究而言，胚胎干细胞比成体干细胞具有更大的优越性。当前胚胎干细胞的主要来源是体外受精时多余的配子或囊胚。科学家认为，利用干细胞培育出的组织和器官对治疗癌症和其他多种恶性疾病具有重要意义，将为糖尿病患者、早老性痴呆症患者、帕金森氏症患者和脊髓受损患者等带来希望。然而，人们对胚胎干细胞来源与利用的伦理可接受性存在不同的意见。胚胎干细胞研究中的伦理问题主要涉及人类胚胎的道德地位、治疗性克隆是否必然滑向生殖性克隆、胚胎干细胞的来源、流产胎儿是否会导致堕胎的泛化等方面。这里主要探讨其中的两个问题。

首先，人类胚胎是否具有生命权利？为了健康，人类是否有权利去伤害胚胎呢？赞成者认为，胚胎只是一团细胞，不是人，因而可以用于研究；反对者认为，胚胎就是潜在的人，应给予胚胎与人完全一样的尊重和保护，破坏人类胚胎是不道德的。本书认为，在目前的情况下，"冷冻的多余胚胎"可以作为胚胎干细胞研究的主要来源。但考虑到"适当地尊重胚胎"原则，研究者不可滥用此类胚胎。在使用体外授精的多余胚胎时，整个研究过程都要接受伦理委员会的严格监督，确保获得那些捐献多余胚胎的不孕夫妇的知情同意，防止研究者对胚胎捐献者的胁迫、引诱等。我国政府允许研究者通过体细胞核移植技术制造胚胎干细胞，只不过要求将研究中使用过的所有胚胎在 14 天内销毁。科学家把研究用胚胎限定在 14 天内销毁主要是出于尊严性考虑。这 14 天是胚胎外部组织发育时期，此时胚胎细胞尚未分化发育为各种组织和器官。14 天内的胚胎尚不构成道德主体，还不是生物学意义上的人，对其进行研究并不侵犯人的尊严，毁掉胚胎不是杀人。英国政府允许科学家破坏生育诊所废弃的胚胎用于干细胞和其他研究，也可以通过试管内受精培养研究用胚胎。

其次，治疗性克隆是否必然滑向生殖性克隆？对治疗性克隆的潜在利益和风险的不同认识造成了人们之间的意见分歧。通过体细胞核移植技术将人体细胞核移植到人或动物的去核卵细胞内，产生人类胚胎或嵌合体胚胎是制造人类胚胎干细胞的方法之一。这一技术是生殖性克隆的第一步。如果缺乏有效的规制，有的研究者很可能将人类克隆胚胎或嵌合体胚胎植入子宫，孕育出无性生殖的克隆婴儿，最终会发展为生殖性克隆。正是因为人类胚胎干细胞研究难以避免地与克隆人技术纠缠在一起，使得治疗性克隆也遭遇种种非难。一些国家认为治疗性克隆必然滑向生殖性克隆，主张二者同时禁止；一些国家反对克隆人，但对于治疗性克隆还是给予支持。譬如，英国把"治疗性克隆"（克隆早期胚胎用于干细胞研究）和"生殖性克隆"（克隆婴儿以解决生育问题）加以区分，并严格禁止后者。我国也明确表示不赞成任何克隆人实验，同时赞成以治疗和预防为目的的人类胚胎干细胞研究，但研究必须在有效的监管条件下进行。

三、与死亡相关的伦理问题

死亡是生命不可回避的问题。死亡意味着人的心跳、呼吸、大脑等功能不可逆转的丧失。生物医学技术的进步不仅大大延长死亡的过程，也对死亡的方式提供了新的可能，由此产生了一系列伦理问题。

（一）放弃治疗的伦理问题

放弃治疗是指医生根据患者、患者家属的决定，或自己及医学认定机构的科学诊断，对没有治疗意义的濒死患者，终止维持其生命的医疗措施，任其自行死亡。临床工作中，放弃治疗的不可治愈的患者包括永久性不可逆昏迷者和现代医学无法治愈的疾病患者等。放弃治疗关系到医患双方的道德观念、人身权益。放弃治疗可减少公共卫生资源的浪费。但是，在其实施过程中可能存在一些伦理冲突。

首先，生命权利与生命质量的冲突。一方面，生命是神圣不可侵犯的，生命权利处于文化和道德的核心地位。放弃治疗似乎是对病人生命权利的亵渎。另一方面，患者病情已无逆转的希望，活着没有任何生命质量；没有生命质量，继续治疗只能导致其精神与肉体遭受更大的痛苦。生命权利与生命质量的冲突往往使患者和患者家属处于治与不治的痛苦纠结之中。

其次，医生的职业责任与功利考量之间的冲突。治病救人、救死扶伤是医生的天职。放弃治疗似乎就是"见死不救"，这有悖医生的职业责任。但是，现代医学还不能解决所有的问题。尽管借助现代高科技医疗手段在一定时间内可以维持或延长某些患者的生命，但当其生命已毫无质量可言时，继续治疗只能是浪费有限的资源，增加患者的痛苦及其家庭的经济负担。医生必须在这两者的冲突之中做出艰难的抉择。我们认为，只要不妨碍他人和社会，每个人的生活方式包括宗教信仰等应该受到尊重。对于那些治愈无望的临终病人，是否放弃治疗，首先必须尊重患者本人的意愿。在病人确实已丧失了意识或者只有某种程度的意识时，下列几种人可以代表病人表达意志，其顺序为：配偶、子女、信任的亲朋好友、律师等。在征得患者或其家属同意的条件下，医生对濒死患者放弃治疗是可以得到道德辩护的。

（二）临终关怀的伦理问题

临终关怀一词译自英文 hospice，最早出现在公元 4 世纪的修道院中，指专为病人和劳顿的旅游者而设特别房间。直到近代，临终关怀才被用来意指对生命临终病人的生活照护、医疗护理、心理护理、社会服务等关怀照顾。在当代，临终关怀是一项合理利用医疗资源、提高临终病人生活质量的社会公益事业，其目的在于提高临终病人的生存质量，使其在舒适、安宁与无憾中走完人生的最后旅程，并使家属得到慰藉。但是，由于传统文化的影响，我国的临终关怀实践也面临一系列伦理难题。

首先，临终关怀遭遇尊重生命与忌讳死亡的冲突。我国社会受传统儒家文化影响颇深，对死亡有种抵触心理。中国儒家文化中，对死亡的探讨是比较少的。孔子说，"未知生，焉知死"（《论语·先进》）。尽管传统儒家学说推崇杀身成仁、舍生取义，但是怀生畏死、忌讳死亡似乎是大众的一般心理。在这种深刻的文化积淀下，中国人是忌讳谈论死亡的，也就很难直面死亡。从尊重与关爱患者生命的角度出发，应该让病人在安详中死去。可是，在传统观念的影响下，人们更希望通过一切手段挽留生命。有些临终病人躺在床上，身上接通各种仪器、插满导管，靠输液维持生命。这种方式已经将人的生命价值降到了最低，但病人家属还是会选择这种方式。

其次，临终关怀还遭遇临终护理与孝道文化的冲突。所谓"百善孝为先"，中国人将孝道视为衡量人的道德品质的重要指标。因此，在中国，面对身患重病的父母，儿女更多采取的是用一切手段挽留住父母的性命。很多癌症晚期患者的儿女虽然明知老人身患不治之症，仍会竭尽全力来为其治病，直到老人生命的最后一刻。如果直接把病人送进临终医院，对老人进行临终护理而不是临终治疗，这不仅会使儿女在良心上无法承受，而且会受到社会舆论的谴责。

（三）安乐死的伦理问题

"安乐死"一词源于希腊文 euthanasia，原意为没有痛苦的死亡，是一种为了减轻肉体痛苦而对濒死病人采取终结生命的做法。根据安乐死的实施方式，可以将安乐死分为积极安乐死与消极安乐死。前者指按病人要求，主动为病人结束生命；后者指按病人意愿停止疗程，使其自然死亡。相对于积极的安乐死而言，消极的安乐死具有较小的伦理争议，因而比较容易为伦理、医学以及法律所接受。事实上，许多国家一般对这种安乐死采取放任与默许的态度。真正引起道德及法律争议的往往是主动结束患者生命的积极安乐死。安乐死实施的对象主要是那些患了绝症，只是在人为条件下维持心跳、呼吸的人或意识完全丧失的濒死病人。对于安乐死是否符合道德的问题，主要有三种不同的观点。

第一，安乐死是一种利人利己的道德选择。支持安乐死的人认为，生命权利属于个人，患者有权按自己愿意的方式结束自己的生命；追求生命质量是实现生命价值的重要目标，人为地延长濒死患者的生命使之承受痛苦实际上是一种不人道；死亡是人类生命的必经环节，人应该坦然接受死亡；社会资源有限，对一个没有康复希望的濒死患者投入大量的医疗资源实际上是浪费社会资源。因此，安乐死不仅尊重了病人的权利和减轻了病人的痛苦，而且节约了有限的卫生资源，对他人、家属和社会均有利。

第二，安乐死是不道德的。反对安乐死的人认为，生命是神圣的，任何人都无权结束他人和自己的生命；生存是最基本的人权，社会应该尽最大可能保障个人的生存；救死扶伤是医生的天职，医生必须尽一切可能救助病人的生命。因此，任何的安乐死都是不道德的。况且，一旦承认安乐死是合法的，就有可能导致滥杀无辜，从而引起巨大的社会风险。如果允许谋杀一个濒死的病人，那么我们无法阻止把这一范围扩大到包括对新生儿、精神病人、智力迟钝者等的谋杀上。如果杀人的门槛被降低，所有人的生命安全都将失去保障。"希特勒在 1938—1942 年用安乐死的名义杀死了有慢性疾病或精神病的病人、异己的种族达数百万人。"①

第三，认为安乐死是否道德应该区别对待。该观点认为，安乐死对传统价值观提出了严峻挑战，其实施符合人道主义原则。但是，其实施应遵循一定的伦理原则和符合法定的条件。只有遵循一定的伦理原则和符合法定的条件的安乐死才是合道德的；否则，就是不道德的。

目前，关于安乐死的道德争论远远没有结束，安乐死的具体实施也遭遇诸多阻力。许多国家明令禁止实施安乐死，只有荷兰、比利时、卢森堡等少数几个国家允许实施安乐死。我们认为，临终关怀贯穿临终死亡的全过程，安乐死也是临终关怀的一部分。只有正确地对待安乐死，才能很好地解决对濒死病人的临终关怀问题。

---

① 邱仁宗. 生命伦理学 [M]. 北京：中国人民大学出版社，2010：136.

第十一讲　负重前行：中国现代性道德转型

在社会转型过程中，我们正在经历道德转型与道德阵痛。学者们都或多或少、或强或弱地对当今中国道德状况表示担忧，纷纷提出了自己的建议与对策。万俊人认为，我们的伦理学理论研究落后于我们的道德文化发展现实，不足以应对当代中国社会道德问题所提出的各种挑战，例如，对当代中国社会之道德状况的基本分析和评估甚至缺乏足够有说服力和解释力的伦理学理论分析和理论论证。① 下面，就当前中国的道德现状进行初步的分析。

一、关于当前中国道德现状的不同观点

学者们对于当前中国的道德现状可谓见仁见智，从不同的视角来看待道德，自然会有不同的结论。但是，无论分歧有多大，大家都意识到了道德问题的存在，只是对问题的性质与程度有不同的看法而已。下面仅列举几种有代表性的观点，并从中剖析当前中国的道德问题。

（一）道德危机论

阎孟伟认为，我国社会目前所面临的道德危机实质上是道德信念危机，是道德"权威性"的下降以及由此引起的道德自律或道德约束力的不断弱化。危机的社会根源之一是经济和政治系统之间形成的货币与权力的畸形交易对生活世界的侵犯。②

陈占彪认为，经过改革开放三十多年的发展，我国经济获得飞速发展，

---

① 万俊人. 百年中国的伦理学研究 [J]. 高校理论战线，2012 (12)：23-26.
② 阎孟伟. "道德危机"及其社会根源 [J]. 道德与文明，2006 (2)：45-48.

政治体制改革正在展开，然而道德危机随之而来，道德重建成为当下社会的重大命题。当代中国，我们在对道德必要性的认识上，过分强调道德功利性和世俗性，而忽视了道德的自觉性和神圣性；在道德提升的前提上，过分依赖文化教育的"老办法"，而忽视了社会结构完善的"新要求"；在道德养成的方式上，过分迷信于强制的灌输，而忽视了温和的商谈。①

肖群忠认为，当前，社会道德危机主要表现在以下几个方面：第一，利字当头，见利忘义；第二，自私自利，人伦丧尽；第三，诚信缺失，坑蒙拐骗；第四，漠视生命，危及生活；第五，丢丑国际，形象受损。其成因从价值观上看主要在于：第一，利字当头扭曲了义利关系；第二，个人本位扭曲了人伦关系；第三，过分竞争扭曲了社会和谐。道德危机的拯救从社会与政府层面看必须坚持德法文教并举。② 道德危机论是从道德信仰层面来立论的，反映了社会转型期世俗功利对人们精神生活的挤兑和道德信仰的失落。

（二）道德滑坡论

孙立平认为，当前道德滑坡的一个主要原因是社会中的种种制度安排客观上使得遵从道德的行为成本过高，而违反道德的行为需要付出的代价太小。要实现道德的重建，就必须发挥社会中的多元力量，从制度上减少遵从道德的行为的代价和成本，并注重自上而下的道德示范。③

谢俊春认为，从鸦片战争开始，中国进入了漫长而痛苦的社会转型时期，构建在农业经济基础上的伦理道德逐步走向崩溃，加上中国传统的谋略文化、游民文化和中华人民共和国成立后历次政治运动对道德的破坏，使今日中国进入了一个道德缺失的时代。要实现中华民族的伟大复兴，完成现代化，必须提倡共产主义道德，遵守社会主义道德，吸收古今中外的道德精华，重建道德中国。④

周红英认为，道德滑坡是我国目前的一个道德现象，严重影响社会和谐发展。造成道德滑坡的主要原因是社会转型、法治不健全、腐败及道德权威

---

① 陈占彪. 当代中国的道德危机与道德重建 [J]. 学习与实践，2009（12）：133-138.
② 肖群忠. 道德危机的拯救与文明大国的崛起 [J]. 西北师大学报，2012（1）：11-15.
③ 孙立平. "道德滑坡"的社会学分析 [J]. 中国青年政治学院学报，2001（5）：65-69.
④ 谢俊春. 论中国道德滑坡的原因和道德中国的重建 [J]. 甘肃理论学刊，2002（6）：16-19.

的缺失。① 道德滑坡论是从社会转型期道德生活的负面现象来立论的，反映了社会转型过程中败德现象的严重性。

（三）道德"爬坡"论

孙伟平认为，当前的道德状况不是"滑坡"而是"爬坡"。其主要理由有二：一是"人们的道德主体意识逐步觉醒"；二是"一系列社会道德规范正发生引人注目的变化"②。

王小锡认为，改革开放以来，社会道德的总趋势是在不断进步的。这主要体现在以下五个方面：一是道德观念不断更新，德治理念逐步深入人心；二是人们的道德资源或资产意识、道德的功能意识不断加强；三是社会道德风尚不断改善；四是道德榜样的示范作用明显增强；五是道德环境建设成就卓著。③

冯华认为，道德感召力不减，大多数人依然向善。"不可否认，'道德滑坡'现象在社会局部确实存在，'小悦悦'事件就是极端个案，食品安全等新问题也不断出现。但我们不能由此断定，中华民族的整体道德水平就在下降，否则，中华民族的进步怎么理解？郭明义、'最美妈妈'等新时期道德模范层出不穷如何解释？"④ 道德"爬坡"论是从社会转型期道德生活的主流来立论的，反映了价值观念变革中道德成长的艰难历程。

（四）道德失范论

高兆明认为，作为伦理范畴的"道德失范"有"常态下的道德失范"与"转型期中的道德失范"两种类型，"道德失范"是社会发展中的一种正常现象，我们既要看到其消极的一面，更要看到它在社会新价值体系或意义系统的形成和更替中体现的积极性的一面。⑤

龚长宇认为，我国进入社会转型加速期以来，较为普遍的道德失范现象正以自己特有的方式影响着社会的良性运行与协调发展，一定程度上正威胁着社会的安全；克服道德失范现象，应该从构筑社会精神、落实《公民道德

---

① 周红英. "道德滑坡"探源 [J]. 求索，2005（2）：125-126.
② 孙伟平. 道德爬坡论 [N]. 光明日报，1994-11-27.
③ 王小锡. 道德：滑坡还是爬坡 [N]. 社会科学报，2012-03-08（6）.
④ 冯华. 社会道德，滑坡还是爬坡？——代表委员热议道德建设 [N]. 人民日报，2012-03-11（5）.
⑤ 高兆明. 简论道德失范范畴 [J]. 道德与文明，1999（6）：8-10.

建设实施纲要》、做好制度安排几个方面下功夫。①

孟庆艳认为，社会转型期道德失范问题其本质是道德矛盾在现象界的表现形式，是以人们心灵中的意义系统危机和价值观念危机为基本内容，并大量地表现为人们在行为层面的越轨现象。行为主体的道德失范主要表现在两个层面：单体意志行为层次的道德失范与集群意志行为层次的道德失范。解决社会道德失范问题必须以构建符合人文道德的法律为基础，在多元价值层面上达成一种社会最普遍的道德共鸣，积极推广中华民族的传统文化精髓，努力实现在公民道德教育过程中的道德义务与道德权利的统一。② 道德失范论是从社会转型过程中新旧秩序的交替来立论的，反映了人们在社会转型过程中的迷茫、躁动以及对新生活的探索。

（五）道德代价论

张明仓认为，不管人们愿意与否，社会总是充满着矛盾，人类社会的任何进步都不得不以付出一定的代价作为前提。道德代价在本质上反映了人们生存方式的内在矛盾。在现实生活中，道德代价主要表现在四个层面：（1）主体在价值冲突和价值选择中，为了某一优先价值而不得不暂时抑制或放弃一定的道德追求；（2）主体为了某种私利，视道德为工具而利用道德，或奉行某种落后、消极、腐朽的道德而对社会道德生活造成损害；（3）主体在获取或享受某一价值成果的同时，不得不忍受同一实践活动附带产生的危害主体健康的道德生活的各种负效应或副产品；（4）由于人们的主观错误或失误所造成的对社会道德的损害等等。③

吴灿新认为，中国改革开放 30 多年，取得了辉煌的成就，然而，也为此付出了沉重的道德代价：拜金主义、极端个人主义、腐败成风、诚信危机、底线伦理防线失守、社会潜规则横行、社会逆反心理严重、双重道德人格泛起、婚姻家庭道德困扰。其发生的社会根源一是市场经济的本性及其双重效应，二是改革开放中我们走过一段弯路，三是我们主观认识上的形而上学严重。要让道德代价的付出降到最低程度，必须坚定不移地落实科学发展

---

① 龚长宇. 道德失范：社会安全的腐蚀剂 [J]. 伦理学研究，2004（5）：22-26.
② 孟庆艳. 社会转型期道德失范问题辩证探析 [J]. 青岛农业大学学报，2009（4）：67-71.
③ 张明仓. 道德代价论 [J]. 天津社会科学，1998（4）：16-20.

观，将道德建设放到其应有的位置。^①

陈培永认为，市场经济的运行是否必然要以牺牲道德为代价，依然是具有重大现实关切、仍需继续探讨的时代话题。我们在实践中应致力于推动政府、社会、市场三方力量的有机结合，以尽可能小的道德代价推进市场经济的发展与完善。^② 道德代价论是从社会发展过程中所支付的道德成本或所消耗的道德资源来立论的，反映了社会发展过程中道德进步与退步并存的历史辩证法。

二、道德善恶的评价标准

道德需要与人类生活相伴随。人类文化的多样性决定了道德类型的多样性。道德类型的多样性至少有如下几个方面。第一，道德具有时代性。不同时代的道德具有不同的内容和表现形式，它会随着时代的发展而发展。第二，道德具有阶级性。在阶级社会里，阶级的利益多样性形成了道德的阶级类型。第三，道德具有民族性。不同的民族具有不同的文化心理、宗教信仰和风俗习惯，由此造成不同的民族有着不同的道德谱系。第四，道德具有个体性。不同时代、不同民族、不同阶级的社会成员有着不同的道德观。同一时代、同一民族、同一阶级的社会成员，由于其认识水平、思想觉悟、人生经历等差异，也会形成不同的道德观。即使是同一个人，在其身心发展的不同阶段上，个体的道德观念也会发生一定的变化。

道德的多样性决定了道德评价标准的多样性。所谓道德评价，就是人们依据一定的价值标准对社会中个体或群体的思想和行为以及社会的道德规范、制度体制等做出的善恶、正邪的价值判断和褒贬态度。道德评价的实质即道德价值判断，是人们对客体道德价值的一种反映。根据评价对象的不同，道德评价可以分为具体道德评价和抽象道德评价。具体道德评价即对人的思想和行为以及社会的各项制度、体制所做的善恶价值判断，符合社会道德规范则为善，反之则为恶。善恶是标志道德价值的一对基本范畴。善即正

---

① 吴灿新. 中国改革开放历史进程中的道德代价 [J]. 伦理学研究，2011 (3)：127-133.
② 陈培永. 市场经济与道德代价 [J]. 武汉科技大学学报，2013 (3)：271-275.

价值，就是对他人、对社会、对自己有利的行为和结果。恶即负价值，就是对他人、对社会、对自己有害的行为及结果。**抽象道德评价即对道德规范、价值准则本身进行评价**。要对当前的社会道德现状做出中肯的分析，必须对道德善恶有一个正确的评价标准。

（一）阶级标准

"善"和"恶"是道德生活的主题，是评价人们的道德行为的最一般的范畴。我们必须看到，在存在着阶级和阶级对立的社会中，人们对"善"和"恶"这一对道德评价标准的理解具有鲜明的阶级性。阶级标准是随着阶级利益的改变而不断发生变化的。在同一个社会有不同的阶级，在一个阶级内部还有不同的阶层，他们的利益和标准是各不相同甚至是相反的。阶级利益标准转化为善恶标准就是道德评价的阶级标准。在我国，奴隶社会把周礼作为辨别善恶的准则，而到了封建社会，三纲五常成了判断是非善恶的基本准则。

在阶级社会中，道德是阶级的道德，不同的阶级从自己的阶级地位中汲取自己的道德观念，形成相应的善恶标准。恩格斯在《反杜林论》中曾经指出："善恶观念从一个民族到另一个民族、从一个时代到另一个时代变更得这样厉害，以致它们常常是互相直接矛盾的。……今天向我们宣扬的是什么样的道德呢？首先是由过去的宗教时代传下来的基督教的封建主义道德，这种道德主要地又分成天主教的和新教的道德，其中又有不同的分支，从耶稣会天主教的和正统新教的道德，直到松弛的启蒙的道德。和这些道德并列的，有现代资产阶级的道德，和资产阶级道德并列的，又有无产阶级的未来的道德，所以仅仅在欧洲最先进国家中，过去、现在和将来就提供了三大类同时并存的各自起着作用的道德论。"①

（二）历史标准

历史唯物主义认为，只有坚持"历史的评价高于道德的评价"才是对二者关系的唯物辩证的理解。历史唯物主义主张，对人们行为和历史事件的评价只有坚持历史标准高于道德标准，才能科学地说明它们的历史地位和意

---

① ［德］马克思，恩格斯. 马克思恩格斯选集：第 3 卷 ［M］. 北京：人民出版社，1995：433-434.

义，才不会陷入相对主义的怪圈。也就是说，在评价人们行为的善恶时，还必须把行为放到社会历史发展的总链条中去进行考察。在历史唯物主义看来，一种行为如果最终有利于社会的进步，有利于大多数人的幸福，那么这种行为就是善的；反之，就是恶的。这种以是否有利于社会进步为行为善恶最终评价标准的尺度，就是伦理道德评价的历史标准。由于生产力是在最终意义上规定社会进步程度的决定力量，因此这种历史标准的具体的、客观的表现就是：是否有利于生产力的发展。也就是说，根据这种标准，最终有利于生产力发展的行为就是善的；反之，就是恶的。因此道德评价的历史标准也可以称作道德评价的生产力标准。

历史唯物主义认为生产力是衡量社会进步的最高尺度。一个社会的生产力水平越高，表明这个社会的进步程度就越高。需要指出的是，坚持"历史的评价高于道德的评价"的原则，把生产力标准作为衡量社会进步和伦理道德评价的最终意义上的标准，并不意味着把它作为一个框框不加分析地随意去套现实生活中的一切行为和事件；否则，我们在评价行为的善恶时，仍不可避免地会陷入无法解脱的矛盾之中。准确地理解道德评价的历史标准或生产力标准，不能把生产力标准简单地等同于某一短暂时期的经济效益标准、物质财富标准或金钱数量标准。坚持"历史的评价高于道德的评价"，也不是以历史评价取代道德评价，而是把历史标准即生产力标准作为道德的善恶标准的标准。

社会进步往往是以某种道德牺牲为代价的。当原始共产主义社会向奴隶制社会过渡时，从生产力标准来衡量，确实是进步了，但是从道德状况看，它是一种堕落，实在不能说是在"爬坡"。恩格斯在评价该时期的道德状况时写道：个人道德情感、思想和行为都被一种堕落的势力所打破，"最卑下的利益——庸俗的贪欲、粗暴的情欲、卑下的物欲、对公共财产的自私自利的掠夺——揭开了新的、文明的阶级社会；最卑鄙的手段——偷窃、暴力、欺诈、背信——毁坏了古老的没有阶级的氏族制度，把它引向崩溃。而这一新社会自身，在其整整两千五百余年的存在期间，只不过是一幅区区少数人靠牺牲被剥削和被压迫的绝大多数人的利益而求得发展的图画罢了，而这种情形，现在比从前更加厉害了。"① 从自然经济向资本主义商品经济过渡的时期，资本主义大机器生产无疑是一种生产力的进步，但在道德领域却是另一番景象。正如马克思在《1844年经济学哲学手稿》中所揭示的：货币把坚贞变成背叛，把爱变成恨，把德行变成恶行，把主人变成奴隶，把明智变成愚蠢，把一切事物都混淆和替换了。原来不可出卖的东西，良心、道德、爱情、贞操都可以当作商品出卖。货币在商品经济下成了吞噬一切的万能之物，成了拜金主义者心中的偶像："在这个偶像面前，人们无一例外地变成了向它献媚的奴隶，没有一个宦官不是下贱地向自己的君主献媚，并力图用卑鄙的手段来刺激君主的麻痹了的享乐能力，以骗取君主的恩宠；工业的宦官即生产者则更下贱地用更卑鄙的手段来骗取银币，从自己的按基督教教义说来应该爱的邻人的口袋里诱取黄金鸟。"② 人们甚至可以牺牲一切以便在货币形式上获得补偿。在这种意识支配下，人的一切道德都荡然无存。

（三）终极标准

在抽象道德评价中，衡量一定阶级和社会的道德规范、价值准则的善恶优劣的标准就是道德评价的终极标准。道德评价的终极标准，它本身也应该是一个终极的价值规范和价值理想。唯其如此，它才能作为衡量具体善恶标准的标准。就像货币一样，它之所以能够固定地充当一般等价物，是因为它本身就是商品，具有价值。道德的目的在于促进人的生存、发展和完善。道德价值是一种以人为本的价值观，它是其他一切价值的灵魂和统帅。尽管道德价值只是人类价值追求的一部分、一方面，然而其他的价值追求如政治价值、经济价值、军事价值、审美价值等都必须接受道德价值的审视和制约。因此，道德评价的终极标准必然指向人的终极的价值目标和价值理想，它必须与人的生存、发展和完善相一致。这个终极的价值目标和价值理想就是每个人的全面而自由的发展。道德评价的实质即价值判断。因此，价值评价的终极标准也就是道德评价的终极标准。

每个人的全面而自由的发展作为道德评价的终极标准具有以下几个方面的特征。第一是普适性。它是人们在任何情况下都必须遵循的道德原则，适

① ［德］马克思，恩格斯. 马克思恩格斯选集：第4卷［M］. 北京：人民出版社，1995：94.
② ［德］马克思，恩格斯. 马克思恩格斯全集：第42卷［M］. 北京：人民出版社，1979：133.

用于任何民族、任何地区、任何时代。每个人的全面而自由的发展是人类的一个永恒价值规范和价值理想。第二是历史性。每个人的全面而自由的发展在不同的时代具有不同的表现形式，它的实现程度和主体的发展水平与社会实践的发展水平呈正相关。因此，每个人的全面而自由的发展是一个历史过程，也可以说是一个永恒的无止境的过程。第三是至上性。它是最高的标准，是其他一切道德标准的基础和根据。道德评价的终极标准超越了具体的善恶标准，它具有绝对至上性。

有的学者将"增减每个人的利益总量"作为道德评价的终极标准。① 将功利标准作为道德评价的终极标准实为谬误，其理由如下。其一，在阶级社会中，不存在超阶级的功利，功利标准仍然是一定阶级的利益标准，仍然是具体的善恶标准。况且，在每个人的利益总量都有所增加的情况下，利益差距、贫富分化的现象可能严重存在；在貌似合理公正的形式下，可能蕴藏着极大的不公平、不合理的现象。其二，功利仅仅是人们价值目标的一个方面，是需要的低级层次，而不是人类终极的价值目标。其三，将功利作为道德评价的终极标准，会导致实用主义与相对主义，从而造成人的理想信念的迷失、精神家园的荒芜，道德将失去其应有的净化灵魂、提升人格的功能。

三、对当前中国道德现状的几点体认

万俊人认为，20 世纪"道德中国"所面临的道德问题，从根本上说属于中国"现代性"的道德问题，或者说，是一种"现代性"的中国道德问题。② 告别传统乃是中国现代性道德转型的重要诉求。从中国现代性道德转型来分析当前中国的道德现状，自然会多一份客观与公允，少一些偏激与成见。

（一）与社会转型相伴随的道德转型与重塑

现代化过程是人的一个自我解放的过程。在人与道德相斗争的过程中，道德日益宽容，日益有利于人的感性解放，这是道德的进步。相对于改革开放前 30 年，改革开放以后，道德权威动摇、道德效力弱化、道德水平下降，

---

① 王海明. 道德终极标准新探 [J]. 人文杂志，2004（6）：7-15.
② 万俊人. 世纪回眸："道德中国"的道德问题 [J]. 天津社会科学，2001（3）：17-19.

这是人的自我解放过程中必须付出的道德代价。道德失范论、道德滑坡论都是一种直观的、经验式的论断。它预设了一种抽象不变的道德标准，并通常以某种传统的道德准则来评断现代社会生活中的行为，而没有意识到道德作为一个整体范式必然要随着与之相适应的社会基础的根本变革而发生相应的转换。

1986 年，邓小平说，要认真抓整顿风气，"也要奋斗至少十年，才能恢复到五十年代最好时期的党风和社会风气"①。如果要说主体意识和价值观念，那么可以说，20 世纪 50 年代是真正的、以社会为本位的主体意识的高扬，以个人为本位的主体意识和自私自利的价值观念连同剥削制度都被扫进了历史的垃圾桶，全社会的党风和社会风气，包括道德水准达到了"历史上从来没有过的""最好的时期"。但是，这种今不如昔的道德评价同样是以过去的价值标准来评价当前的道德问题，而忽视了社会生活的改变导致价值观念的改变，并最终导致道德风尚的改变这一情况。实际上，由于社会生活的改变，无论如何整顿风气，社会的道德风尚也不可能回到 20 世纪 50 年代的状态了。

在社会转型时期，旧的道德受到冲击，新的道德尚未成熟，出现了一种多种道德形态并存的局面："调查发现，当前中国社会大众的伦理道德主要由四元素构成，其中市场经济道德占 40.3%，意识形态中提倡的社会主义道德占 25.3%，中国传统道德占 20.8%，西方道德影响占 11.7%。经过反复试验，这四元素构成一个近似等腰的梯形结构。"② 多种道德并存的局面使得人们无所适从、纠结痛苦、苦闷彷徨。有墨守成规的人，有随波逐流的人，也有浑水摸鱼的人，更有放浪形骸的人，诸如此类，不一而足。种种现象构成了当今道德生活的不成熟现象。道德就在这种不成熟发展中不断走向成熟。在这种意义上，我们倾向于认为当前的道德处于一种转型与重塑阶段。

（二）制度的道德选择成为社会道德问题的焦点

罗尔斯在《正义论》中论证了制度伦理对于个体道德的意义。他认为，

---

① 邓小平. 邓小平文选：第 3 卷 [M]. 北京：人民出版社，1993：153.
② 樊浩. 当前中国伦理道德与大众意识领域"中国问题"的演进轨迹与互动态势 [J]. 哲学动态，2013 (7)：5-19.

对制度的道德选择应当先于对个人的道德选择："一个人的职责和义务预先假定了一种对制度的道德观，因此，在对个人的要求能够提出之前，必须确定正义制度的内容。这就是说，在大多数情况里，有关职责和义务的原则应当在对于社会基本结构的原则确定之后再确定。"① 只有道德的制度，才能建构道德的社会，才能造就道德的人。

制度的道德选择影响个体的道德选择。在评判个人是否合乎道德之前，首先要考察制度安排是否合乎道德。一种不道德的制度很可能导致个体做出不道德的选择。制度的道德选择是个体的道德选择的依据。制度的道德选择必须体现扬善抑恶的道德赏罚机制，为人们崇德向善提供正能量。在社会转型时期，由于制度的不完善，制度的道德选择成为社会道德问题的焦点。在这里，焦点有两层含义：其一是制度的道德选择日益成为人们集中关注的道德问题，其二是制度的不公平成为引发社会道德问题的总根源。

万俊人指出，"由于社会结构的急剧转型所导致的社会公平正义问题已经赫然显露，并正在成为影响当代中国社会诸方面——尤其是道德伦理方面——的突出问题。正义是道德伦理的底线和基础，无基本正义则枉谈道德伦理。"② 正义是制度的首要美德，制度的不正义将严重损毁道德的底线和基础。

樊浩认为，集团行为的不道德比个人行为的不道德造成的危害更大："目前党政机关和企事业单位中大量存在的隐性福利，尤其是国家垄断企业的暴利，本质上都是'伦理的实体不道德的个体'的伦理道德悖论的体现。这种悖论的最严重后果，不是道德上的恶，而是披着伦理外衣的伪善。道德的最大敌人不是恶，而是伪善。恶一旦被揭露，便可能被识别和扬弃，而伪善则是以恶为善。由于这种悖论是体制性和制度性的，因而不仅大量而且'合法'地存在，并且因'司空见惯'让社会隐忍和接受，进而在长期隐忍和约定俗成中逃逸社会反思和社会批判；同时由于这种悖论披上伦理的外衣，具有不证自明的伦理假象，因而不仅具有'伦理合法性'的假象，而且

---

① ［美］罗尔斯. 正义论［M］. 何怀宏，何包钢，廖申白，译. 北京：中国社会科学出版社，1988：110.

② 万俊人. 当代伦理学前沿检视［J］. 哲学动态，2014（2）：5-17.

获得大量既得利益者的默认和维护。"①这种集团行为的不道德实际上指向的是制度性的或体制性的不道德："制度和伦理两件外衣，使集团行为的这种伪伦理和不道德具有很强的欺骗性、破坏性和杀伤力。它不仅造就了大量的恶，而且以恶为善；不仅以恶为善，而且使恶披上了伦理的外衣而导致制度性和体制性伪善。发生于社会转型，即单位制向后单位制转型过程中集团行为的这种伪善，与传统伪善具有完全不同的形态。它不是道德的伪善，而是伦理的伪善；不是个体的伪善，而是作为'整个的个体'的集体的伪善；不是个别现象，而是普遍现象；不是个别行为，而是制度性存在甚至是制度性安排；不是个体行为的伪善，而是社会环境和社会风气的伪善。"②制度性的或体制性的不道德实质上是为某些社会阶层牟取特殊利益，严重破坏社会公平。社会不公，心理失衡，从而严重损害人们守德的积极性。

（三）非道德心理严重蔓延

道德心理是指行为主体在进行道德考量和道德选择时的心理状态与心理过程。道德心理支配道德行为，是道德行为发生的内在机制。社会转型期利益关系的深刻调整和价值观念的多元化导致了道德心理的复杂多变。一些不良的道德心理严重影响了人们崇德向善。不良的道德心理从内心深处割断了行为与道德之间的联系，导致行为失范、社会失序。只有养成健康的道德心理，才有可能形成崇德向善的社会风尚。道德冷漠、道德虚无、道德伪善等是现阶段弥散严重的三种不良道德心理。

第一，道德冷漠。所谓道德冷漠是指人们在一定的道德情境中，面对自己应该履行的道德义务，出于某些因素的考虑而故意不作为的道德心理和行为。道德冷漠已成为当前道德生活中的一大顽症。缺乏道德敏锐性，不能感知别人的痛苦，意识不到自己的道德责任，没有道德冲动，见危不救，这是第一层次的道德冷漠。"小悦悦"事件就属于这种道德冷漠。2011年10月13日下午5时30分许，在佛山南海黄岐广佛五金城发生了一起车祸：年仅两岁的女童小悦悦被车多次碾压，随后肇事车辆逃逸；当时，七分钟内有18

① 樊浩.当前中国伦理道德与大众意识领域"中国问题"的演进轨迹与互动态势 [J].哲学动态，2013（7）：5-19.

② 樊浩.当前中国伦理道德与大众意识领域"中国问题"的演进轨迹与互动态势 [J].哲学动态，2013（7）：5-19.

个人从女童身边经过，但无一人施救。① 18 名路人就是普通民众的随机代表，他们的表现正是普通民众在特定情境中的道德缩影。或许我们就是路人中的一员，深陷于道德义愤与道德冷漠的冲突之中。路人的冷漠使幼小的生命过早凋零。

聚众围观，幸灾乐祸，将他人的痛苦甚至牺牲当作娱乐和消遣的内容，将自己的快乐建立在他人的痛苦之上，是更为严重的道德冷漠。2003 年 5 月 9 日，湖南湘潭一男子因生活、工作不顺欲跳楼轻生，正当当事人在楼顶犹豫徘徊之时，楼下的围观者不断叫嚣："快跳啊，我们都等不及了。"在围观群众的怂恿声、掌声以及尖叫声中，一条鲜活的生命瞬间消逝。② 一群无聊的看客充当了刽子手的角色。在道德冷漠的背后，我们看到的是人性的冷漠。道德冷漠者无视他者的存在，甚至将他者视为非人。多一事不如少一事，事不关己高高挂起；好乱乐祸，互不关心：种种自私的考虑割断了个人与他者的联系，蒙蔽自己的人性。"冷漠的个体越来越感到被异化和软弱无力，整个社会变成了一个原子化的社会。"③ 道德冷漠不仅阻碍了人们崇德向善，而且助长了歪风邪气。

第二，道德虚无。道德虚无是一种彻底否定和放弃道德的心理和行为。道德虚无有两种类型。第一种类型是道德存在的虚无，即道德根本不存在。有人主张，经济无道德，财富非伦理，为富可不仁，这就是存在意义上的虚无。在这种道德心理的驱动下，一些企业罔顾社会责任，以牺牲环境、人的健康乃至生命为代价牟取暴利。有的企业任意地排放"三废"，将环境成本完全外在化，严重破坏生态环境，危及社会经济的可持续发展；有的企业制假售劣、坑蒙拐骗，生产地沟油、毒奶粉、毒豆芽等有毒食品，严重危害消费者的身体健康；有的黑心矿主无视矿工的死活，非法开采导致矿难频发。有人形象地将这种发展称为"带血的 GDP"。道德虚无的第二种类型是道德价值的虚无，即否定道德的社会功能。在市场经济发展过程中，有人认为，

---

① 丁文蕾. "小悦悦事件"最应反思的是什么？[EB/OL]. http：//www. chinanews. com/hb/2011/10-25/3412354. shtml.

② 陈栋. "笑看自杀"暴露的社会弊病 [EB/OL]. http：//bbs. rednet. cn/thread-1283921-2-1. html.

③ ［美］卡尔·博格斯. 政治的终结 [M]. 陈家刚，译. 北京：社会科学文献出版社，2001：8.

经济发展只需遵从经济规律，而无需道德干预；面对频繁发生的食品安全问题，有人提出，对奸商讲道德，无异于对牛弹琴；有人公然挑战道德："我是流氓我怕谁"；有人对自己的败德行为不以为耻，反以为荣：把损人利己、坑蒙拐骗视为聪明和时尚，把诚实守信、乐于助人视为傻瓜和迂腐；面对社会的道德失范，有人追问："良心到底值多少钱一斤？"诸如此类，都是道德价值的虚无。在道德无用心理的驱使下，不少人彻底放弃了做人的原则和责任，完全按照人的自然本能随心所欲，回归动物世界。道德虚无的背后是人性的自我否定。人们普遍认为，道德是人区别于动物的重要标志。孟子说："人之有道也，饱食、暖衣、逸居而无教，则近于禽兽。圣人有忧之，使契为司徒，教以人伦：父子有亲，君臣有义，夫妇有别，长幼有序，朋友有信。"（《孟子·滕文公上》）只追求自然本能的满足而不顾人伦，就与禽兽无异。道德虚无抽掉了人之为人的道德根基，从根本上否定了道德的存在与价值，给社会道德带来了致命的破坏。

第三，道德伪善。道德伪善是一种只有善的表象而无善的品性的道德心理和行为。道德伪善在现实生活中有如下三种不同的表现。

第一种是知行分裂、有善知而无善行的伪善。面对许多道德问题，公众并非没有是非善恶观念。但是，很多人仅仅停留在知的层面，而没有勇气付诸行动。黑格尔指出，良知作为静观的优美灵魂只判断善恶，而不付诸行动必然导致伪善："优美灵魂它确实是很好地保全了自己的纯洁性，因为它并不行动，它是这样一种伪善，这种伪善只把判断当做行动，只以卓越心意的言辞，而不以行动来证明其正直性。"①

第二种是言行不一、有善言而无善行的伪善。个体在公众面前宣称遵守甚至鼓励别人遵守道德规范，但私底下自己不但不遵守甚至违背规范；或者采用双重标准来评价和判断自己和他人的道德行为，对自己宽容而对他人苛刻。一些党政官员在公共场合慷慨激昂，高唱主旋律，背后却过着腐化堕落的生活，就属于只说不做的伪善。

第三种是志功分离、有善行而无善心的形态。个体的行为结果表现得

① [德] 黑格尔. 精神现象学：下卷 [M]. 贺麟，王玖兴，译. 北京：商务印书馆，1997：170.

"道德"，但内心并不是出于这种真实的"道德"动机，而是为了追求利益最大化或减少利益损失。一些企业打着关爱老年人的旗号，先帮老年人免费检查身体而后推销保健产品以牟取高额利润，就属于志功分离的伪善。道德伪善的背后是人性的自私。伪善者以善掩恶，戴着面具生活，自欺欺人，目的是躲避付出真实道德行为的代价。道德伪善不仅败坏了社会风气，更严重的是潜移默化地动摇乃至摧毁了公众心灵中最基本的道德信仰。

第十二讲 道德信仰危机：
转型期深层道德难题

道德信仰危机所涉及的主要是"我们为什么一定要遵守道德"这一问题。当下，有一些人不再相信道德，"道德无用论"盛行。面对频繁发生的食品安全问题，有人说，对奸商讲道德，无异于对牛弹琴。还有一些人肆意践踏道德，道德冷漠现象时有发生，道德底线频频失守，道德效力严重弱化。是我们对社会道德的变迁过于敏感，还是道德信仰真正发生危机？从社会众多的败德现象来看，见死不救、见利忘义、趁火打劫等确实触及了人类的核心价值，伤害了人的权利、尊严乃至生命。这使我们有理由相信：当今社会，一些人的道德信仰已经面临严重危机。化解道德信仰危机成为解决当下中国道德问题的迫切需要。

一、道德信仰：内涵、实质与价值

费希特认为，自我完善是人的使命："人的生存目的，就在于道德的日益自我完善，就在于把自己周围的一切弄得合乎感性；如果从社会方面来看人，人的生存目的还在于把人的周围的一切弄得更合乎道德，从而使人本身日益幸福。"① 道德是实现自我完善的重要精神力量。道德就其本质而言，乃是人类自我设定的价值尺度和精神建构。至善是道德承诺的最高目标，但是，人类永远不能达到这一目标，而只能不断地接近这个目标。

（一）道德信仰的内涵：对道德的笃信与敬仰
在伦理思想史上，康德首次提出了道德信仰概念。他将人类的信仰分为

---

① ［德］费希特. 论学者的使命［M］. 梁志学，沈真，译. 北京：商务印书馆，1984：12.

实用的信仰、学说的信仰和道德的信仰。在康德看来，道德信仰是一种人与道德融为一体的状态："至道德的信仰则全然不同。盖在此处某某事象之必须发生，即我在一切方面必须与道德律相合之一事，乃绝对必然者。"① 康德将信仰的本体转移到主体内部，在主体"纯粹实践理性"的基础上重建道德信仰——通过道德确立信仰，通过信仰践行道德。

面对社会转型时期的道德信仰危机，国内学者对道德信仰问题有了比较广泛而深入的探讨。归纳起来，国内学者对道德信仰的理解大致有三类不同的观点。第一类观点着重从超验和理想层面界定道德信仰。比如，荆学民认为，"道德信仰是指道德的形而上学之基础，一是指道德形成的前提性的精神基础；二是指道德的终极向往即道德的最高目标和最高境界"②。第二类观点着重从经验和现实层面界定信仰。比如，李德顺认为，道德信仰是"对某种道德目标及其理论的信服和崇拜。按性质可分为两大类，即有认识基础的科学道德信仰以及无认识基础的盲目道德迷信"③。第三类观点则从超验和经验、现实和理想相统一的层面界定道德信仰。比如，黄明理认为，"道德信仰是人们基于对道德于个体和社会存在发展的价值的认识，以及在道德理想与道德现实的张力作用下产生的对道德（包括道德规范、道德理想和道德人格）的笃信与崇敬，并以此设定人生目标、付诸道德行动的特殊感情"④。其他学者关于道德信仰的不同的界定基本上都可以归纳到以上三类之中。

其实，从道德信仰的客体构成要素来看，道德信仰涉及许多方面的内容。贺麟曾指出，"道德的信仰为对人生和人性的信仰，相信人生之有意义，相信人性之善；对于良心或道德律的相信，相信道德的效准、权威和尊严。又如相信德福终可合一，相信善人终可战胜恶人，相信公理必能战胜强权等，均属道德信仰"⑤。因此，我们倾向于第三类观点。简而言之，道德信仰是人们对道德的笃信与敬仰。从形而上层面来说，道德信仰有两个方面：一是关于道德的本体承诺，即道德究竟是什么——对"人性"的理解及其相应

---

① ［德］康德. 纯粹理性批判［M］. 蓝公武，译. 北京：商务印书馆，1960：567.
② 荆学民. 道德信仰及其当代意义［J］. 求是学刊，2007（1）：38-45.
③ 李德顺. 价值学大词典［Z］. 北京：中国人民大学出版社，1995：90.
④ 黄明理. 社会主义道德信仰［M］. 北京：人民出版社，2006：73.
⑤ 贺麟. 文化与人生［M］. 北京：商务印书馆，1988：92-96.

的承诺；二是关于生活意义的终极关怀，即道德追求的最高目标是什么——对"生活意义"的理解及其相应的承诺。前者构成了道德形成的精神基础，后者构成了道德实践的终极目标。从形而下层面来说，道德信仰既包括对某种具体道德规范的尊重与服从，也包括对某种具体道德理论体系及其目标的信服和崇拜。道德信仰的两个层面是无法截然分开的。道德信仰的形而上层面构成了道德信仰的基础与依据，而形而下层面构成了道德信仰的践行与外化。

从道德信仰的主体构成要素来说，道德信仰是认识、情感与意志的统一。作为认识，道德信仰是对人伦物理的内在把握，是对人的社会本质的深悟与觉解。作为情感，道德信仰是人类同情、荣誉、尊严等社会情感的需要和表达。人类在践行道德的过程中获得同情、荣誉、尊严等情感体验，这些情感体验丰富和充实了人类的精神世界，强化了道德的本体价值。作为意志，道德信仰是自觉服从和践行道德的决心与信念。意志对于道德的实现作用重大："我们发现意志因素是最重要的，并且在某些场合几乎是唯一重要的。"[①]

从社会出发，道德是一种行为规范，是社会对个体提出的要求；从个体出发，道德是一种德性，是个体对社会道德的内化或造诣。"人为什么要讲道德？"这是对道德价值的形上追问。这一问题关涉到人对人性和生活终极意义的理解。道德既是人之为人的本质规定，也是生活之为生活的价值目标。一言以蔽之，道德是人性和生活应有的价值尺度。但是，这种价值尺度并不是人性和生活与生俱来的，而是人对人性和生活的一种价值承诺或者价值期待。这种价值承诺具有先验预设的性质，实际上也是人对道德的承诺或信仰。马克思认为，"信仰是人们对某种事物或思想、主义极度尊崇和信服，并把它奉为自己的精神寄托和行为规则，是人类特有的一种精神活动"[②]。信仰是人对某种事物或观念的信服和敬仰，是人精神层面的最高追求和最后皈依。"道德的信仰为对人生和人性的信仰，相信人生之有意义，相信人性之善；对于良心或道德律的相信，相信道德的效准、权威和尊严。又如相信德

---

① ［英］西季威克. 伦理学方法［M］. 北京：中国社会科学出版社，1993：245.

② ［德］马克思，恩格斯. 马克思恩格斯全集：第6卷［M］. 北京：人民出版社，1964：89.

福终可合一，相信善人终可战胜恶人，相信公理必能战胜强权等，均属道德信仰。"① 道德信仰一方面是对道德价值的认可与坚信，另一方面是对道德规范的尊重与服从。

（二）道德信仰的实质：对人性和生活的一种价值承诺

道德本身具有信仰的属性，对人性和生活的一种价值承诺即道德信仰的实质所在。价值承诺充分体现了道德的理想性，但是，价值承诺并非完全凭空产生，其具体内容依然具有客观的现实依据。"人们自觉地或不自觉地，归根到底总是从他们的阶级地位所依据的实际关系中——从他们进行生产和交换的实际关系中，获得自己的伦理观念。"②

人为什么要对人性与生活做出这种价值承诺？马克思指出："人作为自然的、肉体的、感性的、对象性的存在物，同动植物一样，是受动的、受制约的和受限制的存在物。"③ 人是一种对象性的存在物，人总是在对象中直观自我，通过对象满足自身的需要，通过对象确证自己的存在、价值与本质。人是自然的产物，由动物进化而来。那么，人凭什么与动物相区分？动物只能按照本能生活，而人创造了超越本能的文化——科学、艺术、宗教、道德、法律等。这些文化生活都是人禽二分的重要标志。"人是一种压抑自己的动物，是一种创造出文化或社会来压抑自己的动物。"④ 文化既是对本能的压抑，也是对本能的超越，使人类过上了富有意义的生活。道德就是人确证自己的价值与本质的一种文化载体。通过道德承诺，人禽二分，人获得了内在的尊严与价值。讲道德的人才是善良的社会公民，不讲道德的人则是邪恶的衣冠禽兽。所以，康德说："道德就是一个有理性的东西能够作为自在目的而存在的唯一条件，因为只有通过道德，他才能成为目的王国的一个立法成员。于是，只有道德以及与道德相适应的人性，才是具有尊严的东西。"⑤ 在康德看来，道德是人成为自在自为目的的唯一条件，也是人具有尊严的根本依据。通过道德承诺，生活获得了自身的意义。人不仅要生活，而且要过

---

① 贺麟. 文化与人生 [M]. 北京：商务印书馆，1988：92-96.

② ［德］马克思，恩格斯. 马克思恩格斯选集：第 3 卷 [M]. 北京：人民出版社，1995：134.

③ ［德］马克思. 1844 年经济学哲学手稿 [M]. 北京：人民出版社，2000：105.

④ ［美］诺尔曼·布朗. 生与死的对抗 [M]. 贵阳：贵州人民出版社，1994：9.

⑤ ［德］康德. 道德形而上学原理 [M]. 苗力田，译. 上海：上海世纪出版集团，2005：55.

一种良善的生活。善的生活或好的生活成为生活的终极目标。尽管不同时代的人们对善恶有着不同的理解，但它并不妨碍不同时代的人们对善的生活的追求。通过道德承诺，人既能突破内心的浮躁和冲动，获得净化与升华，也能突破生命的短暂和有限，获得永恒与无限。因而，道德也就具有了终极关怀和安身立命之本的性质。中国传统文化中的"三不朽"之"立德"就体现了道德信仰的力量。"对不死的信仰是所有道德的关键。如果这一生命的结束就意味着一切事物的终结，德性将是一个空洞的梦，及时行乐就是聪明了。"① 道德是文明人类的生存方式和生活方式，承诺道德是人的必然选择。"人必须承诺道德，就像原捷克作家米兰·昆德拉所说的那样，选择是每一个人的宿命（have to be/to do）。没有人能够永久地生活在超然于道德承诺的纯自然状态，即使可能，他或她也没有可能超脱人们的道德评价。"②

（三）道德信仰的价值：道德自律的内在机制

道德既是社会调控的重要手段，也是人自我完善的重要力量，是工具与目的的辩证统一。人与人之间的分殊使道德调节成为必要，而人与人之间的同一使道德调节成为可能。缺乏道德调节，人类的生活将是一种暴戾的生活。人对道德的承诺或信仰既是道德的形而上学基础，也是道德自律的内在机制。这种承诺或信仰是一种强大的内在力量，是人对自身道德责任的强烈使命感。基于这种承诺或信仰的行为完全是一种由良心支配的自由自觉的行为。"真实的良心是希求自在自为的善的东西的心境，所以它具有固定的原则，而这些原则对它来说是自为的客观规定与义务。"③ 没有这种承诺或信仰，就不会有自由自觉的道德行为。

二、道德信仰危机的根源

道德信仰危机的实质是人们对现存价值体系的认同危机。这种危机既有社会道德体系与社会生活不相适应的原因，也有道德主体自身的原因，还有

---

① ［德］包尔生. 伦理学体系［M］. 北京：中国社会科学出版社，1988：375.
② 万俊人. 人为什么要有道德：上［J］. 现代哲学，2003（1）：65-75.
③ ［德］黑格尔. 法哲学原理［M］. 范扬，张企泰，译. 北京：商务印书馆，1982：139.

社会支撑系统的原因。传统道德的合法性危机、主体道德需求的萎缩以及道德的社会支撑系统的脆弱等严重损毁了人们的道德信仰。

（一）传统道德的合法性危机引发了深层次的道德信仰危机

从道德发展的历程来看，在中国的近现代化发展过程中，传统道德多次遭遇合法性危机。第一次是明末清初启蒙思想家对宋明理学的批判。宋明理学要求人们"存天理、灭人欲"，实质上是将道德绝对化、神圣化。"存理灭欲"严重扼杀了人们的情感欲望。我国16世纪启蒙思想家李贽针对"天理人欲之辨"提出了"穿衣吃饭"的人伦物理观："穿衣吃饭，即是人伦物理，除却穿衣吃饭，无伦物矣。世间种种皆衣与饭类耳。故举衣与饭而世间种种自然在其中。"（《焚书》卷一）李贽的人伦物理观无疑是对传统道德的挑战。清代思想家戴震针对后儒"以理杀人"的现象痛恨地指出，"人死于法，犹有怜之者，死于理，其谁怜之?!"（《孟子字义疏证》卷下）封建的伦理纲常成为杀人不见血的软刀子。戴震进一步指出，"道德之盛，使人之欲无不遂，人之情无不达，斯已矣"（《孟子字义疏证》卷下）。这些启蒙思想家将道德的价值定位于人的情感欲望的满足，使道德回归世俗生活，具有积极的时代意义。但是，与此同时，这种批判也使道德放弃了终极关怀和安身立命等形而上的价值诉求。第二次是新文化运动对传统道德的批判。新文化运动提倡新道德，反对旧道德。新文化运动对传统道德的批判主要针对封建礼教对个性自由的压制和对君主专制的维护。当时的知识分子陈独秀、李大钊、鲁迅等人认为，封建礼教严重阻碍了民主共和的发展。在他们的领导下，知识分子对孔教和封建旧道德展开了猛烈的批判。他们认为，不破除传统伦理纲常，就不可能实现真正的共和政体。延续了几千年的传统道德既有消极落后的因素，也有积极合理的成分。但是，新文化运动对传统道德的批判最终演绎为具有全盘否定性质的、类似"吃人的历史""吃人的礼教""满嘴仁义道德，一肚子男盗女娼"那样的观点。这种全盘否定使道德被严重污名化，进一步摧毁了人们的道德信仰。第三次是"文化大革命"对传统道德的破坏。"文化大革命"的对象直指党内的资产阶级当权派。哪些人是资产阶级当权派？资产阶级当权派只能靠群众揭发，实际上就是鼓励告密。由此产生同事、亲人、朋友之间相互揭发、相互迫害的现象，进而导致夫妻离异、父子反目、朋友成仇，亲情和友情丧失殆尽，人与人之间失去了基本的信任。

在中国传统道德中，"父为子隐，子为父隐。直在其中矣"（《论语·子路》），"亲亲相隐"维护了基本的人伦关系。阶级斗争的结果是中国的传统道德被摧残得体无完肤，伤痕累累。传统道德经过多次折腾，其合法性被严重消解。与此同时，在传统向现代的转型过程中，社会的政治、经济、文化等条件发生了深刻的变革，传统道德逐渐失效，而与现代社会相适应的道德并未真正建立起来，由此引发了深层次的道德信仰危机。

（二）主体道德需求的萎缩削弱了道德信仰

从主体的道德需求来看，在现代社会，公众的价值取向日益感性化、物质化，道德需求严重萎缩。而在传统社会，物质生活相对匮乏、信息闭塞、交通不便、精神文化生活比较单调，在这种生活条件中，物质生活的相对匮乏需要伦理道德制约人们的感性欲望以维系社会的可持续发展；人们有更多的时间用于个人沉思或反省，追求一种至善的生活。与此同时，统治者一贯重视德治，为之提供了强大的社会支撑。因而在传统社会，人们的道德需求强烈，道德信仰深入人心，道德具有强大的规范力量。进入现代社会，物质生活逐渐丰富、交通和通信日益发达，人们精神生活的形式日益多样化。在这种生活条件下，人们更加强调感性存在与感性解放，物质的、感性的需求不断膨胀；工作、娱乐、休息占据了整个生活，繁忙使得现代人很少有时间去沉思或反省个人的生活；在很多人看来，生活的意义就在当下，只求今生今世，而不问来生来世。与此同时，一些人还把道德视为对个性自由、个性解放的束缚，由敬畏道德走向抵触道德。人欲横流使得一些人百无禁忌，无法无天。人们对精神过程和精神产品的体悟能力和欣赏能力在下降，精神过程和精神产品只有被还原为物质的原始的需要才能被理解和接受。一些人沉溺于物欲中不能自拔，人的尊严和价值逐渐被物欲所剥落。任凭感性欲望的驰骋，感性与物质挤兑道德，道德信仰何以持存？现代化过程是人的一个自我解放的过程。在人与道德相斗争的过程中，道德日益宽容，道德生活日益退居到私人领域，道德逐渐成为个人主观的价值选择。道德在社会生活诸多领域的隐退使得公众的道德需求也相应萎缩，道德需求的萎缩必然会削弱人们的道德信仰。

（三）社会支撑系统的脆弱严重损害了道德信仰

道德是不能单打独斗的，而是需要多方面的支撑。道德运行首先需要正确的价值观念的支撑。价值观是道德观的核心与基础。有什么样的价值观，就有什么样的道德观。只有选择正确的价值观，才能使人知善明恶、择善弃恶。道德的存在是为了使谋利活动符合道义，它总是以或多或少的自我牺牲为前提。然而，片面追求金钱与功利的价值观念严重遮蔽了道德。"当代中国社会和中国人实际奉行的首要价值观是什么？毋庸置疑是利字当头，金钱至上，全民孳孳为利，都在忙着挣钱。"① 只问功利，不问道义，经济人假设成为经济人事实。财富、权力、名誉、快乐等这类价值成为一些人的首要选择，道德在这些价值面前逐渐隐退。极端功利的价值观念必然导致为达目的不择手段的非道德主义。畸形的钱权交易造成生活世界的严重扭曲。从维护道德信念和道德权威性的角度来看，钱权交易对生活世界所造成的危害，首先表现为"道德表率效应"的蜕变和伪善的横行。这种自上而下的伪善，不只败坏了社会风气，更严重的是它潜移默化地动摇乃至摧毁了社会公众心灵中的最基本的道德信念。钱权交易对生活世界的进一步侵犯，表现为社会公众的道德冷漠。而道德信念、道德权威性的丧失不可避免地使社会秩序沿着恶性循环的线路演化下去，这种情况演化到极端，要么诱发大规模的社会动荡，要么在社会大众中，特别是弱势群体中不断衍生出对社会的报复行为，使社会秩序陷入极度混乱。

道德运行也需要政策、法律等制度为之提供制度支撑，只有良好的政治法律制度才能维护社会正义，保证德福一致，提高人们守德的积极性。社会转型阶段，制度不健全、法制不完善导致潜规则盛行，严重破坏社会公平。投机取巧被视为聪明时尚，诚实守信则被视为迂腐傻帽。金钱与权力的互谋使道德备受踩躏。遵守道德的成本过高，而违背道德的成本过低，造成道德与幸福的严重背离，不仅大大挫伤了人们守德的积极性，而且加剧了社会的道德混乱。道德运行还需要领导干部的道德榜样的支撑。君子之德风，小人之德草，风行草偃。上行下效，中国人十分注重道德榜样的示范作用。公众对领导干部有较高的道德期望，村看村，户看户，群众看干部。领导干部是国家政策与法律的代言人和执行者，其特殊身份决定了他们在道德建设中的重要地位和作用。党政官员的道德示范作用往往是社会公众树立道德信仰、

---

① 肖群忠. 道德危机的拯救与文明大国的崛起 [J]. 西北师大学报, 2012 (1)：11-15.

维护道德权威的基本精神支柱。然而，一些党政官员的腐败行为与他们在公共场合表现出的道德风范形成了巨大的反差，纯洁、高尚的道德话语与卑鄙龌龊、腐化堕落的生活形成了鲜明的对照。这种伪善不只是败坏了社会风气，更严重的是潜移默化地动摇乃至摧毁了公众心灵中的最基本的道德信仰。调查表明，"党政官员应当是第一位的道德示范群体，但却成为民众公认的道德上最不满意的群体，不但难以履行道德示范作用，而且导致社会道德信用的丧失。"① 领导干部的败德行为使道德榜样的示范作用大打折扣，严重动摇了人们的道德信仰。

三、道德信仰危机的化解

重建道德信仰就是要让人们坚信道德是人的存在方式和生活方式，人不能不讲道德。要恢复人们的道德信仰，自觉追求一种道德的生活，必须针对损毁道德信仰的具体因素提出有效的拯救方案。

（一）重估传统道德，弘扬传统美德

对待传统道德有两种截然相反的思想倾向：一种是认为传统道德早已不适应现代化，应全盘否定，完全抛弃；另一种则认为传统道德是中国文化的精华，对社会主义现代化建设仍然有巨大的现实意义，理应全盘肯定和继承。前者是虚无主义的全盘否定的观点，后者是复古主义的全盘肯定的观点，两者都是对待传统道德的错误观点。马克思说："人们自己创造自己的历史，但是他们并不是随心所欲地创造，并不是在他们自己所选定的条件下创造，而是在直接碰到的、既定的、从过去继承下来的条件下创造。一切已死的先辈们的传统，像梦魇一样纠缠着人们的头脑。"② 传统是新事物赖以形成和发展的基础。中国传统道德是中华民族在漫长的历史实践中积累而成的精神财富，是我国道德文化的基因。一切新道德都不是也不可能是凭空产生的。在思想道德领域内，没有对传统道德的继承，新道德就不能根深叶茂、苗壮成长。"告别传统的真正含义应当被理解为超越传统文化和传统道德的

---

① 樊浩. 当前中国伦理道德状况及其精神哲学分析 [J]. 中国社会科学，2009（4）：27-42.
② ［德］马克思，恩格斯. 马克思恩格斯选集：第1卷 [M]. 北京：人民出版社，1995：585.

既定价值观念框架，通过理性的批判重构，实现其由传统向现代的创造性转型，而不是斩断文化和道德的传统命脉。"①

在现代化过程中，我们对传统道德否定过多而肯定过少，在思想上已经造成了很大的混乱。传统道德是一个民族相对稳定的集体记忆。对传统道德的过度批判将导致一个民族的精神涣散和"集体失忆"。在坚持批判继承的过程中，既要反对复古主义，又要反对虚无主义。对于那些与社会主义市场经济和现代化建设不相适应的完全过时的道德规范，如"君要臣死，臣不得不死；父要子亡，子不得不亡""饿死事小，失节事大"等要坚决予以批判。对于那些维护基本人伦关系的、历久弥新的道德规范，如爱国、敬业、诚信、友善、谦让等必须理直气壮、一如既往地予以坚守和呵护。在中国崛起的过程中，我们缺乏应有的道德自信，民族优秀道德传统严重流失，过多地依赖西方的道德资源，缺乏总结中国道德生活的中国话语和中国理论。把西方道德文化奉为圭臬，严重窒息了我们的独立思考和道德创新。我们的思想道德建设与世界第二经济大国的地位很不相称。没有道德自信，没有自己的话语权力，我们无法走向世界。只有充分弘扬中华民族的传统美德，才能找回家园感，重拾中华民族的集体记忆。对传统道德的整体认同为重建道德信仰奠定了思想基础。

（二）养心立德，提高道德能力

人类生活的理想状态，应该是精神与物质的协调发展，相互促进。马尔库塞在《现代工业社会的攻击性》中指出："真正意义的发展是指物质文明和精神文明两个向度。如果人们沉醉于商品消费中，并以此作为自由和幸福的体验的话，那么这种发展只能是异化的发展。"② 物欲的膨胀必然会挤兑道德需求。养心立德是实现心物平衡的保证。"养心莫善于寡欲"（《孟子·尽心下》），这话有一定道理。欲望过多，往往利令智昏，损害善心。养心就是要让精神充实心灵，理智节制欲望，让心灵不断地追问生活的意义：我们为什么要这样生活？什么是好的生活？心乃命之所系，命之所安。心是整个

---

① 万俊人. 世纪回眸："道德中国"的道德问题 [J]. 天津社会科学，2001 (3)：17-19.

② ［法］埃德加·莫林，布里吉特·凯恩. 地球，祖国 [M]. 马胜利，译. 北京：生活·读书·新知三联书店，1997：15.

生活的主宰。一个人要生活得好，不仅要保持心境的宁静——静以致远，而且要保持心地的正直——正以修身，还要保持心胸的宽厚——厚德载物。片面追求感性存在与感性满足，物欲遮蔽了心灵，则或利令智昏，或纵欲无度，或醉生梦死，不一而足。立德即确立道德修养目标，完善道德人格，提高道德能力。在中国传统社会，有成人与成圣的立德目标。一个人的能力有大小，思想境界有高低，要求每个人都成为道德圣人是不太可能的，但是，成为一个讲道德的人还是可能的。每一个人都要养成一种与现代社会生活相适应的品德。无论你选择何种价值目标，这种品德最基本的要求是不要伤害他人和社会。它既反对泛道德主义的道德绑架，也反对道德理想主义的道德苛求，是一种绝大多数公众能够养成的道德品质。

公民的道德能力是每一个公民参与社会生活的必要条件。假如社会是一种公平合作的系统，那么，社会的良序运行离不开每个人自由而平等地参与。罗尔斯指出："个人被看作是因其在必要程度上拥有两种道德人格能力——即正义感能力和善观念的能力——而成为自由平等的个人。"[①] 正义感与善观念是公民必备的道德修养。正义感能力是理解、运用和践行公共正义观念的能力，善观念的能力是形成一种合理追求个人利益的能力。两种道德能力是人的内在条件。每个人只有拥有两种道德能力，才能成为一个自由而平等的公民，才能正常地参与社会生活。养心立德，提高道德能力不仅对于维护公共生活秩序具有重大意义，而且为重建道德信仰优化了主体条件。

（三）强化道德的社会支撑，汇聚社会正气

面对极端功利的价值观，我们必须坚持义利并重，以义取利，为道德的生长留下空间。功利与道义是同一行为所产生的两种不同的价值形态。功利是行为所产生的功效和利益，道义是行为所彰显的道德义理。在道德价值结构中，功利与道义相互依存，功利为道义提供现实支撑。恩格斯在《反杜林论》中指出："人们自觉地或不自觉地，归根到底总是从他们的阶级地位所依据的实际关系中——从他们进行生产和交换的实际关系中，获得自己的伦理观念。"[②] 一定的社会道德总是建立在一定的利益关系之上。脱离世俗功利

---

① ［美］罗尔斯. 政治自由主义 ［M］. 万俊人，译. 南京：译林出版社，2000：36.

② ［德］马克思，恩格斯. 马克思恩格斯选集：第 3 卷 ［M］. 北京：人民出版社，1995：434.

的道德只能是空中楼阁。道义为功利提供价值导向和价值辩护，是对功利的反省与评价。当功利摆脱道义的制约走向唯利是图的时候，道义将不复存在。

面对制度的不公平，我们必须加强制度建设，维护社会正义。制度可以为道德的实现提供精神和物质的双重保障。好的制度可以使坏人变好，坏的制度则可以使好人变坏。任何一种制度都要与社会道德的价值诉求保持基本一致，而不能与社会道德相抵牾。一般而言，社会道德确认为善的思想和行为，社会的相关制度如政策、法律、各种行业规范等都必须予以相应的支持和鼓励；社会道德确认为恶的思想和行为，社会的相关制度至少不能做出与之相对立的规定。这样，整个社会才能形成一种崇德向善的正气。只有正义的制度才能保持道德和幸福的一致，充分调动公众守德的积极性，维护社会的良性运行。而社会正义主要通过制度安排来实现。为此，罗尔斯指出："一个组织良好的社会是一个被设计来发展它的成员们的善并由一个公开的正义观念有效地调节着的社会。因而，它是一个这样的社会，其中每一个人都接受并了解其他人也接受同样的正义原则，同时，基本的社会制度满足着并且也被看作是满足着这些正义原则。在这个社会里，作为公平的正义被塑造得和这个社会的观念一致。"①

面对某些领导干部的败德行为，必须加强官员的道德建设，充分发挥各级官员在道德建设中的示范作用。第一，要加强道德赏罚。对于那些道德品质败坏、社会影响恶劣的官员，必须坚决地加以罢免和撤职；对于那些自觉遵守道德、口碑较好的官员要予以褒奖和晋职。在干部的选拔与任免过程中，必须坚持德才兼备、品德优先的标准，对于有道德污点的干部，要慎重任用。第二，要加强道德教育。党和政府的各级各类组织要对官员进行形式多样的道德教育和培训，使他们充分认识到官员道德的重要性。要开展批评与自我批评，及时发现、检讨、矫正干部队伍中存在的思想道德问题。第三，要加强官员道德立法，依法监督与管理领导干部。当今世界许多国家都很重视官员的道德立法，就是为了发挥道德对官员的强制作用，防止官员违

---

① ［美］罗尔斯. 正义论［M］. 何怀宏，何包钢，廖申白，译. 北京：中国社会科学出版社，1988：455.

法背德行为发生。美国多次以立法形式强化官员的道德责任。比如 1978 年颁布的《公务员道德法》《政府道德法》、1980 年通过的《公职人员道德法》等都是为了促进对官员道德的监督，防范官员的败德行为。我国也制定了《中国共产党干部廉洁从政若干准则》《中国共产党纪律处分条例》等法规，对于规范官员的道德行为起到了很好的作用。"有身不治，奚待于人?"(《管子·修权》) 不能治理自身，怎能治理别人？吏治腐败必然加速道德滑坡，吏治清明肯定有利于道德进步。

康德说："有两种东西，我们愈时常、愈反复加以思维，它们就给人心灌注了时时在翻新、有加无已的赞叹和敬畏：头上的星空和内心的道德法则。"① 信仰建构了道德的精神本体，是道德的固有本性。对道德的赞叹与敬畏是道德信仰确立的精神基础；道德信仰危机是道德精神基础的坍塌。重建道德信仰是解决当下所有道德问题的关键。

---

① [德] 康德. 实践理性批判 [M]. 韩水法，译. 北京：商务印书馆，2003：164.

第十三讲 学会感恩：大学生
亟待加强的必修课

知恩图报是人类的优良传统。纵观历史长河，尽管忘恩负义者不乏其人，但知恩图报者还是多数。东汉末年，诸葛亮为报刘备的知遇之恩，鞠躬尽瘁，死而后已。一个人不管取得多么好的成绩，都应该饮水思源，用感恩的心去感受生活。只有拥有一颗感恩的心，我们才能体验到生活的幸福和充实。感恩是一种生活智慧，只有学会感谢生活的馈赠，才会有一种积极健康的心态。

一、感恩的由来、本质与意义

人生天地间，难免遭遇各种困难。单靠自身无法解决困难的时候，求助于人或别人主动帮忙都是十分寻常的事，由此便产生施恩与受惠的关系。受惠者心存感激便有感恩之心。知恩图报，则问心无愧；知恩不报或者恩将仇报，心如何能安？

（一）感恩源于受惠

人是一种社会的存在物。没有人能够孤立生存。在社会交往过程中，人必然要和周围的世界发生各种各样的关系。在马克思看来，人不是自足的，而是对象性的存在物，人必须依赖对象才能获得生存和发展。"在任何情况下，个人总是从自己出发的，但由于从他们彼此不需要发生任何联系这个意义上来说，他们不是唯一的。由于他们的需要即他们的本性，以及他们求得满足的方式，把他们联系起来（两性关系、交换、分工），所以他们必然要发生相互联系。"① 在频繁的社会交往中，必然产生施恩施惠与受恩受惠的关系。有施恩施惠与受恩受惠的关系才会有感恩戴德的行为。我们每一个人都是在他者的奉献中得到满足，所以我们要学会感恩，要感恩这个世界，感恩大自然，感恩我们周围的人。

在佛法中，经常说"报四重恩"：其一，感念佛陀摄受我以正法之恩；其二，感念父母生养抚育我之恩；其三，感念师长启我懵懂、导我入真理之恩；其四，感念施主供养滋润我色身之恩。四重恩即是上师恩、父母恩、国土恩、众生恩。对佛教来说，佛、法、僧三宝使人们取得智慧，证得菩提，获得解脱，是人们的上师。一个人来到世间为人，父母之恩不能忘。我们赖以生存的国土是无私的，山川、水土、粮食、矿藏等都是国土对人们的奉献。维护国土安全是我们报恩的职责。根据佛教的生死轮回理念，众生不断地互为父母，也就是说，你是我的亲人，我也是你的亲人。因为众生六道生死轮回，互为父母，所以我们不能相互损害，要把一切众生视同和我们现在的父母一样没有差别，这样才是报答众生恩。尽管佛教的"报四重恩"只是一种宗教的劝善理论，但也包含了知恩图报的道理。

（二）感恩是发自内心的感激

感恩是发自内心的感激之情。感恩是对别人给予自己付出的回报，是一种最乐观的人生态度和处世哲学。感恩是对他者的尊重。在道德价值坐标体系中，如果以自我为原点，那么，我与他人、我与社会、我与自然等一切关系都是由我而生。尊重是以自尊为起点，在自己与他人、自己与社会相互尊重以及与自然和谐共处中追求生命的意义，发展自己的独立人格。感恩也是对他者的责任。感恩说明一个人对自己与他人和社会的关系有着正确的认识，报恩则是在这种正确认识之下产生的一种责任感。没有社会成员的感恩和报恩，很难想象一个社会能够正常发展下去。

感恩还是一种以善报善的品德。"以善报善是一种美好的品质：我们有责任以善来回报一种美好的恩惠，而且在此之后应当率先表现出自己的美

---

① ［德］马克思，恩格斯. 马克思恩格斯全集：第 3 卷［M］. 北京：人民出版社，2002：515.

惠。"① 感恩是积极向上的思考和谦卑的态度，它是自发性的行为。当一个人懂得感恩时，便会将感恩化作一种充满爱意的行动。一颗感恩的心是一颗和平的种子，是一种追求幸福生活的精神境界。

（三）知恩图报是幸福生活的重要条件

幸福是生活是其所是的存在状态。知恩图报是幸福生活的重要条件。常怀感恩之心，内心自然平和。因为感恩，才会明白生活是自己的，只有自己才能对自己负责。任何为我们付出的同事、朋友，甚至是父母、爱人，我们都应该真心地感谢。不要因为一时的得失而抱怨苛责。常怀感恩之心，生活自然快乐。感恩是一种爱，通过思想或行动主动地表达出来。如果我们常心存感恩，人生就会过得快乐。因为感恩，才会满足，不会因为一时的成败而苦闷彷徨。常怀感恩之心，社会自然和谐。平和快乐的心态是可以相互影响的。因为感恩，你在善待自己的同时，也会善待他人，不会因为他人无意或有意的伤害而耿耿于怀，而是自然地将积极的理念向社会传播，从而理性平和地化解各种矛盾。

二、当代大学生感恩意识的缺失

古人云："滴水之恩，当涌泉相报。"然而，这个流传了几千年的中华民族传统美德日渐为当代大学生遗忘。一些大学生以自我为中心，把社会、他人和父母对自己的关怀和帮助看成是理所当然的事情，缺少一颗感恩的心。大学生感恩意识的缺失不能不引起人们的反思。在构建社会主义和谐社会的今天，加强大学生的感恩教育已刻不容缓。

（一）大学生感恩意识缺失表现

2004 年 11 月 1 日，有人发现在南京大学逸夫馆楼左前方的公告栏上，不知何时贴上了一封"辛酸父亲给大学生儿子"的公开信。② 该信记述了大学生儿子与父母之间的一些生活事实：大学生儿子将父母为其所做的一切看

---

① ［古希腊］亚里士多德. 尼各马可伦理学［M］. 廖申白，译. 北京：商务印书馆，2003：142.

② 王京. 一位辛酸的父亲：孩子，为何你只知伸手要钱［EB/OL］.（2004-11-03）［2018-11-02］. http://www.people.com.cn/GB/jiaoyu/1054/2961691.html.

作是天经地义的；对父母缺乏安慰与问候，写信只言片语，只为索取钱物；在校花天酒地，盲目攀比，埋怨父母无能；更有甚者，偷改学校入学收费通知，榨取父母的血汗钱。在父母看来，子女上大学是他们的一种荣耀，再苦再累他们也愿意，子女对他们没有感激之心也不计较，父母认为他们现在还不懂事。但是，子女一方面无限地索取，另一方面还盲目攀比，埋怨其父母无能，这确实让父母寒心。辛酸父亲的心灵之痛何以抚平？辛酸父亲给大学生儿子的来信在全国高校师生中引起广泛议论和巨大震动。广大师生一致认为，信中所反映的现象是比较普遍的，每个学校都不同程度地存在着。该信可能是由一位具有高度社会责任感而又善于观察生活的社会工作者撰写的。信是谁写的并不重要，即使是虚构的，也是源于现实。来信反映了当今的一些大学生依赖思想严重，责任观念淡薄，对父母缺乏理解、关心与尊重，追风逐潮、虚荣心强等问题。

（二）大学生感恩意识缺失的原因

一群躺在父母肩膀上生活的成年人，过着读书、恋爱和娱乐的悠闲生活，他们对父母没有感恩情怀。贫寒的学子为何沦为没有感恩意识、不顾父母冷暖的浪子？这是一个值得社会、学校、家长和学生本人深思的问题。究其根源，无外乎以下几个方面。

首先，父母教养观的偏执。许多父母补偿心理过重，总是希望把自己未曾实现的理想完全寄托在孩子身上，这样孩子就成为实现父母意愿的工具。父母不是按照一个合格社会成员的要求来塑造和培养子女，而是把子女当作自己的"私有财产"，在生活上大包大揽。过多的呵护助长了孩子的依赖心理和寄生思想。"只要你学习好，就是对我好"，这种片面的教育方式，必然使子女将父母为自己所做的一切视为天经地义的事情，而根本不会对父母萌生任何感激之情。

其次，学校道德教育的不足。长期以来的应试教育主要以学习成绩为标准衡量学生，忽视了对学生的情感教育。同时，在学校的道德教育中，传统伦理中的孝敬观念、现实生活中最基本的人伦关系——父母子女关系没有得到足够重视。父母子女关系可谓是一切社会关系的起点，因此儒家强调修身齐家治国平天下。"忠"是"孝"的放大，"国"是"家"的放大。可以说，家庭关系是整个社会关系的缩影，家庭伦理是整个社会道德的基础。学生从小就被要求乐于助人、关心他人，却对自己身边关系最密切的人熟视无睹。或许人们对封建社会那种"君要臣死，臣不得不死；父要子亡，子不得不亡"以及愚忠愚孝的现象已经深恶痛绝。由此而来，矫枉过正，就连孝敬父母的规范都不愿提起。笔者认为，社会的基本道德要求中应增加爱父母的要求，正确认识和处理父母子女关系其实是形成正确伦理观念的第一步。其中，家庭教育是起点，学校教育是关键。对未成年人而言，学校教育更具有权威性。

再次，社会环境的影响。在市场经济条件下，市场主体总是按照最小的投入获得最大的收益原则开展经济活动。竞争是市场经济的本性和利益分配机制，优胜劣汰是市场经济的基本规则。市场竞争是残酷无情的，这必然导致人际关系的实利化和物质化。另外，随着经济的发展、社会文化的转型，人员的流动日益频繁，人际交往日益打破血缘关系和地域关系的束缚，人际关系日益"陌生化"。人与人之间心灵的沟通、情感的交流日益减少，变得逐渐疏远和冷漠。当代大学生置身于这种社会环境中，不知不觉地受到影响，他们不懂得去感激父母，也不知道如何去表达对父母的感激之情，逐渐感恩意识匮乏。

最后，大学生自我教育的缺失。当代大学生自主意识、权利意识强烈，但自立意识、责任观念淡薄，依赖思想、享乐思想严重。部分大学生存在认识上的偏差，认为父母和社会都欠他们的，父母和社会为他们所提供的一切都是理所当然的。因此，他们满腹牢骚、怨天尤人，抱怨社会对他们不公正。他们就是不反思自己应该做什么、能够做什么。对自身生活缺乏反省，当然很难厘清自己的社会角色、明确自己的权利义务关系。

（三）大学生感恩意识缺失的矫正

从个体身心发展的规律来说，青少年从 15 岁到 22 岁是第二次青春叛逆期，疏远父母是他们成长的必经阶段。另外，由于社会经济生活的急剧变化，两代人产生价值观念及其取向上的差异，代沟明显加深。种种客观原因使得当今大学生不懂得、不善于表达对父母的情感。鸦有反哺之义，羊有跪乳之恩，我们怎能忘记自己的父母及那些帮助过我们的人？读读李密的《陈情表》、朱自清的《背影》、朱德的《回忆我的母亲》，你是否有点自惭形秽？对父母的感恩之情是否会油然而生？因此，大学生必须努力培养自己的感恩情怀。

首先，必须克服依赖思想和寄生心理，树立自立意识和责任观念。当代大学生绝大多数都是成年人，成年人就应该学会自立。西方国家父母与子女的关系是这样的：父母只对子女负有限责任，子女成年以后必须独立谋生；子女确有困难，可以向父母借钱，但必须偿还。这类似狐狸家族的生存法则：成年的狐狸被老狐狸赶出洞外，必须独立生活。当今大多数大学生把生活的负担甩给父母还视之为理所当然；自立意识差，责任观念淡薄，依赖思想和寄生心理严重。其实，成年的大学生已经具备自食其力的能力，必须努力去寻找自立的机会。只有通过自立的实践，才会体会生活的艰难，懂得珍惜；才会懂得理解、尊重和同情他人；才会明白自己应该做些什么、能够做些什么；才会由衷地感激父母。

其次，必须克服自我中心主义，学会推己及人。在我国传统的思想观念中，子女是父母生命的化身、生命的延续。因此，父母把所有的希望寄托在子女身上，把子女的成就当作自己的荣耀；即使自己再苦再累，也尽量想办法满足子女的要求。当代大学生有很多是独生子女，在家里往往是祖辈和父辈服务的中心。即使不是独生子女，他们在家里也倍受优待。因此，他们很多人都过着一种衣来伸手、饭来张口的生活。这种家庭环境无意中助长了大学生们以自我为中心的思维方式：凡事只考虑自己的利益，而很少顾及他人的需要和感受。因此，大学生必须克服自我中心主义，培养推己及人的思维方式。大学生只有设身处地地为他人着想、将心比心，才会理解、同情和尊重他人。有了对他人的理解、同情和尊重，才会懂得为什么要感恩以及如何感激和回报他人；才会懂得人与人之间的差距是客观存在的，不能盲目攀比；才会懂得为什么我们不能选择出身，只能选择回报。

再次，必须克服价值实现域的褊狭，涵养厚德载物的宽广胸怀。市场经济条件下，人的自主意识、权利意识日益增强。在物质利益的刺激下，人的主体性得到充分的弘扬，追求个人需要的满足成为推动经济发展最强劲的动力。市场竞争给社会注入了生机与活力，但同时也不可避免地带来一些负面影响。就个体而言，往往造成个体价值实现域的褊狭化。所谓价值实现域的褊狭化，主要体现在两个方面：一是以物质或金钱的数量来衡量人的价值的大小，物化和异化的现象比较严重；二是个体价值的实现主要集中在自我价值上，个人主义、享乐主义比较严重。大学生必须克服上述价值实现域的缺陷，坚持物质和精神并重、自我价值与社会价值并重。只有这样，才能提升人生的价值与品味，开拓新的人生境界。在我国传统伦理思想中，对道德理想人格有两个最重要的价值期望：一是自强不息，二是厚德载物。所谓自强不息，就是要积极进取，不断博取人生的成功。所谓厚德载物，就是胸怀要像大地一样宽厚，承载和养育万物。一个人有了厚德载物的宽广胸怀，就不会漠视他人和社会的存在，就不会只顾一己之私利，而会以天下国家为己任，致力于社会的福祉和人类的完善。有了这样博大的胸怀，回报他人和社会就成为顺理成章的事情。这既是一种奉献精神，也是一种感恩情怀。

三、大学生感恩教育与和谐社会的构建

党的十七大报告提出社会和谐是中国特色社会主义的本质属性。社会和谐包括人与自然之间、人与人之间、人与社会之间的和谐。相关调查表明，当今相当一部分大学生缺乏感恩意识。加强大学生感恩教育是当前高校德育的一项重要任务。北京大学毕诚教授认为："感恩是一种智慧，不是与生俱来的，感恩教育是一种情感培养，学校应该将感恩教育开设一门课，加强对学生的引导。"① 感恩就是对施惠于自己的自然、社会和他人的一种感激与回报。感恩教育就是要求人们学会知恩和报恩。从构建社会主义和谐社会的要求出发，必须从如下几个方面加强对大学生的感恩教育。

（一）培养感恩自然的观念

科学主义思潮在当代大学生中普遍存在。他们大都是科学技术的崇拜者，普遍认为中国发展的落后是由于科学技术的落后，科学技术是解决当代中国所有问题的万能工具。科学主义，也称科学万能论，是一种主张以自然科学技术为整个哲学的基础，并确信它能解决一切问题的哲学观点。大学生中盛行科学主义思潮既有历史的原因，也有现实的原因。从历史的角度来看，工业革命以来，科学技术在不到一百年的时间内创造出来的生产力比人

---

① 谭柯. 北大博导建议学校开设感恩教育课程［EB/OL］.［2007-12-09］. http：//news. 163. com/07/1209/04/3V8AQDAF0001124J. html.

类历史上所创造的生产力的总和还多，科学技术的进步带来了生产力的飞速发展。人们有什么理由不信任科学呢？新文化运动倡导的是科学与民主，试图通过传播科学与民主观念唤起群众的革命热情。但是，随着运动的深入，科学与科学主义的界限模糊了。科学从一种认识世界的有效方法变成了一种信仰，具体地说，是一种认定既成的科学进展与成就可以解说与评价所有无限的事物与现象的信念。当科学成了解说与评价事物的终极尺度，对科学的信仰便走上了意识形态的陷阱，丧失了科学之根本的实事求是精神与具体问题具体分析的方法，彻底蜕变为一种形而上的科学主义观念。在这种历史文化的熏陶之下，大学生产生科学主义思潮在所难免。从现实的角度来看，改革开放以后，我国再次掀起学习科学文化的高潮。邓小平同志提出"科学技术是第一生产力"，江泽民同志提出"科教兴国"战略，胡锦涛同志提出"科学执政""科学发展观"等等。科学成为意识形态的权威话语，成为真理和正义的化身。在科学话语的耳濡目染中，大学生难免会产生对科学的迷信和盲目崇拜思想。科学主义思潮极大地激发了大学生们征服自然和改造自然的欲望和信心，必然会造成大学生对天人关系的错误理解：自然是人类任意宰割的对象。这种错误的天人观将给人类带来无穷的灾难。恩格斯指出："不要过分陶醉于我们对自然界的胜利。对于每一次这样的胜利，自然界都报复了我们。每一次胜利，在起初确实取得了我们预期的结果，但是往后和再往后却发生完全不同的、出乎意料的影响，常常把最初的结果又取消了。"① 野蛮地征服和改造自然，无视自然界规律，必然会破坏自然界自身的调节机制。反过来，自然界又以各种暴虐的方式给人类以报复和惩罚。科学主义思潮使大学生丧失了感恩自然的意识，因此，必须努力培养大学生感恩自然的观念。

所谓感恩自然，就是说要对自然怀有一种亲子般的感激之情和关爱之心。要培养大学生感恩自然的观念，首先要教会大学生正确认识自然对人类的恩惠。自然孕育了人类，人类是自然的产物。在处理人与自然关系时，我们"决不像征服者统治异民族一样，决不像站在自然界以外的人一样——相

---

① ［德］马克思，恩格斯. 马克思恩格斯全集：第 21 卷 ［M］. 北京：人民出版社，1971：519.

反地，我们连同我们的肉、血和头脑都是属于自然界，存在于自然界的"①。
人本身就是自然的一部分，与自然有着内在的统一性。暴虐地对待自然等同
于人类自虐。同时，自然还养育了人类，自然界是人类生存和发展的基础。
马克思指出："人的普遍性正表现为这样的普遍性，它把整个自然界——首
先作为人的直接的生活资料，其次作为人的生命活动的对象（材料）和工具
——变成人的无机的身体，自然界，就它自身不是人的身体而言，是无机的
身体。人靠自然界生活。这就是说，自然界是人为了不致死亡而必须与之处
于持续不断地交互作用过程的、人的身体。"②要培养大学生感恩自然的观
念，还要教会大学生自觉地保护自然。其一，要向自然学习，坚决反对科学
主义。自然是人类的老师。人类号称万物之灵，拥有理性，但是，理性并不
是万能的。自然总是拥有无穷的秘密和无限的力量，人类想要彻底征服自然
是不可能的。地震、海啸、洪水、干旱等就是例证。人只有向自然学习，才
能掌握规律，合理地改造自然。其二，要合理地开发和利用自然，反对对自
然资源进行掠夺式的开发。竭泽而渔、杀鸡取卵，最终会危及人类的可持续
发展。自然资源是有限的，而人类的欲望是无限的。因此，大学生要适当地
节制自己的欲望，合理消费，反对奢侈浪费。总之，大学生只有学会感恩自
然，才能与自然和谐共存。

（二）培养感恩他人的观念

自我中心主义思想在当代大学生中泛滥。譬如，一些来自农村家庭的大
学生，父母亲省吃俭用供他们上大学，可对于父母亲为他们付出的这一切他
们没有说过一个"谢"字，反而非常不愿意提到他们的家人，甚至有些仇
恨，因为那个家庭是贫寒的，不能让他们"引以为豪"。他们的这种思想就
是典型的自我中心主义。自我中心主义是一种凡事以自我为中心、无视他人
和社会利益的行为方式和价值观念。大学生中盛行自我中心主义思想既与家
庭环境有关，也与社会环境相关。从家庭环境来看，当代大学生绝大多数是
独生子女，父母把他们视为自己生命的延续，希望子女实现自己未曾实现的
理想。因此，父母总是毫无怨言、不计回报地为子女付出。养尊处优的生活

---

① ［德］马克思，恩格斯. 马克思恩格斯全集：第21卷［M］. 北京：人民出版社，1971：519.
② ［德］马克思，恩格斯. 马克思恩格斯选集：第1卷［M］. 北京：人民出版社，1995：45.

条件和众星捧月的生活氛围促成了大学生们的自我中心主义思想。从社会环境来看，在市场经济条件下，人的自主性和独立性不断增强，人获得了更多的选择自由。人的解放一方面有利于人的潜能的发挥，另一方面却使个体与他人的关系疏离了。如果自我被无限地放大，自我中心主义便随之而来。在以自我为中心的人看来，"我"这个字被抬到了绝对的、至高无上的地位，这类人不关心他人，不考虑别人的需要，其行为只由自己的需要来决定。他们没有什么坚实可信的价值观念，人生的意义完全取决于个人的生存选择，是一种典型的唯我主义。自我中心主义会直接导致对他人的冷漠。当自我的利益与他人的利益发生冲突的时候，"自我"根植于心灵深处，就会立即无限地膨胀起来，当人不顾一切地维护自我利益的时候，就有可能突破道德和法律的界限，做出违法背德的事情来。自我中心主义使大学生丧失了感恩他人的意识，因此，必须努力培养大学生感恩他人的观念。

所谓感恩他人，就是要对施惠于己的人表示感激并做出相应的回报。要培养大学生感恩他人的观念，首先要教会大学生正确认识人我、群己关系，坚决反对自我中心主义。就人与人的关系来说，个人与他人是相互依存、密不可分的。人和人之间是互为手段和目的的，个人利益的实现离不开他人。"每个人是手段，同时又是目的，而且只有能成为手段才能达到自己的目的，只有把自己当作自我的目的才能成为手段……"① 个人的成功与成就离不开他人的帮助与支持。因此，以自我为目的，只顾自己，无视他人是极端错误的。培养大学生感恩他人的观念还要教会大学生做到知行的统一，衷心地回报那些施惠于己的人。在我国传统的伦理观念中特别注重知恩图报、礼尚往来，人们认为滴水之恩当涌泉相报，对于忘恩负义、恩将仇报之人深恶痛绝。可以说，感恩意识是维系我们传统人情社会的一根纽带。就父母子女关系而言，人们特别强调"孝"。我国的父母子女关系是反哺式的。父母抚养教育未成年子女，子女则赡养扶助年老的父母。父慈子孝是基本的人伦规范。孝就是要竭尽全力敬爱父母，具体包括养亲、尊亲和荣亲。养亲即赡养扶助父母。养而不敬，类同犬马，在孔子看来，不是孝；"孝子之至，莫大乎尊亲"（《孟子·万章上》）。荣亲就是自己要建功立业，给父母带来荣耀，

---

① ［德］马克思，恩格斯. 马克思恩格斯全集：第 46 卷［M］. 北京：人民出版社，1979：196.

这才是令父母最为欣慰的事情。养亲、尊亲和荣亲，三者不可分割，构成了孝的全部内容，这就是子女对父母的一种感激与回报。从权利和义务的对等关系而言，受惠者必须对施惠于己的人予以感激和回报。大学生只有学会了感恩，才不会迷失自我、忘乎所以，知道个人的力量总是有限的；只有学会了感恩，才不会麻木不仁、自私自利，懂得去理解和同情他人。总之，大学生只有学会了感恩他人，才能与他人和谐相处。

（三）培养感恩社会的观念

极端个人主义思潮也在当代大学生中传播。极端个人主义的典型表现就是社会责任感淡漠。相关调查表明，80％以上的大学生把"享受孤独"当作普遍而自觉的行为方式，对于班级、学校和社会上发生的公共事件，大多数人持一种"不甚关心，但听无妨"的态度。他们只关心自己应得的权利、荣誉和金钱，而很少考虑到自己对社会、国家应尽的义务和责任；只考虑个人的才能和个性的发展而不愿考虑国家和社会的需要。作为一种社会思潮，个人主义强调个人是社会的基础；鼓吹个性解放和人的潜能的充分发挥；主张保护与尊重个人的权利和尊严；等等。极端个人主义把个人和社会绝对对立起来，认为个人或个人权利是绝对的目的，国家和社会只是纯粹的手段，国家和社会必须为个人而存在。大学生中存在的极端个人主义思潮既有社会的原因，也有学校教育的原因。就社会来说，在体制改革的过程中，很多人由"单位人"转变为"社会人"，社会逐渐放松了对个人的控制。社会控制的弱化一方面给人带来了更多的自由，但另一方面也淡化了人们的国家观念，由此造成个人与国家、与社会、与集体关系的疏离。就学校教育来说，学校以选拔为主的应试教育片面强化了学生的竞争精神。现在的大学生从小学、中学到大学都面临一系列竞争。中国高等教育虽然已从精英教育进入大众教育阶段，但远未达到普及的程度。好学校好专业就意味着好职业，竞争依然十分激烈。残酷的升学竞争、巨大的就业压力也进一步强化了大学生的危机意识和竞争意识。在升学和就业的竞争中，大学生们片面强调了个人奋斗和自我实现，使个人的奋斗目标与社会的发展目标脱节，自我理想与家国天下情怀交织的责任感轰然倒塌。由此而来，一些大学生萌生极端个人主义思想也在所难免。极端个人主义思想使大学生失去了感恩社会的意识，因此，必须努力培养大学生感恩社会的观念。

所谓感恩社会，就是要自觉地承担社会赋予个人的责任和义务。要培养大学生感恩社会的观念，首先要教会大学生正确认识个人和社会的关系，坚决反对极端个人主义思想。人不是一种原子式的存在，而是一种社会存在物。正如马克思所说，"人的本质不是单个人所固有的抽象物，在其现实性上，它是一切社会关系的总和"①。人是一个社会的人，脱离了社会，人将失去人之为人的本质，"狼孩""猪孩"的产生就是例证。社会是由人组成的，"社会——不管其形式如何——究竟是什么呢？是人们交互作用的产物，是表示这些个人彼此发生的那些联系和关系的总和"②。因此，个人和社会是相互规定、相互依存的。社群主义也认为，"不具任何必然社会内容和必然社会身份的民主化的自我"③ 从来没有存在过，即不存在不属于任何社群的原子式的超验自我。个人不可避免地根植于关系与社群之中，个人在社群中完善自身。个人的各种权利只有在一定的社群中才是真实的，而且权利必然伴随着一定的义务，因而也不存在绝对的、无条件的个人权利。个人的权利建立在自尊和尊重他人的基础之上，个人需要承担作为一个公民的责任。作为社群的一分子，个人的权利和行为都明显受到社群的相互作用和影响。如果所有个体都只追求个人的权利，就会破坏整个社会的和谐与稳定，反过来，也会影响个体追求自身的权利。培养大学生感恩社会的观念还要教会大学生树立强烈的社会责任感，以自己的实际行动回报社会。责任是行为主体对一定社会关系中社会任务的自由确认和自觉服从，是行为主体理性思考和自由选择的结果。韦伯说，"能够打动人心的，是一个成熟的人（无论年龄大小），他意识到对自己行为后果的责任，真正发自内心地感受着这一责任，然后他遵照责任伦理采取行动，在做到一定的时候，他说：'这是我的立场，只能如此。'这才是真正符合人性的、令人感动的表现。"④ 责任感既是一个人思想成熟的标志，也是一个人回报社会的基础。有了强烈的社会责任感，大学生就会在以后的实际工作中充分发挥自己的聪明才智，对社会做出他们

---

① ［德］马克思，恩格斯. 马克思恩格斯选集：第1卷［M］. 北京：人民出版社，1995：56.
② ［德］马克思，恩格斯. 马克思恩格斯选集：第4卷［M］. 北京：人民出版社，1995：320.
③ ［美］麦金太尔. 德性之后［M］. 龚群，等，译. 北京：中国社会科学出版社，1995：42.
④ ［德］马克斯·韦伯. 学术与政治［M］. 冯克利，译. 上海：生活·读书·新知三联书店，1998：116.

应有的贡献。

　　加强大学生感恩教育，不仅能够促进大学生与自然的和谐，而且能够促进大学生的人际和谐，还能够促进大学生与社会的和谐。加强大学生感恩教育既是构建社会主义和谐社会的客观要求，也是大学生全面发展的内在需要。

第十四讲　世俗道德：现代社会的平民道德

　　世俗道德就是将道德建立在现实生活基础之上的一种淑世道德。世俗道德是相对于宗教道德和理想道德而言的。宗教道德将道德建立在对上帝的信仰基础之上，上帝是道德价值的最终根据，如中世纪的基督教道德。理想道德将道德建立在某种先验的原则之上，如康德的善良意志伦理学。善良意志是道德价值的真正来源，一切品质和行为只有符合善良意志才有道德价值。善良意志是理性的产物。善良意志就是实践理性。而实践理性是没有任何经验内容的纯粹的道德意识。我国的宋明理学也是一种理想道德。"理"既是宇宙的本体，也是道德的本体，所以，"父子君臣，天下之定理，无所逃于天地之间"①。宗教道德和理想道德都把某种虚构的价值本体（上帝或理性）当作凌驾于人之上的神圣的价值绝对体，具有绝对至上性。因此，相对于世俗道德而言，宗教道德和理想道德又可称为神圣道德。道德的世俗化就是从神圣的生活走向平凡的现实生活、从神圣道德走向人的道德的过程。那么，神圣道德为什么会向世俗道德转化呢？

一、世俗道德的产生

　　无论是中国还是西方，世俗道德都产生于从传统社会向现代社会的转型过程之中。在西方，道德的世俗化始于文艺复兴运动。当时的人文主义思潮就是道德世俗化的开端，就是神学道德向世俗道德的根本转变。在中国，道德的世俗化萌芽于明末清初时期的思想启蒙运动之中。当时的启蒙思想家李

---

①　朱贻庭. 中国传统伦理思想史［M］. 上海：华东师范大学出版社，1994：369.

贽提出了"穿衣吃饭"的人伦物理观："穿衣吃饭，即是人伦物理，除却穿衣吃饭，无伦物矣。世间种种皆衣与饭类耳。故举衣与饭而世间种种自然在其中。"① 李贽从反对"存理灭欲"的封建礼教出发，充分肯定了人的感性欲望的合理性，对于批判封建专制和禁欲主义，促进人的解放和个性的发展具有重大的意义。"五四"时期，中国的青年知识分子提出打倒"孔家店"，反对旧道德，提倡新道德，追求科学和民主，传统的道德理想主义土崩瓦解，世俗道德的观念开始深入人心。

（一）道德世俗化是人类感性解放的必然结果

人的生命本身是感性的存在。人作为感性的、对象性的存在物，是受动的存在物，他的需要对象是作为依赖于他的对象而存在于他之外的。在传统农业社会，生产力水平低下，物质财富相对匮乏，人们需要更多的精神生活来填补物质的不足和限制人的感性欲望。在理性过度高扬的背景下，人的感性被理性严密地封锁和遮蔽了。我国宋明理学提倡的"存理灭欲"就是对人的感性欲望的严重压制。马克思说："任何一种解放都是把人的世界和人的关系还给人自己。"② 人不仅通过理性思维发现自我，而且可以通过全部感觉在对象世界中肯定自我。感性解放也是人的解放的一个重要方面。

现代社会物质的繁荣为人的感性解放创造了有利条件。回顾人类社会从传统社会向现代社会转型的历史，我们可以清晰地看到，社会转型的根源在于生产力的发展，特别是科学技术的进步。在封建社会末期，资本主义生产方式在其内部逐渐孕育出来。资本主义生产方式极大地解放了生产力，带来了社会经济的飞速发展和社会财富的极大繁荣，为人类的感性解放提供了丰厚的物质基础。丰厚的物质财富极大地满足了人们的感观享受。物质生活的丰富使得新兴的市民阶级要求产生与之相适应的精神文化生活。新的生活方式与旧的价值观念发生了严重的冲突，神圣道德向世俗道德的转化成为历史的必然。

（二）道德世俗化是经济生活市场化的内在逻辑

市场经济是现代社会的一个基本要素。市场经济是一种利益经济，鼓励

---

① 肖萐父，李锦全. 中国哲学史：下册 [M]. 北京：人民出版社，1983：175.

② [德] 马克思，恩格斯. 马克思恩格斯全集：第1卷 [M]. 北京：人民出版社，1956：443.

人们追求利益的最大化。在所有经济学中，其实都存在一个无需证明的假设
——人都是趋利避害的"经济人"。市场经济同样是以"经济人"假设作为
其理论前提的。英国古典经济学家亚当·斯密对"经济人"的趋利本性进行
了恰如其分的分析："我们每天所需要的食料和饮料，不是出自屠夫、酿酒
家或烙面师的恩惠，而是出自于他们自利的打算。我们不说唤起他们利他
心，而说唤起他们利己心的话。我们不说自己有需要，而说对他们有利。"①
在亚当·斯密看来，自利是个人经济行为的原始动因，实现和维护自己的利
益是一切市场经济活动的根本出发点。在利益原则的支配下，市场具有通约
一切的神奇力量，将所有一切无法估价的东西都变成可以计价的商品，如权
力、学问、艺术、情感、人格乃至生命。人们都把自身所拥有的东西——不
管是精神的还是物质的，当作一种可以用来牟利的资源。很多关系疏远、不
可通约的事物在市场中介下变得亲密无间。因此，神圣与平凡之间的鸿沟被
市场填平了。一切神圣的事物和神圣的价值都被市场力量所消解，化为世俗
的事物和世俗的价值。随着神圣的事物和神圣的价值世俗化，人们在利益的
追逐中，陶醉于世俗的成功，迷失了信仰，淡忘了理想，疏远了情感，世俗
道德的产生不可避免。

（三）道德世俗化是社会生活理性化的客观要求

科学技术的发展不仅带来了生产方式的变革，而且引起了人们思维方式
的革新。从某种意义上讲，传统社会的世俗化过程就是一个理性化——祛魅
的过程，它是以理性和科学战胜迷信和信仰呈现给现代的。科学的精髓在于
蕴含于知识体系中的理性精神，这种精神发源于公元前古希腊哲学家的思想
中。他们从自然本身中去寻求对世界的理解，揭示事物现象背后的原因。科
学理性是一种认知理性，即对科学事实进行哲学解释，分析客体的规律性。
科学理性不仅创造了物质文明，而且对人类的生产方式、生活方式、思维方
式都产生了深刻的影响。科学理性孕育了一种理性化的思维方式。一方面，
理性化的思维方式以理性对抗迷信和信仰，确立了重实证、重分析、重经验
的精神，强调按客观规律办事；另一方面，它以理性为预设（人是一种理性

---

① ［英］亚当·斯密. 国民财富的性质和原因的研究：上卷［M］. 郭大力，王亚南，译. 北京：
商务印书馆，1972：14.

的存在），以人义论取代了神义论，确立了人的主体地位，强调人的主体性。在西方，世俗化是一个从社会道德生活中排除宗教信仰的过程。在世俗社会，日常生活和社会制度均基于理性化的社会意识形态和法律规范，与宗教的神圣价值和利益脱钩。而在中国，世俗化消解的是专制王权与理想化的道德教条。古代王权、理想化的道德教条与个人迷信使得社会成员的日常生活带上了准宗教的特征，对人的社会价值的判断和评价以神圣精神资源为依据。缺乏这种神圣精神的生活被认为是邪恶或无意义的。理性化改变了这一评判标准，人们不再需求超越的神圣精神资源为其物质欲望进行辩护，而是从人本身出发论证其物质欲望的合理性。

世俗化乃相对于神圣化而言，是指通过对神圣化的祛魅，回归世俗社会、世俗生活与世俗价值。世俗化的过程，实际上就是人挣脱神圣偶像的束缚、自己掌握自己命运的过程。从发展社会学的视角来看，世俗化完全是一个值得肯定的积极趋向，甚至被当成现代化的一个重要标志，是传统社会向现代社会转变的尺度。唯物史观认为，社会存在决定社会意识。道德作为社会意识形态的一种特殊形式，是由社会的经济关系所决定的。恩格斯指出："人们自觉地或不自觉地，归根到底总是从他们阶级地位所依据的实际关系中——从他们进行生产和交换的经济关系中，获得自己的伦理观念。"[1] 道德是一定经济关系的产物，它的本质在于维系、巩固、促进一定经济关系的存在和发展。因此，从根本上讲，世俗道德的产生是社会生活世俗化的必然结果。

二、世俗道德的特点

道德的世俗化是社会发展的必然，是人类摆脱蒙昧走向文明的开端。与以往的宗教道德和理想道德相比，世俗道德具有现实性、人本性和平凡性三个特点。

（一）现实性

这里所说的现实性不是与可能性相对的哲学范畴，而是与虚幻性相对的

---

① ［德］马克思，恩格斯. 马克思恩格斯选集：第 2 卷 ［M］. 北京：人民出版社，1995：434.

一般概念。现实性具有两层含义。其一是指道德的价值根源于现实的人——从事实际活动的人，而不是虚幻的上帝或理想。道德的世俗化撕破了信仰主义和理想主义的虚伪面纱，道德终于从天上降到人间，由神圣化为世俗，从而使人类生活摆脱了虚幻的状态，建立了一个立足于现实的生活图景。其二是指人生的目的和意义就在于现实生活本身。人们将价值关怀的视野由天国转向尘世，由来世转向今生。进入近代以来，科学技术的发展大大提高了人类改造自然的信心；市场竞争导致了社会成员个体意识的觉醒；对物欲的追逐又使人们普遍地关注利益问题。世俗的生活使人们具有一种普遍的现实感，使社会成员注重现实的日常生活，注重现实生活的质量问题，而摒弃禁欲主义以及过于理想化的行为取向。人们愈来愈普遍地意识到，在现实的此岸世界中，可以创造出一个适合于自己生存与发展的环境，理想在现实世界中便可兑现，而不必到彼岸世界中去寻找。此世、此生、此时、此在，成为人们奋斗的目标。

(二) 人本性

世俗道德将现实的人作为道德价值的根据，具有鲜明的人本性。宗教道德把人贬低为上帝的奴仆和实现上帝意志的工具；理想道德将人视为实现某种神圣价值的手段。与神圣道德否定和贬低人的尊严和价值相比，世俗道德充分肯定人的尊严和价值，将人视为理性的存在、万物的中心。这一思想在文艺复兴时期的人道主义者的著作中得到充分的体现。莎士比亚在戏剧《哈姆雷特》中说："人类是个多么美妙的杰作，它拥有崇高的理智，也有无限的能力与优美可钦的仪表。其举止就犹如天使，灵性可媲神仙。它是天之骄子，也是万物之灵。"[①] 另外，与神圣道德否定和贬低人的感性欲望相比，世俗道德充分肯定了人的感性欲望的合理性。荷兰文学家爱拉斯谟认为，顺应人的自然本性的生活就是幸福，大自然分配给人的情感多于理性，因此大自然就是叫人放纵情欲。与教会的禁欲主义相反，他主张人生的目的就是寻欢作乐。他说："如果你把生活中的欢乐去掉，那么生活成了什么呢？它还配得上称作生活么？"[②] 18 世纪法国启蒙思想家爱尔维修将人的肉体感受性作

[①]　宋希仁. 西方伦理思想史 [M]. 北京：中国人民大学出版社，2004：155.

[②]　金增嘏. 西方哲学史：上册 [M]. 上海：上海人民出版社，1983：368.

为道德价值的根据。他认为，趋乐避苦是人的本性，是人的肉体感受性的必然结果，道德评价必须和人的本性相一致。因此，凡是给人带来快乐的，就是善的，反之，就是恶的；凡是对自己有利的行为，就是符合道德的行为，反之，就是不道德的行为。

（三）平凡性

在中世纪的基督教道德看来，信仰是人类道德活动的终极目的，与神合一是宗教道德修养的最高境界。我国传统的理想道德则希望人们成贤成圣，追求一种道德理想人格，在圣贤和常人之间划出一条不可逾越的界线。孔子的君子与小人的分野即是如此。在其论及君子、小人方面，我们可以看到："君子固穷。小人穷，斯滥矣"（《论语·卫灵公》），即君子能固守贫穷、安贫乐道，小人一遇到穷困就什么事都干得出来。"君子怀德，小人怀土；君子怀刑，小人怀惠"（《论语·里仁》），即君子的心思在道德，小人的心思在土地；君子的心思在法制，小人的心思在恩惠。"君子成人之美，不成人之恶。小人反是"（《论语·颜渊》），即君子成全别人的好事，不促成别人的坏事，小人则与此相反。孔子将人分为君子和小人两类，君子与小人往往代表好与坏、正与邪、对与错、贵与贱、高尚与鄙俗等两种极端的性格和修养。一切富于远见卓识和行为高尚者，通称为君子；一切浅识短见、行为卑下者，称为小人。君子和小人实际上分别为理想道德与常人道德两种道德人格的专称。从世俗道德对神圣价值的否定这种意义而言，道德的世俗化就是平常化、平凡化。现代社会要求在日常生活中追求幸福，过普通人的生活，实现凡人的幸福生活理想。就像彼克拉特所说："我自己是凡人，我只要求凡人的幸福。"① 西方的宗教道德要求人们服膺信仰，我国的传统道德希望人们成贤成圣，这都是一些神圣而崇高的价值目标。而世俗道德要求人们按照人性的、自然的和理性的方式过人自身的生活。从这种意义上讲，世俗道德就是平民道德、常人道德。

总之，世俗道德的产生适应了社会经济的发展，它使人从信仰主义和理想主义的桎梏下解放出来，确立了人的主体地位，促进了自由平等观念的形成，从而使人的潜能得到了充分发挥，为社会经济的发展提供了强劲的动

---

① 金增嘏. 西方哲学史：上册 [M]. 上海：上海人民出版社，1983：361.

力，造就了现代社会的富庶和繁荣。

三、世俗道德的局限性

世俗化也是一个与超越性相对的概念，表示人们关注现世生活的取向。世俗化就是肯定现世生活，肯定感官享受，肯定大众在社会生活中的地位与作用。世俗道德表现出以追求世俗功利、感官享受和平凡生活为目标的价值取向。然而，世俗道德放逐了理想和信仰，淡忘了神圣和崇高，使人类失去了超越自我的精神动力。因此，世俗道德不可避免地要陷入某些难以自拔的困境。

（一）实利主义的困境

利益原则原本是市场经济活动的基本原则，每个人都想在市场竞争中实现利益的最大化。在现代社会，利益原则已经彻底泛化，演变为实利主义。商品交换的普遍化使人们趋向于实利主义的价值倾向。在这种态度的观照下，精神上的崇高性、神圣性在很多场合被解构了，一些传统的道德规范和道德价值遭遇价值重估，人们思考问题的出发点日益集中在形而下的实利层面。利益原则已经渗透到社会生活的各个领域，成为支配社会生活的基本原则或"潜规则"。不仅如此，利益也成为衡量一切的根本标准，一些人由此沦为唯利是图的人。唯利是图是资本家的本性，马克思曾经对之进行了深刻的揭露和批判。现在，唯利是图已经不是资本家的专利，而是一部分人的行为准则。如前所述，道德的世俗化过程也是一个理性化的过程。按照韦伯的理解，人类理性分为工具理性与价值理性两个部分。价值理性体现一个人对价值问题的理性思考。价值理性关怀人性的世界，价值理性视野中的世界是一个人文的世界、一个有意义的世界。与价值理性相区别，工具理性是指人在特定的活动中，对达到目的所采取的手段进行首要考虑、计算的态度。工具理性所把握的世界是不依赖于人和人的主观意识而存在的客观世界。以目的为取向的工具理性只看重所选行为能否作为达到目的之有效手段。而以价值为取向的价值理性只看重行为本身的价值，甚至不计较手段和后果。随着人类物欲的不断膨胀，工具理性不断扩展，而价值理性日益式微，导致实利主义泛滥。实利主义泛滥使得一切事物均化约为可以用利益来计算的对象，由此造成社会的一些领域和一些地方道德失范，是非、善恶、美丑界限混淆，拜金主义、利己主义、实用主义严重滋长，见利忘义、损公肥私行为时有发生，不讲信用、欺骗欺诈成为社会公害，以权谋私、腐化堕落现象严重存在。

（二）享乐主义的困境

世俗道德充分肯定人的感性欲望的合理性以反对封建专制和教会的禁欲主义，具有历史的进步性。但是，它把感观的享受当作人生的全部目的与意义，又不可避免地陷入享乐主义的困境。享乐主义又称快乐主义，与禁欲主义相对立。享乐主义认为人生的目的在于追求快乐，趋乐避苦是人的本性，快乐是人生的最大幸福；凡产生快乐的行为就是善，凡产生痛苦的行为就是恶。享乐主义认为享乐不仅是人生的目的，而且是善恶的标准。世俗道德将价值的本体从外部世界移植到人本身，实现了从神义论到人义论的转化，人成了价值的绝对主宰者，即人既是价值的本体，又是价值评价的主体。同时，世俗道德又具有现实性，强调的是此世、此生、此时、此在，当下的和一次性的享乐受到商业的鼓励，它强化人们形成这样一种观念：时间就是指现在，过去的和将来的都是荒谬的。时间在人的意识中失去了线性的特征，过去和将来都融解在现在，时间凝固了。固化的时间观念使人们陶醉于当下的感观享乐，失去了寻求超越的意识。人义论与现实性相遇，享乐主义即是理所当然。享乐主义使人在物质丰饶中纵欲无度，很多人由此沦为"恣情纵欲"的人。由此而来，"拼命赚钱，及时行乐"成为现代社会的生活目标；功成名就、挥金如土、灯红酒绿，成了某些人最羡慕的生活方式。享乐主义不仅暴殄天物，导致人类对自然资源的过度掠夺，造成生态失衡；而且助长了人类的贪欲，以致穷奢极欲、玩物丧志。享乐主义的生活方式已从根本上威胁到人类的生存，人类需要追求内心的宁静和超越自我的精神境界，只有这样，才能使人类改变现有的危险的生存方式，开始新的生活。

（三）庸俗化的困境

世俗道德消解了神圣价值，人失去了提升自我、超越自我的目标，因而也丧失了自我批判的能力，精神世界的庸俗化不可避免。所谓庸俗化，就是平庸化、粗俗化。具体说来，就是人在不断地降低做人的标准，不断地推卸做人的责任。物欲的膨胀直接消解了生活世界的意义。物质成为压倒一切、无坚不摧的力量，渗透到社会生活的各个领域。货币成为衡量一切的等价物。精神过程和精神产品只有转化成为可计算可通约的物质价值才会拥有自身的价值。同时，人们对精神过程和精神产品的体悟能力和欣赏能力在下降，精神过程和精神产品只有被还原为物质的原始的需要才能被理解和接受。人们沉溺于物欲中不能自拔，人的尊严和价值逐渐被物欲所剥落。总之，不断地物化的生活世界，既是精神世界庸俗化的一个原因，也是精神世界庸俗化的一种表现。另一方面，固化的时间观念使人停留于"此在"。此在是一种无家可归的状态，即海德格尔所说的"被抛状态"。所谓被抛状态是此在根本的生存方式。作为此在，它无依无靠，既无现成的"由来"，也无现成的"所去"，它只是不得不"去存在"，不得不"存在在此"。同时，此在又是与他人共在。"此在的世界是共同世界。'在之中'就是与他人共同存在。他人的在世界之内的自在存在就是共同此在。"① 由于共在，"常人"成为此在的标准，"常人"就是流行的价值标准、规范和公众意见。此在把自己的存在交付给"常人"。"常人"使此在随波逐流、推卸责任，最终丧失自我，精神世界的庸俗化在所难免。不少人由此而沦为"自甘堕落"的人。道德的世俗化使人回避崇高，敝屣神圣，美德成为明日黄花；而道德的庸俗化更是让人放纵自我，泯灭良知。这恰好印证了韦伯的预测："专家没有灵魂，纵欲者没有心肝：这个废物还幻想着它自己已达到了前所未有的文明程度。"②

　　在价值日益多元化的今天，道德的世俗化是一项远未完成的运动。道德的世俗化过程是人的一个自我解放、自我实现和自我完善的过程，而不是一个自我异化、自我放逐和自我毁灭的过程。世俗道德陷入实利主义、享乐主义和庸俗化的困境，根源在于对人的根本的误解或对人的根本的遗忘。实利主义、享乐主义和庸俗化意味着对生命意义的消解和否定，最终必然导致虚无主义。在海德格尔看来，虚无主义就是对存在本身的遗忘，即对"此在"的遗忘。实利主义、享乐主义和庸俗化表现为对身外之物的追逐，而忘记了

---

　　① ［德］海德格尔. 存在与时间［M］. 陈嘉映，王庆节，译. 北京：生活・读书・新知三联书店，2000：138.

　　② ［德］马克斯・韦伯. 新教伦理与资本主义精神［M］. 于晓，陈维刚，译. 北京：生活・读书・新知三联书店，1987：143.

人本身。因此，走出道德世俗化困境的根本途径在于"回到人本身"。因为人的根本就在人本身。人的根本不是利益，不是享乐，也不是放弃责任。人的根本在于人的全面而自由的发展。每个人的全面而自由的发展这一价值目标既是人的情感欲望和道德理性的有机统一，也是主体的价值诉求与社会历史发展规律的统一。马克思认为人的发展是一个由不自由到自由，由片面到全面的发展过程。发展的目的在于不断摆脱自然、社会和自身能力的限制而获得自由。每个人的全面而自由的发展这一价值目标反映了人最本质、最深刻的需要，是合目的性与合规律性的统一。人的全面而自由的发展不仅是当代中国的本体价值，也是道德世俗化的目标和方向。因此，只有"回到人本身"，才能走出世俗道德的困境。

四、世俗道德的不同形态

世俗道德使道德回归现实的生活和真实的人性。道德的理想性和超越性日益削弱，道德的现实性和功利性日益彰显。面对人类的感性解放，道德日益宽容。世俗道德充分凸显了道德的人本性。在道德世俗化过程中，学者们提出了日常道德、商谈道德、底线道德、次道德等道德概念，它们都属于世俗道德的不同存在形态。

（一）日常道德

日常道德即社会日常生活道德。它既包括市场经济所需要的基础道德，也包括社会成员生活正常开展所需要的道德。面对社会转型期的道德失范，龚群提出重建日常道德。社会转型使得社会公共生活的道德转型成为必要，社会公共生活的道德转型主要在于日常道德的建设，即最基础的道德建设，亦即重设最基本的做人道德，主要体现在尊重生命、善良、诚实、正直而有正义感这样一些德目的建设上。①

的确，随着社会经济的转型，需要有与社会经济相适应的道德，现代社会本身的建构也需要现代道德的建构。在一个日益多元与异质的现代社会，我们不能对人性寄予过高的期望，也不要对他者有太多的道德要求。否则，

---

① 龚群. 重建日常道德 [J]. 武汉科技大学学报（社科版），2014（2）：123-126.

过于理想的道德建构难以付诸行动。诚实、正直而有正义感等道德要求都属于比较高尚的道德要求，不是每一个人都能做到的。我们认为，日常道德的建构可以设计两项基本的道德义务。一项是消极的道德义务，无论你做什么，勿伤害他人；一项是积极的道德义务，即尽可能地与人为善。勿伤害他人是道德的底线，是绝对命令；尽可能地与人为善是德性的提升，是理想境界。在日常生活中，如果我们能坚守这两项基本的道德义务，那么整个社会的道德风尚必然逐渐好转。

（二）商谈道德

商谈道德也称商谈伦理，即通过商谈而达成道德共识。理性商谈是解决价值冲突的正确途径。哈贝马斯的商谈伦理为此提供了有益的启示。哈贝马斯指出："我提出的商谈伦理学所主张的恰恰是：话语的共识必须满足下列条件：每一个有语言和行为能力的主体在自觉地放弃权力和暴力使用的前提下，自由、平等地参与话语的论证，并且，在此过程中人人都必须怀着追求真理、服从真理的动机和愿望。不但如此，通过话语共识建立起来的规则，还必须为所有人遵守，每个人都必须对这种规则的实行所带来的后果承担责任。在这里，话语行为的三大有效性要求——真实性、正确性、真诚性——起着决定性作用。"①

商谈伦理是建立在交往理性基础之上的主体间的对话关系。交往理性是隐含在人类言语结构中并由所有言谈者共享的一种实践理性。交往理性在主体间相互理解的范式中被表达，涉及不同言谈者之间的对话关系。交往理性是交往行为的基础，为人们的交往行为提供了一种准绳，而且也规定了行为者的责任与义务。交往理性的核心是主体间性。主体间性是指作为社会主体的人与人之间的统一性、同一性或相互性。哈贝马斯从交往行为概念出发，强调了主体之间的相互性，认为商谈伦理学的原则也必须体现这种相互性，即商谈者之间权力和机会的平等，必须通过相互交流、讨论达到相互理解。商谈原则就是指，所有的相关人在讨论政治和道德问题的时候都通过理由而相互理解，人们之间只有在平等自由商谈基础上达成的社会规范才是正当的规范。伦理原则的应用只能来源于理性论证基础上的普遍赞同。道德共识的

---

① 章国锋. 哈贝马斯访谈录［J］. 外国文学评论，2000（1）：27-32.

获得不再是来自某种外在的他者标准，而是所有共同体成员的利益。在实践话语当中，只要实践符合所有参与者的利益，就会获得所有当事人的赞同，这种赞同就是道德共识的源泉。道德共识的最高境界就是在面对差异与分歧时人与人之间能够相互宽容、相互包容。但是，在道德实践中，许多价值冲突往往很难达成一致意见，最终不得不诉诸票决，以多数原则取代自主原则。

哈贝马斯的商谈道德是民主社会道德生成的理想范式。这种理想的道德范式必然遭遇诸多困境。在贫富差距日益扩大的现代社会，富裕的社会阶层为了维护自己的既得利益往往利用自己的强势话语忽悠和愚弄公众，自由和平等的对话似乎只在利益一致的阶层内部才有可能。在真善美的分裂和价值观念日益多元化的背景下，道德真理难以兑现。

（三）底线道德

底线道德或底线伦理即社会生活中必须遵守的最基本的道德要求。“底线伦理”即道德“底线”或基本规范，主要是相对于较高的人生理想和价值观念来讲的。不管人们追求什么样的生活方式或价值目标，都有一些基本的规则不能违反，有一些基本的界限不能逾越。对于底线道德，学术界有不同的看法。

底线道德的支持者认为，底线道德是公民道德建设的可行之路。何怀宏认为，人的精神资源是多样的，个人信仰的对象和喜欢的生活方式也趋于多样，但仍应当在基本道德行为上寻求共识。“底线伦理”分成三个层次：第一个层次是所有人最基本的自然义务——人之为人的义务，比如说不伤害和侮辱生命，不欺诈他人，这也是最基本的道德底线；第二个层次是与制度、法律密切相关的公民义务，比如说奉公守法，捍卫法律尊严，抵制对公民权利的侵犯，同时也履行自己的公民义务；第三个层次是各种行业的职责或特殊行为领域内的道德，比如说官员道德、教师道德、生命伦理、环境伦理、网络伦理，等等。每个人都有自己的人生目标和价值追求，但人必须先满足一种道德底线，然后才能去追求自己的生活理想。严守道德底线需要得到人生理想的支持，而去实现任何人生理想也要受到道德底线的限制。最低限度的道德约束呼唤着最高精神的支持。强调道德底线与基本义务、提倡人生理想与超越精神又是紧密联系、完全可以互补的。① 郝侠君认为，应该肯定何怀宏先生提出的底线伦理说的务实精神与积极意义，同时应该重视异议，排除简单化和极端化的思想倾向，把底线伦理放在合理的位置上，给以恰当的理解。② 宋洪兵认为，一个由只守道德底线而无高尚道德之人组成的社会，不是我们需要的良好社会。在此意义上，我们可以看到儒法思想互补的可能：儒家着意于培养道德高尚之人，法家关注对社会道德底线的维护。然而，前提必须是：放弃儒家试图用道德手段解决一切现实问题的思维，在社会面临道德整体滑坡的情况下，将解决问题的重心放在维护社会道德底线而非培养道德圣人上。③

底线道德的反对者认为，底线道德是道德教育的庸俗化，难以实现道德教育的提升功能。高标与底线是道德教育中的两极偏误。"把道德的标准无限拔高，或者把个人私德当作公德，两种做法只会得到一个结果。这就是让道德尴尬，让普通民众闻道德而色变而远之，最终导致一个社会在道德高标喊得震天响的表象之下，其实际水准的空前倒退。"④ 底线道德是道德教育的庸俗化，难以实现道德教育的提升功能。底线道德观认为，在与他人相处中，只要不违反法律规范、不突破伦理底线、不相互侵害就符合道德了。体现在道德教育中，就是理想教育、信仰教育以及真正的品德教育的缺失，道德的标准被不断降低，实用的品质代替了人性提升的道德品质，道德教育的高标被底线所代替。辛治洋认为，道德底线实际是将道德的标准经验化和相对化，用世俗的算计与权衡作为是否道德的标准。这种做法不但不能挽救社会、挽救人，反而会造成道德标准的丧失，为人的堕落提供借口。⑤

我们认为，底线道德利弊同在。对社会成员而言，社会道德底线是：诚实、厚道、有良心，不损害他人和社会，遵纪守法等。道德底线的某些部分与法律重合，某些部分与法律边线存在"交叉地带"，但不能把道德底线等

　　① 何怀宏. 我为什么要提倡"底线伦理"[N]. 北京日报，2012-02-20（20）.

　　② 郝侠君. 如何看待底线伦理 [J]. 湖北社会科学，2002（4）：43.

　　③ 宋洪兵. 如何确保社会的道德底线？——论法家道德——政治哲学的内在逻辑 [J]. 哲学研究，2009（12）：47-53.

　　④ 黄波. 尴尬的道德高标 [J]. 社会科学论坛，2003（4）：63-64.

　　⑤ 辛治洋. "道德底线"不是道德——道德教育最重要的基础理论问题 [J]. 中小学德育，2013（3）：10-16.

同于法律；否则，就等于取消了道德。底线道德考虑了人们的思想道德的差异性，而忽视了道德本身的超越性。底线道德不断降低对受教育者的道德要求，目的在于止恶，明确了行为的下限，但不利于人们精神境界的提高。

（四）次道德

所谓次道德是指违法者在实施不正当行为的过程中，在违法利己的同时，主动减少或减弱他人和社会损失的行为。有学者主张："我做事情再怎么样，哪怕做一些不好的事，也要有一条底线不能突破。比方说，我偷东西，但我不杀人。就算被人看见了，也不能杀人灭口。或者说，我偷东西，但我只偷富人的，不偷穷人的，或者决不偷人家的活命钱、救命钱等。这叫作'盗亦有道'。"对于次道德，学术界目前有两种截然对立的观点。

次道德的支持者认为，次道德问题的提出是一种社会进步。因为在违法行为不可能完全杜绝的情况下，次道德使违法者的道德底线提升了，它的直接后果就是减小了社会的危害性。人类社会历史上，法律、道德的发展趋势是把越来越多原来被人们忽略的东西纳入视野，给人的身心更大的空间和自由。所以次道德问题的提出并不会造成原本道德观的没落或者崩溃。反之，次道德的丧失或对次道德现象不宽容，会使一些犯罪分子更加丧心病狂。钱广荣认为，人类社会自古以来一直存在"次道德"和"亚道德"，在现实生活中，人们一直利用"次道德"和"亚道德"教育和帮助犯有罪过的人。在当代中国，肯定"次道德"和"亚道德"的合理性及其道德价值，是社会走向文明进步的表现，有助于促进社会主义法制和道德建设。[1] 田方林认为，主流理解中的"次道德"行为应该是指违法甚至犯罪者在恶行之后或之中实施的、仅具有"次要"地位或"次等"价值的道德行为。在此意义上，"次道德"区别于"非道德"而属于"道德"范围，是"道德的"而非"不道德的"。[2]

次道德的反对者认为，次道德不是道德。李建华等人认为，次道德的存在价值令人置疑。首先，次道德缺乏自身的道德价值。因为其并不具备道德

---

[1] 钱广荣.刍议"次道德"和"亚道德"及其合理性问题 [J].黄山学院学报，2006（6）：47-51.

[2] 田方林."次道德"本质论析 [J].天府新论，2011（2）：30-33.

价值的属性和功能。其次，它不具备操作的现实价值。次道德缺乏明确的标准，而且难以通过它达到价值目标。再次，当我们提倡次道德时，将不可避免地对社会带来负面作用。① 葛桦认为，"次道德"是一个伪概念，其实质是违法犯罪；之后对"次道德"现象进行了深刻的伦理反思："次道德"问题的出现，既反映了中国人精神道德陷入了危机，又彰显了当代中国人的道德底线不断崩溃。② 段文阁认为，从"道德容许行为"到"次道德"范畴的提出，道德评价标准的理想性、前瞻性正在丧失，道德的规范作用、引领作用日益淡化，道德已经跌出了道德底线。③

　　我们认为，次道德现象反映了人性的复杂性。次道德是从善的一面出发考察整体恶行中的细微善行，并将之与主要或优等道德做比较的结果。次道德缘于人们对社会中某些特殊群体的某些特殊行为的道德评价。违法犯罪分子的确有可能具备某些道德约束机制，甚至具有内心道德法庭：良心。在违法犯罪行为领域内，道德约束力没有发生作用，道德的力量虽然减弱了，但毕竟还存在。当依然存在的道德在违法犯罪分子实施的违法犯罪行为中发生了量上的变化时，次道德便发生作用了。人的一半是天使，一半是魔鬼。人性是复杂的，兼具善恶两重属性。善恶往往只在一念之间。做坏事，偶尔做点好事也是有可能的。但次道德只适合于违法犯罪分子，不适合于普通公众。我们对次道德行为表示理解，但是，我们并不向所有大众倡导次道德行为。毕竟，遵纪守法、崇德向善才是社会应有的风尚。

---

① 李建华. 对"次道德"存在价值的置疑［J］. 湖南公安高等专科学校学报，2003（5）：31-34.
② 葛桦. "次道德"现象的伦理反思［J］. 伦理学研究，2005（3）：86-90.
③ 段文阁. 从"道德容许行为"到"次道德"［J］. 伦理学研究，2006（6）：52-54.

第十五讲　善治愿景：美德与美德社会

在我国古代典籍中，"美德"这个名词很少出现，但并不是说没有这个概念，相反，它有大量的同义语存在，如"俊德""懿德""明德""圣德""仁德"等。在中国传统文化中，"德"本身就含有美德的意思。"凡言德者，善美正大光明纯懿之称也。"① 在西方传统文化中，美德的拉丁文词根是 vir，意思是 man（男人），所以，美德的本意是 manliness，即男子气概、力量和勇气。在古希腊语中，美德对应的词语是 αρετή，具有英勇、功劳、完美、荣誉等多种含义。在柏拉图看来，美德是灵魂的和谐状态。在亚里士多德的伦理学中，美德即德性，既泛指任何事物的功能卓越，"每一种德性既使得它是其德性的那事物的状态好，又使得那事物的活动完成得好。比如，眼睛的德性既使得眼睛状态好，又使得它们的活动完成得好"②，也特指人的品质，"德性就是既使得一个人好又使得他出色地完成他的活动的品质"③。这种品质是对中道的把握，"在适当的时间、适当的场合、对于适当的人、出于适当的原因、以适当的方式"来处理情感和行动。④ 在当今的伦理探讨中，美德专指人的优良的道德品质或高尚的道德人格，这已是当今学术共识。

英国近代情感主义伦理学家亚当·斯密指出："美德的性质不是必然被无差别地归结为人们的各种得到适当控制和引导的情感；就是必然被限定为这些情感中的某一类或其中的部分。我们的情感大致分成自私的情感和仁慈

---

① 中华书局. 康熙字典 [M]. 北京：中华书局，1958：371.
② ［古希腊］亚里士多德. 尼各马可伦理学 [M]. 廖申白，译. 北京：商务印书馆，2003：45.
③ ［古希腊］亚里士多德. 尼各马可伦理学 [M]. 廖申白，译. 北京：商务印书馆，2003：45.
④ ［古希腊］亚里士多德. 尼各马可伦理学 [M]. 廖申白，译. 北京：商务印书馆，2003：47.

的情感。"① 依此思想原则，亚当·斯密把人类的美德分为两种范式：一种是在利己情感支配下，以谋求自己幸福为直接目标的谨慎；另一种是在仁慈感情支配下，以谋求他人幸福为直接目标的正义和仁慈。谨慎美德，既缘于人保持生命的生存性需要，也缘于人希望被人尊重的社会性需要；仁慈美德是同情之情的外化，正义美德则是抑制贪欲的结果。本文所探讨的美德，是美德的一种特殊形态，专指以自我牺牲为手段，以无私利他为目的，以谋求他人幸福为直接目标的道德品质，亦即王海明所说的"最高的善、至善"②。因此，本文所说的美德是道德的最高境界。美德作为一种道德意识是如何确立起来的？美德究竟有何价值？美德是否能够成为当代社会一种普遍的道德标准呢？本文试图对这些问题做一些粗浅的探讨。

一、美德的确立

比较分析是人们认识事物的基本方式。最简单的比较分析就是二元对立的思维方式，即将认识对象分为相互对立的两个方面，如主和客、正和负、善与恶等，而后找出差异，确定事物的意义。在中国传统伦理思想中，这种致思理路普遍存在、特色鲜明。从二元对立的思维方式出发，人们通过如下几种方式确立美德。

（一）圣凡二重化，崇圣而贬凡

所谓圣凡二重化，即将人分为圣人与凡人两类，圣人是美德的化身，凡人则没有美德。孔子的君子与小人的分野即是如此。在其论及君子、小人的方面我们可以看到："君子周而不比，小人比而不周"（《论语·为政》），就是说君子团结而不与人勾结，小人则反之。"君子固穷。小人穷，斯滥矣"（《论语·卫灵公》），即君子能固守贫穷，安贫乐道，小人一遇到穷困就什么事都干得出来。"君子怀德，小人怀土；君子怀刑，小人怀惠"（《论语·里仁》），即君子的心思在道德，小人的心思在土地；君子的心思在法制，小人的心思在恩惠。"君子成人之美，不成人之恶。小人反是"（《论语·颜

① ［英］亚当·斯密. 道德情操论［M］. 蒋自强，等，译. 北京：商务印书馆，1998：192.
② 王海明. 道德哲学原理十五讲［M］. 北京：北京大学出版社，2008：144.

渊》），即君子成全别人的好事，不促成别人的坏事，小人则与此相反。孔子将人分为君子和小人两类，君子与小人往往代表好与坏、正与邪、对与错、真与假、贵与贱、高尚与鄙俗等等两种相反的性格和修养。一切富于远见卓识和行为高尚者，通称为君子；一切浅识短见、行为卑下者，则称为小人。君子和小人成为两种道德人格的专称，美德由此而确立。韩愈的"性三品"亦是如此。韩愈在董仲舒提出"圣人之性""斗筲之性""中民之性"的理论基础上，认为人性有上中下三种道德层次。他说："性之品有上中下三。上焉者，善焉而已矣；中焉者，可导而上下也；下焉者，恶焉而已矣。其所以为性者五：曰仁，曰礼，曰信，曰义，曰智。……上焉者之于五也，主于一而行于四；中焉者之于五也，一不少有焉，则少反焉，其于四也混；下焉者之于五也，反于一而悖于四。"（《原性》）在韩愈看来，上品之性具有仁义礼智信五种道德内涵，是绝对的善；中品之性五德不全，可善可恶；下品之性五德不备，是绝对的恶。由此而来，圣人生而具有上品之性，是美德的化身，凡人则具有下品之性，是恶德的代表。

（二）性情二重化，扬性而抑情

李翱在《复性书》中提出了"性善情邪"的人性论观点。他指出，不论是圣人还是凡人，"人之性皆善"，但"情有善与不善"。李翱认为，"凡人"的性与情是对立的，"凡人"虽具有善的性，却纠缠着恶的情，只有去情之恶，才能复性之善。他说："人之所以为圣人，性也；人之所以惑其性者，情也。喜、怒、哀、惧、爱、恶、欲七者，皆情之所为也。情既昏，性斯匿矣。"（《复性书》上）在李翱的"性善情邪"论的基础上，宋明理学提出"天命之性"与"气质之性"的人性二重论。一是"仁义礼智"的"天命之性"，即孟子所说的善；一是"饮食男女"的"气质之性"，即荀子所说的恶。"天命之性"是"天理"，实为道德理性；"气质之性"是"人欲"，实为情感欲望。"天理"和"人欲"是绝对对立的："人只有个天理人欲，此胜则彼退，彼胜此退，无中立不进退之理"（《朱子语类》卷十三）。因此，只有革尽人欲，才能复尽天理。由此而来。复性存理就是美德，顺情从欲就是恶德。

（三）义利二重化，怀义而去利

所谓义利二重化，就是将人的行为目的分为义和利两个方面，义即公利，利即私利。为义即是美德，为利即是恶德。孟子将义利作为善恶的标准。他说："鸡鸣而起，孳孳为善者，舜之徒也；鸡鸣而起，孳孳为利者，跖之徒也。欲知舜与跖之分，无他，利与善之间也。"（《孟子·尽心上》）为利是小人的行为，盗跖的品质；为义则是君子的行为，圣人的美德。不仅如此，为了实践"义"，即使牺牲自己的生命也在所不惜。他说："生，亦我所欲也；义，亦我所欲也。二者不可得兼，舍生而取义者也。"（《孟子·告子上》）有了这种舍生取义的精神，就能做到"富贵不能淫，贫贱不能移，威武不能屈"（《孟子·滕文公下》）。舍生取义是孟子对道德理想人格的集中表述。理学家朱熹认为，为义是天理之当然，为利是人情之所欲。因此，为义"便是向圣人之域"，而为利"便是趋愚不肖之徒"（《朱子全书》卷五十七）。为义还是为利成为区分圣人与大众的标准，也是区分美德与恶德的标准。

二元对立的思维方式是一种简单的二分法。它的特征是非此即彼、非是即非，一方处于绝对的主导地位，另一方则处于完全屈从、低级的地位。我国传统伦理，通过圣凡、性情、义利等的二重化，崇圣而贬凡、扬性而抑情、怀义而去利，使得美德由此而确立起来。有人认为，这种美德片面强调道德行动者对他人及其利益的关心，而忽视了行动者自身的利益。因而，这种美德从道德意义上贬损了道德行动者的价值和地位，是自我与他人关系的不对称。但是，道德往往是以自我牺牲为代价的。没有自我牺牲、没有自我与他人之间的不对称关系，无异于取消了道德。

二、美德的崇高性

美德作为一种价值目标一旦确立起来，对于追求者来说，意味着一种无比崇高的道德品质。从本质上讲，美德的崇高性也就是道德的至上性，它体现在如下两个方面。

（一）美德对情感欲望和个人利益的超越

美德充分展现了人性的尊严和完满，为人类的自我完善提供了可靠的途径。德国古典哲学家康德的善良意志伦理学就是一种典型的美德伦理学。善良意志是康德伦理学的核心概念和逻辑起点。善良意志是超越常人而具有普遍性的特殊意志。它不是因为快乐而善、因幸福而善、因功利而善的道德善，而是因其自身而善的道德善，是一种无条件的善。善良意志是道德价值的真正来源，一切品质和行为只有符合善良意志才有道德价值。康德为什么要求人们超越感性经验和情感欲望去追求纯粹的美德呢？

启蒙运动以来，功利主义伦理学、感觉主义伦理学和利己主义伦理学大行其道，美德一度被人们遗忘。卢梭是第一个对启蒙运动进行反思的思想家。他提出，物质文明的发展带来了精神的不平等和道德的堕落；每个人都在他人的不幸中追求自己的利益，以致人们只知道财富、荣誉和权势，而丝毫不问道德如何。康德继承了卢梭的思想，对功利主义、感觉主义和利己主义展开了批判。他认为，经验、情感和功利都和个人的兴趣和利益相联系，因此，将经验、情感和功利作为道德的基础和价值标准都是主观的、个别的和偶然的，缺乏普遍必然性，不能成为道德法则的基础。道德法则的基础只能是理性的善良意志。善良意志是理性的产物。善良意志就是实践理性，实践理性是没有任何经验内容的纯粹的道德意识。实践理性为自己立法，产生规律，同时又为规律所决定，服从规律，人由此而具有了超越自然的尊严和价值。人沉浸于尊重与被尊重的尊严之中，显示出人性的高度自悟与圆满。但是，康德又反复强调，自由、道德只是我们追求的理想，而不可能成为现实，因为人是有限的存在物，时刻受自然规律的限制。所以，自由只是理想。不过，不要因为自由只是理想就放弃追求，在康德看来，自由是人区别于物的关键，是人的最高使命，是人生所能追求的最高境界。

（二）美德对自我生命的超越

美德充分展示了人类精神的战斗力，为实现社会正义事业提供了强大的精神动力。对人而言，生命是价值之本，生命具有最高的价值。然而，某些时候，人为了成就某一事情或坚持某一信念宁愿牺牲生命。譬如，南宋爱国将领文天祥兵败被俘，面对元军的威逼利诱，视死不降，以身殉国，留下"人生自古谁无死？留取丹心照汗青"的千古名句。革命烈士夏明翰临刑前写了"砍头不要紧，只要主义真。杀了夏明翰，还有后来人"的光照千秋的就义诗。意大利文艺复兴时期伟大的思想家、科学家布鲁诺，为维护和发展哥白尼的"日心说"，为坚持自己的科学观点，于1600年2月被宗教裁判所处以火刑，在罗马的鲜花广场被活活烧死。这些人或为保卫国家，或为忠诚信仰，或为坚持真理，视死如归，以生命为代价，成就了自己的美德。这种美德是何等的崇高与伟大！

对自我生命的超越使生命化为永恒和不朽。人的生命是短暂的、易逝的，而人总想追求永恒和不朽。自我牺牲的美德使人对永恒和不朽的追求成为可能，也使人类的思想和精神转化为巨大的能动力量。春秋时期，鲁国大夫孙叔豹与晋国大夫范宣子有过一段关于何为不朽的对话。范宣子问："古人有言：'死而不朽'，何谓也？"孙叔豹曰："太上有立德，其次有立功，其次有立言，虽久不废，此之谓不朽。"① "立德"，即树立高尚的道德；"立功"，即为国为民建立功业；"立言"，即提出具有真知灼见的言论。这三者虽久不废，流芳百世。这种不朽学说，不问人死后灵魂能不能存在，只问他的人格、他的事业、他的著作有没有永远存在的价值。"仁"是孔子思想的核心。孔子提出，为求仁不应掺杂个人的任何私欲，必要的时候，必须牺牲个人的生命。"志士仁人，无求生以害仁，有杀生以成仁"（《论语·卫灵公》）。自古以来，这种不畏牺牲的战斗精神激励了多少仁人志士为追求"三不朽"而牺牲生命，谱写了一篇篇壮丽的人生华章。

三、美德的局限性

美德是一种道德理想主义。美德是纯洁的、高尚的、神圣的，因而是完美的。但过于完美的东西往往难以持久，不可避免地包含着某种局限性。

（一）美德是一种难能可贵的品格

从美德的确立来看，它是一种难能可贵的品格，并不是所有的人都能达到的。我们并不认为人生而具有贵贱善恶之分。但人与人之间，认识水平和道德境界的差异是客观存在的。美德产生于传统社会，是一种本质主义的价值预设。传统社会基本上是一种等级社会。传统社会伦理的一个主要特点是，虽然理论上都是面向所有人，但实际上主要是为了少数人，也只有少数人愿意承担。美德论者如柏拉图、亚里士多德都把一种沉思的德性视为最高的美德。所以，这里的美德主要是个人追求德性的完善，是一部分人追求完

---

① 左丘明. 左传 [M]. 太原：山西古籍出版社，2004：274.

善和卓越。中国的儒家有一套治国安邦的方法，但主要提倡个人成圣、成贤，是指少数君子如何达到他们德性的完善。传统社会的道德是君子之德风，小人之德草，上行下效，下效不要求做得很高。中国传统社会是鼓励下层上升到上层的，但主要关注的是少数君子达到的道德完善，大多数人只是安居乐业。在西方贵族社会也是这样的，贵族行为理应高尚，贵族社会对贵族、骑士有很高的要求，对普通百姓则没有这样的要求。也就是说，人们对社会精英和普通大众实行双重道德标准，最重视上层，无论是正名、正行讲的都是君子之德。在现实生活中，并非社会精英才具有美德，普通公众就完全没有美德，相反情况也经常出现。但是，无论是社会精英还是普通大众，美德始终是少数人才能达到的境界。

现代社会的大趋势是一种平等多元的社会，即便在政治权力和财富分配上还是会有差别，但在观念上是平等的，在社会出身和法律地位上是平等的。如果说在等级社会个人的道德义务可以是不平等的，那么在平等社会个人的道德义务应当是平等的。但是，美德要求个人超越自己的情感欲望、利益乃至生命，是一种非常苛刻的道德要求，大大超过了常人的承受能力，绝不是每个人都能做到的。如果每个人都能做到，那么美德就不是一种神圣道德，而是一种世俗道德了。尤其在当代物质社会，物欲的膨胀钝化了人们对精神的感受能力和反思能力。人们对精神过程和精神产品的体悟能力在下降，精神过程和精神产品只有被还原为物质的原始的需要才能被理解和接受。同时，物欲的膨胀直接消解了生活世界的意义。物质成为压倒一切无坚不摧的力量，渗透到社会生活的各个领域。货币成为衡量一切的等价物。精神过程和精神产品只有转化成为可计算可通约的物质价值才会拥有自身的价值。物质生活的极度扩张挤兑了人们的精神空间，人们的精神生活日益平庸和贫乏，精神空间日益萎缩和狭隘。在这种社会背景下，要求每个人放弃情感欲望、利益乃至生命去追求纯粹的美德，无异于缘木求鱼。

（二）美德是一种义利失衡的道德

从美德的践行来说，美德既可能是在日常生活中与人为善，由点滴积累而成，也可能是在特殊场合下的一种情境道德。美德意味着自我牺牲，是对人的自由和欲望的一种压抑和扼杀，是一种义利严重失衡的道德。在一般情况下，要求个人做出纯粹的自我牺牲本身就是恶德，而不是美德。一方面，人是互为手段和目的的，没有人只是纯粹的目的，也没有人只是纯粹的手段。马克思曾经指出："每个人是手段同时又是目的，而且只有成为手段才能达到自己的目的，只有把自己当作自我目的才能成为手段……"① 另一方面，从人的生活实际和思想实际来看，自我保存是最基本的需要。自我牺牲严重背离了人的这种需要。在一般情况下，人不可能做出有违自己本性的事。因此，个人利益和社会公益应当两相兼顾、互不损害。只有当个人利益与他人利益、个人利益与社会利益发生激烈冲突的时候，或者他人遭遇困难的时候，不牺牲个人利益，他人利益、社会利益就无法实现时，自我牺牲才是理所当然的选择。孟子说："鱼，我所欲也；熊掌，亦我所欲也。二者不可得兼，舍鱼而取熊掌者也。生，亦我所欲也；义，亦我所欲也。二者不可得兼，舍生而取义者也。"（《孟子·告子上》）从这种意义来说，自我牺牲也是一种不得已而为之的选择，一种舍利取义的选择，由此而表现出美德崇高。

在现实生活当中，如果不论何时、不论何地，任何情况下都向人提出无私奉献、自我牺牲的道德要求，那么，必然造成道德与现实生活的严重脱节。从儒家伦理到目前我国流行的道德主张，从古希腊的伦理学到新老基督教伦理学，都是将美德作为一种普遍的道德要求。虽然其动机是好的，但它过于远离广大人民群众的道德状况，无限拔高了对人的道德要求，从而使道德失去了其生存的人性基础。美德对于大多数人而言，成了可望而不可即的东西。这样，反而遮蔽了人们通向道德的途径，使道德丧失了它作为指导人行为的可行性。从道德理想主义出发，盲目地认为道德的标准越高越好，道德的目的越纯越好，最终使道德标准大大超出人的承受能力，难以成为每个社会成员自觉遵守的道德准则，也不可避免地造成了道德虚伪。人是一种社会的存在物，当社会向人提出过高的道德要求并否定和扼杀其正当的需要，许多人由此陷入困境。一方面，为了获得社会的接纳与认同，不得不遵从社会的道德要求；另一方面，需要又是一种客观存在，必须满足。这种矛盾势必造成个体的人格分裂和道德虚伪。人们表里不一、言行不一，戴着面具做人。荷兰文学家爱拉斯谟笔下的教会人士就是道德虚伪的典型代表。"有的

---

① ［德］马克思，恩格斯. 马克思恩格斯全集：第 46 卷［M］. 北京：人民出版社，1979：196.

人是十分虔诚的，虔诚到只穿一件西里西亚山羊毛外衣和一件米勒西安羊毛内衣，另一些人一定要把麻布衣穿在呢子衣服的上面。某些教阶的僧侣们，见金钱便被吓退，好像见了毒蛇一样。但他们在酒色面前却不退缩。"① 教会的僧侣表面上奉行禁欲主义，实际上过着腐化堕落的生活。我国 16 世纪早期启蒙思想家李贽笔下的道学家，他们"阳为道学，阴为富贵。被服儒雅，行若狗彘然也"（《三教归儒说》，《续焚书》卷二），也是道德虚伪的典型代表。道德虚伪也就是伪善。伪善的人，一方面自己活得太累，另一方面也会给他人带来伤害。

美德摈弃了权利与义务的一致性原则，造成了义利的严重失衡。从美德的局限性出发，道德建设必须走出片面追求美德的道德理想主义。道德要求不能单纯强调人的行为应该如何，而忽视人的行为事实如何。任何一种道德要求必须立足人的生活实际和思想实际，充分考虑到人的承受能力。因此，道德建设要以底线道德即以不损害他人和社会、遵纪守法等为起点，以美德为归宿，坚持先进性和广泛性的统一，充分调动人们守德的积极性，提高社会整体的道德水平。

四、美德社会：道德的个人与道德的社会之统一

道德的个人是构建美德社会的微观基础。道德的个人体现在社会公德、职业道德、家庭美德等多个方面。只有多数人讲道德的社会，才有可能称为美德社会。道德的社会是构建美德社会的宏观背景。道德的社会体现在正义的制度、健康的文化、廉洁的吏治、良好的风尚等多个方面。只有社会生活的各个方面都坚持了崇德向善的价值诉求，社会才有可能成为美德社会。道德的个人与道德的社会相互依存、相互支撑，两者的完美结合才是美德社会。

（一）道德的个人是构建美德社会的微观基础

在道德共同体中，社会成员被期望能实现各种善的行为。要求所有成员必须严格遵守道德法则是不太可能的，但是，要求大多数人严格遵守道德法

① 金增嘏. 西方哲学史 ［M］. 上海：上海人民出版社，1983：368.

则还是有可能的。社会是由处于社会关系中的个人组成的，一个美德社会必须由道德的个人来支撑。没有道德的个人，美德社会将难以持存。遵守道德法则是维护社会秩序、延续共同利益的需要。道德的个人或者说个体美德构成了美德社会的微观基础。

随着公共生活领域与私人生活领域日趋分化，现代人的生活变得越来越倚重普遍的社会规则了。人们在规则的指导下进行社会交往，规则告诉人们能够做什么或者应该做什么以及不能做什么或者不应该做什么。现代社会是一个契约社会，规则对于维护人类社会秩序而言是必不可少的。有人认为，只要规则制定好了，什么问题都可以迎刃而解。然而，事实并非如此。从人类的社会实践来看，仅有规则是远远不够的。社会制度的公共化程度愈高，其有效性对公民的美德要求就愈高。拥有美德的人更容易自觉遵守规则，而美德匮乏的人更容易违反规则。规则与美德相互依存、相互补充，是社会生活的一体两面。仅靠规则不足以应对我们的现实生活。人是一切道德行为的主体，美德是所有普遍规则不可逾越的主体前提。

人类社会的良性运行是心灵秩序与社会秩序的统一。规则为社会秩序提供客观依据，美德则是确保心灵秩序的主体道德条件。规则是普遍的，问题是具体的。如何运用普遍的规则解决具体的问题很大程度上取决于公民的美德。古往今来的许多思想家对规则与美德的关系都做过深入的探讨。亚里士多德认为，明智是正确运用规则的理智美德。明智的任务在于使人们能够以合宜的手段来实现善的生活："明智与道德德性完善着活动。德性使得我们的目的正确，明智则使我们采取实现那个目的的正确手段。"[①] 明智使个体在具体的情境中将普遍原则与具体的情境相结合并进行权衡判断，从而避免教条主义的谬误。正义的规则只有对那些具备正义美德的人来说才是有意义的。对此，麦金太尔指出："美德与法律还有另一种至关重要的联系，因为只有那些拥有正义美德的人才有可能知道如何运用法律。"[②] 可以说，个体美德是正确运用规则的保证。

---

① ［古希腊］亚里士多德. 尼各马可伦理学［M］. 廖申白，译. 北京：商务印书馆，2003：187.

② ［美］麦金太尔. 追寻美德［M］. 宋继杰，译. 南京：译林出版社，2003：192.

（二）道德的社会是构建美德社会的宏观背景

道德是社会教化的产物。所谓近朱者赤近墨者黑，说的是环境对人的影响。我们必须在社会经济关系中去研究个体道德，从社会经济关系的变革中去思考社会道德变迁的原因。个体的道德改造与社会的道德改造密不可分。道德问题不能单靠道德本身来解决。必须首先解决与道德问题相关的社会问题，道德问题才能得到根本的解决。尽管个体道德与社会道德均具有相对的独立性，但是，在一个不道德的社会里，道德的个人将很难立足。与此同时，不道德的社会还可能滋生一大批不道德的人。因此，不道德的社会难以成就美德，而道德的社会为美德的成长提供了良好的背景。这种背景体现在德福一致、正确的价值导向、良好的官德等多个方面。

德福一致是社会正义在道德生活中的体现。我们所说的德福一致即有德之人应该享受幸福，无德之人应该遭受不幸。德福是否一致在很大程度上关系道德建设的成败。历史经验一再表明，什么时候德福一致，什么时候社会道德就发展良好；什么时候德福背离，什么时候社会道德就面临溃败。德福背离将严重挫伤人们守德的积极性，加剧社会的道德滑坡。对此，有学者指出，"如果社会上一部分人的非正义行为没有受到有效的制止或制裁，其他本来具有正义愿望的人就会在不同程度上效仿这种行为，乃至造成非正义行为的泛滥"[①]。德福一致的道德正义促使人们趋善避恶，为铸就美德灌注了强大的动力。

价值导向体现在制度的道德选择、核心价值观、文化生活等方面。制度的道德选择影响个体的道德选择。在评判个人是否合乎道德之前，首先要考察制度安排是否合乎道德。一种不道德的制度很可能导致个体做出不道德的选择。制度的道德选择是个体的道德选择的依据。制度的道德选择必须体现扬善抑恶的道德赏罚机制，为人们崇德向善提供正能量。核心价值观是一个国家、一个民族的灵魂，是社会价值导向的集中体现。核心价值观必须为人们提供安身立命的精神家园，为美德社会的构建提供精神引领和顶层设计。文化生活必须致力于培养自尊自信、理性平和、积极向上的社会心态，坚决反对"三俗"文化，为美德社会的构建提供健康的精神食粮。

---

① 慈继伟. 正义的两面 [M]. 北京：生活·读书·新知三联书店，2001：1.

君子之德风，小人之德草，风行草偃。上行下效，道德榜样的力量是无穷的。公众对领导干部有较高的道德期望。村看村，户看户，群众看干部。领导干部是国家政策与法律的代言人和执行者，其特殊身份决定了他们在道德建设中的重要地位和作用。其身正，不令而行；其身不正，虽令不从。党政官员的道德示范作用往往是社会公众树立道德信仰、维护道德权威的基本精神支柱。因此，良好的官德为普通公民成就美德提供了良好的道德示范。

（三）良序社会：美德社会的当代形态

人类社会的发展是一个从野蛮愚昧到文明开化的没有止境的过程。完美无缺的社会是不存在的。对于某一个既定的社会，它既有道德的一面，也有不道德的一面，主要看哪一个方面占主导地位。如果道德的一面是主流，那么，它依然是一个道德的社会；如果不道德的一面是主流，那么，它就是一个不道德的社会。公民社会是一个充分彰显个人自由与权利的社会，在某种意义上消除了产生社会不道德的诸多因素，为构建美德社会提供了诸多有利条件。美德社会是现代公民社会的道德理想，这种理想是一个无限完善、没有止境的过程。

罗尔斯的良序社会是美德社会的当代形态。良序社会包含了三层意思："第一（公共认可的正义观念的理念包含了这一意思），在该社会中，每个人都接受且知道所有其他的人也接受相同的正义原则。第二（这种观念的有效规导之理念包含了这一层意思），它的基本结构——也就是说它的主要社会制度和政治制度，以及这些制度如何共同适合于组成一种合作系统——被人们公共地了解为，或者人们有充分的理由相信它能够满足这些原则。第三，它的公民具有正常有效的正义感，所以他们一般都能按照社会的基本制度行事，并且把这些社会的基本制度看作是公正的。在这样一个社会里，人们公共认识到的正义观念确立了一种共享的观点，从这一共享的观点出发，就能判定公民对社会的要求是否恰当。"①

在良序社会中，人是具有正义感的人。正义感是一种道德人格能力。道德人格能力是人的内在条件，而人的自由平等则由这种内在条件所决定。每个人只有拥有这种道德能力，才能成为一个自由而平等的公民，才能正确地

---

① ［美］罗尔斯. 政治自由主义［M］. 万俊人，译. 南京：译林出版社，2000：36.

理解和运用社会正义原则。道德人格能力是人的本体特性。这种预设意味着正义美德是实现正义原则的主体条件。与此同时，社会的基本结构是按照正义原则构建的，而且正义原则得到公民的普遍认可与践行。因此，良序社会是个体美德与制度美德的完美结合，成为构建美德社会的理想范式。

五、构建美德社会的可能性

道德共同体是美德赖以成长的土壤。家庭、社会、国家等都是道德共同体的不同表现形式。我们认为，构建美德社会是培育美德的一个重要途径。自古以来，美德社会就是人类梦寐以求的理想社会。在中国，儒家的大同社会反映了人们对美德社会的美好憧憬；在西方，柏拉图的理想国就是对美德社会的理想设计。美德社会是一个崇德向善的道德共同体。将美德与社会相结合，构建美德社会，有两层含义：第一，美德不仅是个人的，而且是社会的，美德社会是个人完善与社会完善的统一；第二，个体美德不仅依赖个人的造诣，而且需要社会的培育。人们不禁要问：在生活世界日益被殖民化的现代社会，构建美德社会何以可能？一个社会是否可以成为美德社会，与社会所有个体的道德水准、社会管理阶层的道德水准以及制度的道德选择等密不可分。因此，美德社会何以可能的问题必须从构成社会的人以及社会本身寻找依据。

（一）自我完善的道德需要是构建美德社会的人性根基

社会是人的存在方式，人是注定要过社会生活的。每一个人都有其自身的局限性。这种局限性就是人在满足自身需要时所表现的心智与行为能力的限度。个体为了克服自身的局限性，必须与他人合作，组成社会。尽管从人的内在潜能和现实表现来说，人具有善恶二重性。但是，道德是人之为人的根本，承诺道德是人的命运。作为一个社会的人，注定要成为一个道德的人。如果有人刻意弃善从恶，必然遭受唾骂和谴责，为世人所不容。从人类生活的总体来说，正义最终要战胜邪恶，而不是正不敌邪。决定事物性质的是主流，因此，即使有一些人不讲道德，也不妨碍社会成为一个美德社会。

1. 人的善恶二重性

就人的内在潜能而言，是善恶并存的。恩格斯指出："人来源于动物界这一事实已经决定人永远不能完全摆脱兽性，所以问题永远只能在于摆脱得多些或少些，在于兽性或人性程度上的差异。"① 什么是人性？我们认为人性有广义与狭义之分。广义的人性即人所具有的属性，包括自然属性和社会属性两个方面。狭义的人性即人之为人的规定性，特指人的社会属性。恩格斯所讲的人性是人的社会属性，而兽性是人的自然属性。依据人性，人受道德、法律的制约；依据兽性，人受本能欲望的驱使。恩格斯的论断表明人是善恶并存的统一体：他/她既可能按照本能欲望而行动，为所欲为，无恶不作；也可能依据道德、法律而行动，趋善避恶，见贤思齐。也就是说，人的本性中有利己和利他两种冲动。人作为一种自然存在物，利己的自然冲动主要表现为生存意志、权力意志和自我保护等。人作为一种社会存在物，利他的道德冲动主要表现为对同类的同情、宽容和关怀等。

在现实生活中，人性是极其复杂的，往往也是善恶并存的：十恶不赦的暴徒不是人性全无，大公无私的模范并非通体无瑕。有人认为，人可以通过理性制约本能，使自己趋善避恶。理性确实是一种重要的道德能力。理性的发展程度越高，个体就越能有效协调不同主体之间的利益冲突。理性甚至会赋予人一种超越自我去追求生命永恒的冲动，以至把他人利益置于自己利益之上，为他人牺牲自己。因此，日益增长的理性是道德水平不断提高的保障。但是，理性也有自己的局限性。尼布尔指出："为了使自我能够和谐地适应整体的社会冲动，理性会限制自我的利己倾向；但是，同样的理性力量也必然会去证明个人的自利在社会企图协调的整体的生命力中是一种合法的成分。要想防止对利己冲动进行这种幼稚的社会证明是困难的，要想避免去破坏理性按其内在观点确立起来的对利己冲动的限制也是困难的。"② 因此，理性也无法确保人不会损人利己。

2. 弃恶从善：人之为人的根本

伦理体现为超出个人主观意见和偏好的秩序规则与礼俗风尚，道德则是人类个体领悟和遵循伦理的产物。"人为什么要做出弃恶从善的道德选择？"这是

---

① ［德］马克思，恩格斯. 马克思恩格斯全集：第 20 卷［M］. 北京：人民出版社，1979：110.

② ［美］尼布尔. 道德的人与不道德的社会［M］. 蒋庆，等，译. 贵阳：贵州人民出版社，1998：33.

对道德价值的形上追问。这一问题关涉到人对人性和生活终极意义的理解。道德既是人之为人的本质规定，也是生活之为生活的价值属性。一言以蔽之，道德是人性和生活是其所应是的价值尺度。但是，这种价值尺度并不是人性和生活与生俱来的，而是人对人性和生活的一种价值承诺。这种价值承诺具有先验预设的性质，实际上也是人对道德的承诺。道德承诺充分体现了道德的理想性。但是，道德承诺并非完全凭空产生，其内容依然具有客观的现实依据："人们自觉地或不自觉地，归根到底总是从他们的阶级地位所依据的实际关系中——从他们进行生产和交换的实际关系中，获得自己的伦理观念。"①

　　人为什么要对人性与生活做出道德承诺？人是一种对象性的存在物，人总是通过对象确证自己的价值与本质。人是由动物进化而来的。动物只能按照本能生活，而人创造了超越本能的文化——科学、艺术、宗教、道德、法律等。这些文化是人禽二分的重要标志。"人是一种压抑自己的动物，是一种创造出文化或社会来压抑自己的动物。"② 文化既是对本能的压抑，也是对本能的超越。道德就是人确证自己价值与本质的一种文化方式。承诺道德是人的必然选择："人必须承诺道德，就像原捷克作家米兰·昆德拉所说的那样，选择是每一个人的宿命（have to be/to do）。没有人能够永久地生活在超然于道德承诺的纯自然状态，即使可能，他或她也没有可能超脱人们的道德评价。"③

　　通过道德承诺，人获得了内在的尊严与价值。对此，康德如是说："道德就是一个有理性的东西能够作为自在目的而存在的唯一条件，因为只有通过道德，他才能成为目的王国的一个立法成员。于是，只有道德以及与道德相适应的人性，才是具有尊严的东西。"④ 在康德看来，道德是人成为自在自为目的的唯一条件，也是人具有尊严的根本依据。通过道德承诺，生活获得了自身的意义。人不仅要生活，而且要过一种善的生活。尽管不同时代的人对善恶有不同的理解，但它并不妨碍不同时代的人对善的生活的追求。

　　① ［德］马克思，恩格斯. 马克思恩格斯选集：第3卷［M］. 北京：人民出版社，1995：134.

　　② ［美］诺尔曼·布朗. 生与死的对抗［M］. 冯川，伍厚恺，译. 贵阳：贵州人民出版社，1994：9.

　　③ 万俊人. 人为什么要有道德：上［J］. 现代哲学，2003（1）：71.

　　④ ［德］康德. 道德形而上学原理［M］. 苗力田，译. 上海：上海人民出版社，2005：55.

3. 道德的自我完善：人的使命

自我完善是个人为实现自身全面发展所采取的自我教育和自我修养的方式和方法的总和。在生命的持续过程中，自我完善是人的终身任务。自我完善包括知识、能力、觉悟等多方面的内容。道德需要是人的一种精神需要。从目的层面来说，道德是人的安身立命之本；从工具层面来说，道德是协调利益关系的重要手段。道德的自我完善就是不断砥砺人的道德品质，提升人的道德境界。一个社会的人必然要追求道德上的自我完善。费希特认为，自我完善是人的最高目标："无限地接近这个目标，就是他作为人的真正使命。而人既是理性的生物，又是有限的生物，既是感性的生物，又是自由的生物。如果把完全的自相一致称为最高意义上的完善，就像人们能够理所当然地称呼的那样，那么完善就是人不能达到的最高目标；但无限完善是人的使命。人的生存目的，就在于道德的日益自我完善，就在于把自己周围的一切弄得合乎感性。如果从社会方面来看人，人的生存目的还在于把人周围的一切弄得更合乎道德，从而使人本身日益幸福。"① 追求道德上的自我完善，不仅是人对自身的责任，也是人对他人和社会的责任。

追求道德上的自我完善也是人的社会本能。对此，包尔生指出："每种动物都希望过合乎自己性质的生活，这种天赋性质在冲动中显示自己，支配着动物的活动。这个公式同样适合于人，他希望过一种人的生活，在这种生活里包含着人的一切，也就是说，过一种精神的、历史的生活，在这种生活里为所有属人的精神力量和性格留有活动空间。"② 道德上自我完善的结果就是美德的生成。美德是人类的目的性价值。只有人们具有道德上自我完善的心理需要，美德才有可能成为人类生活和行为的可以预期的承诺。因此，自我完善的道德需要是构建美德社会的人性根基。

（二）崇德向善的价值诉求是构建美德社会的内在依据

马克思说："社会——不管其形式如何——究竟是什么呢？是人们交互作用的产物，是表示这些个人彼此发生的那些联系和关系的总和。"③ "交互

---

① ［德］费希特. 论学者的使命，人的使命［M］. 梁志学，等，译. 北京：商务印书馆，1984：12.
② ［德］包尔生. 伦理学体系［M］. 何怀宏，廖申白，译. 北京：中国社会科学出版社，1988：230.
③ ［德］马克思，恩格斯. 马克思恩格斯选集：第 4 卷［M］. 北京：人民出版社，1995：320.

作用"即人与人之间的社会交往。正是这种人与人之间的交互作用形成了所谓的社会。个体与社会是一种辩证的统一体：人创造了社会，社会反过来又塑造着人。人类建立社会的目的是为了协调各方面的利益冲突，为社会发展提供正确的价值导向，使自己过上一种完美的生活。崇德向善都是社会固有的价值诉求，这种价值诉求是构建美德社会的内在依据。

1. 社会：为善而生

依据启蒙思想家的设想，自然状态是受自然法则支配的生活状态。弱肉强食、暴力相争是自然状态的基本特征。为了避免在生存竞争中的两败俱伤或同归于尽，人类理智便会提出一些大家一致同意的和平相处的规范或协议，用以限制和缓和生存竞争。人类从自然状态进入社会状态的具体情形已经不得而知，但是，人类社会的建立最初必然是以某些规范或协议为基础的。这些规范或协议规定了彼此的权利与义务，使生存竞争处于一种有序的状态。对此，赫胥黎指出："除非人们一致承认共同遵守某些相互之间的行为准则，否则社会是不可能组成的。社会的稳定有赖于他们对这些协议始终如一的坚持，只要他们一动摇，作为社会纽带的相互信赖就会被破坏和削弱。"① 从社会的起源来看，社会是一种有序竞争的生活共同体。

如果说，自然状态的人类生活是一种自然选择，那么，社会状态的人类生活就是一种道德选择。自然选择是对个体本身利益的维护，而道德选择着眼于人类长远的、根本的和整体的利益。从自然状态进入社会状态就预设了崇德向善的价值诉求：建立社会就是为了使更多的人过上更好的生活。对此，亚里士多德指出："我们见到每一个城邦（城市）各是某一种类的社会团体，一切社会团体的建立，其目的总是为了完成某些善业——所有人类的每一种作为，在他们自己看来，其本意总是在求取某一善果。"② 也就是说，建立城邦是以谋求善业为目的。道德选择充分显示了人类理智的作用：它使人类逐渐摆脱野蛮和愚昧，走向文明和进步。如果说自然选择是使适者生存，那么道德选择则在于使更多的人更好地生存。可以说，为善而生的社会奠定了构建美德社会的价值基础。

---

① ［英］赫胥黎. 进化论与伦理学［M］. 北京：科学出版社，1971：39.
② ［古希腊］亚里士多德. 政治学［M］. 北京：商务印书馆，2009：3.

崇德向善的社会必然是一个道德的社会。然而，在人类历史的发展过程中，人们对于社会的道德抱怨总是不绝于耳，从未绝迹。那么，不道德的社会又是如何产生的呢？我们认为，造成社会不道德的原因是多方面的。其中一个重要的原因是特权阶层把社会作为谋求特殊利益的工具，使社会异化为凌驾于个体之上的实体，社会就此沦为一个不道德的社会。对此，尼布尔指出："特权集团的道德态度是以普遍的自欺和伪善为特点的。正如我们在论及民族的态度时所注意到的那样，特权集团有意无意地把它们的特殊利益与超越它们的普遍利益、普遍的价值观等同起来。"① 特权阶层把自己的特殊利益说成普遍利益，并以普遍利益的名义对外掠夺，对内奴役。道德的虚伪性充分暴露了特权阶层的自私性。因此，由特权阶层统治的社会肯定是一个不道德的社会。

2. 制度安排：以正义为基本原则

制度是关于社会权利与义务的规范体系。因此，制度自始至终地影响每一个人的生活前景："社会的制度形式影响着社会的成员，并在很大程度上决定着他们想要成为的那种个人，以及他们所是的那种个人。"② 社会的制度安排必须以正义为基本原则。正义即公平、合理，至于公平、合理的标准是什么，不同的时代、不同的人、不同的阶级有不同的理解。相对而言，一种社会制度正义与否关键在于能否得到社会多数民众的认可。多数人的认可代表了多数人的共同利益。只有多数民众认可的制度才具有合法性，才有可能是正义的。

制度安排为什么要以正义为基本原则？罗尔斯说："正义是社会制度的首要价值，正像真理是思想体系的首要价值一样。一种理论，无论它有多么精致和简洁，只要它不真实，就必须加以拒绝或修正；同样，某些法律和制度，不管它们如何有效率和有条理，只要它们不正义，就必须加以改造或废除。"③ 正义的制度安排有利于平衡各方面的利益，减少冲突和对抗，使大多数人能够过上一种幸福的生活。罗尔斯针对二十世纪五六十年代美国社会贫富差距扩大、社会矛盾激化等社会问题，提出了一般的正义观念："所有社

---

① ［美］尼布尔. 道德的人与不道德的社会［M］. 蒋庆，等，译. 贵阳：贵州人民出版社，1998：93.

② ［美］罗尔斯. 政治自由主义［M］. 万俊人，译. 南京：译林出版社，2000：285.

③ ［美］罗尔斯. 正义论［M］. 何怀宏，何包钢，廖申白，译. 北京：中国社会科学出版社，1988：3.

会价值——自由与机会、收入与财富以及自尊的基础——都应平等地分配，除非任何价值的不平等分配对每一个人都是有利的。"① 这一正义观念表明，罗尔斯正义理论的重心是平等。这种具有平等主义色彩的正义原则体现了罗尔斯对社会弱势群体的道德关切。正义是制度安排的基本原则。无论这种制度正义的内涵及其实现程度如何，都在一定程度上体现了社会崇德向善的价值诉求。正义的制度安排为构建美德社会提供了道义保障。

在民主政治的背景下，一项制度要获得多数民众的认可必须让民众广泛参与制度制定并尊重多数人的决定。从这种意义上来说，公意是制度正义的评判依据。公意即全体人民的整体意志。在所有问题上，要求得所有社会成员的一致认可似乎不太可能，但是，求得多数人的认可还是有可能的。因此，卢梭认为，多数人的决定同样可以构成公意。在卢梭看来，社会公约就是所有人都服从公意的产物："如果我们撇开社会公约中一切非本质的东西，我们就会发现社会公约可以简化为如下的词句：我们每个人都以其自身及其全部的力量置于公意的最高指导之下，并且我们在共同体中接纳每一个成员作为全体不可分割的一部分，只是一瞬间，这一结合行为就产生了一个道德的与集体的共同体，以代替每个订约者的个人；组成共同体的成员数目就等于大会中所有票数，而共同体就以这同一个行为获得了它的统一性，它的公共的大我，它的生命和它的意志，这一由全体个人的结合所形成的公共人格。"②

3. 社会治理：以善治为终极目标

社会治理和善治理论是经济市场化和政治民主化的产物。从社会学的视角来看，社会治理是指政府、市场、社会组织、公民在平等合作的基础上依法对社会事务规范和协调的过程。治理理论的兴起是为了弥补政府管理和市场调节的不足。社会治理是一种多主体的、双向互动的、依靠多种手段来实现的新型管理模式。就主体而言，社会治理的主体是多元的，包括党政机关、企事业单位、社会组织、公民等。就方式而言，社会治理对社会事务的合作管理是双向互动的——自上而下的管理和自下而上的参与相结合。就手

---

① ［美］罗尔斯. 正义论［M］. 何怀宏，何包钢，廖申白，译. 北京：中国社会科学出版社，1988：62.

② ［法］卢梭. 社会契约论［M］. 何兆武，译. 北京：商务印书馆，2003：202.

段而言，社会治理是依靠法律、道德、情感等社会控制手段解决社会问题。社会治理是国家与公民社会的合作、公民自治与社会管理的结合，其具体目标包括化解社会矛盾、实现社会公正、激发社会活力、促进社会和谐等。

治理有"善治"与"恶治"之别。俞可平认为，"善治就是使公共利益最大化的社会管理过程。善治的本质特征就在于它是政府与公民对公共生活的合作管理，是政治国家与公民社会的一种新颖关系，是两者的最佳状态。"① 善治是公民对社会治理的期望，也是社会治理的终极目标。没有公民的积极参与及自觉合作就不会有善治。所以，善治的基础是公民而不是政府。善治塑造了政府与公民之间的平等合作关系，为美德社会的构建提供了诸多有利条件。

善治以公共利益最大化为圭臬。公共利益的最大化，也就是最大多数人的最大利益或最大幸福。这种功利主义的价值选择是政府制定和执行公共政策的基本原则。人类建立社会是为了使更多的人获得更好的生存。善治与人类创建社会的最初目的是完全一致的。公共利益的最大化意味着多数人共享发展成果，而不是少数人对多数人的奴役。这在一定程度上消灭了产生社会不道德的经济根源。公共利益的最大化既是社会治理的理想目标，也是构建美德社会的利益基础。善治是一种多数人的共同治理。善治实际上是国家权力向社会的回归，是一个还政于民的过程。善治打破了政府对社会管理权力的垄断，广大民众广泛参与和平等协商解决社会事务。共同治理意味着多数人共享治理权力，而不是少数人对多数人的压制。公共权力由此受到多方面的限制与约束，有利于避免贪腐行为的产生。这在一定程度上遏制了产生社会不道德的权力诱因，为美德社会的构建提供了良好的政治生态。只有在善治的条件下，才能造就道德的社会。专制奴役、伪善盛行的社会，不可能产生一个道德的社会。因而，善治是构建美德社会的社会条件。

美德社会是一种理想主义的道德构建，但是，美德社会并非要以德治取代法治。在社会治理过程中，德治与法治相辅相成、缺一不可。法治是社会治理的根本与基础，德治是对法治的补充与支撑。善治是德治与法治的统一，美德社会则是善治的归宿。

----

① 俞可平. 治理和善治分析的比较优势［J］. 中国行政管理，2001（9）：15-17.

参考文献

（一）著作类

[1] 肖萐父，李锦全. 中国哲学史 ［M］. 北京：人民出版社，1983.

[2] 金增嘏. 西方哲学史 ［M］. 上海：上海人民出版社，1983.

[3] 唐凯麟. 伦理学 ［M］. 合肥：安徽文艺出版社，2017.

[4] 刘放桐. 新编现代西方哲学 ［M］. 北京：人民出版社，2000.

[5] 张志伟. 西方哲学十五讲 ［M］. 北京：北京大学出版社，2004.

[6] 张汝伦. 现代西方哲学十五讲 ［M］. 北京：北京大学出版社，2003.

[7] 陈嘉明. 现代性与后现代性十五讲 ［M］. 北京：北京大学出版社，2006.

[8] 袁贵仁. 价值学引论 ［M］. 北京：北京师范大学出版社，1991.

[9] 石云霞. 当代中国价值观论纲 ［M］. 武汉：武汉大学出版社，1996.

[10] 李连科. 价值哲学引论 ［M］. 北京：商务印书馆，1999.

[11] 朱贻庭. 中国传统伦理思想史 ［M］. 上海：华东师范大学出版社，1989.

[12] 宋希仁. 西方伦理思想史 ［M］. 北京：中国人民大学出版社，2004.

[13] 万俊人. 现代西方伦理学史：上卷 ［M］. 北京：北京大学出版社，1990.

[14] 万俊人. 现代西方伦理学史：下卷 ［M］. 北京：北京大学出版社，1992.

[15] 万俊人. 现代公共管理伦理导论 ［M］. 北京：人民出版社，2005.

[16] 甘绍平. 应用伦理学前沿问题研究 ［M］. 南昌：江西人民出版社，2002.

[17] 甘绍平. 应用伦理学教程 ［M］. 北京：中国社会科学文献出版社，2008.

[18] 田秀云. 当代社会责任伦理 ［M］. 北京：人民出版社，2008.

[19] 郭金鸿. 道德责任论 ［M］. 北京：人民出版社，2008.

[20] 贾敬敦. 中国食品安全态势分析 ［M］. 北京：中国农业科学技术出版社，2003.

[21] 曾光主编. 中国公共卫生与健康新思维 ［M］. 北京：人民出版社，2006.

[22] 邱仁宗. 生命伦理学 ［M］. 北京：中国人民大学出版社，2010.

[23] 陈振明. 政策科学 ［M］. 北京：中国人民大学出版社，1998.

[24] 唐更华. 企业社会责任发生机理研究 ［M］. 长沙：湖南人民出版社，2008.

[25] 袁家方. 企业社会责任 [M]. 北京：海洋出版社，1990.

[26] 黄恒学. 公共经济学 [M]. 北京：北京大学出版社，2004.

[27] 赵建军. 追问技术悲观主义 [M]. 沈阳：东北大学出版社，2001.

[28] 陈昌曙. 技术哲学引论 [M]. 北京：科学出版社，1999.

[29] [古希腊] 柏拉图. 理想国 [M]. 郭斌和，等，译. 北京：商务印书馆，1986.

[30] [古希腊] 亚里士多德. 尼各马可伦理学 [M]. 廖申白，译. 北京：商务印书馆，2003.

[31] [古希腊] 亚里士多德. 政治学 [M]. 颜一，秦典华，译. 北京：中国人民大学出版社，2006.

[32] [德] 康德. 道德形而上学原理 [M]. 苗力田，译. 上海：上海世纪出版集团，2005.

[33] [德] 康德. 判断力批判 [M]. 邓晓芒，译. 北京：人民出版社，2002.

[34] [德] 康德. 实践理性批判 [M]. 韩水法，译. 北京：商务印书馆，2003.

[35] [德] 黑格尔. 法哲学原理 [M]. 范扬，张企泰，译. 北京：商务印书馆，1982.

[36] [德] 黑格尔. 精神现象学 [M]. 贺麟，王玖兴，译. 北京：商务印书馆，1997.

[37] [德] 马克思，恩格斯. 马克思恩格斯选集：1—4 卷 [M]. 北京：人民出版社，1995.

[38] [德] 尼采. 查拉斯图拉如是说 [M]. 尹溟，译. 北京：文化艺术出版社，1996.

[39] [德] 马克斯·韦伯. 学术与政治 [M]. 冯克利，译. 北京：生活·读书·新知三联书店，1998.

[40] [德] 马克斯·韦伯. 新教伦理与资本主义精神 [M]. 于晓，陈维刚，译. 北京：生活·读书·新知三联书店，1987.

[41] [德] 海德格尔. 存在与时间 [M]. 陈嘉映，王庆节，译. 北京：生活·读书·新知三联书店，2000.

[42] [德] 海德格尔. 海德格尔选集：上卷 [M]. 孙周兴，选编. 上海：上海三联书店，1996.

[43] [德] 乌尔里希·贝克. 自由与资本主义 [M]. 路国林，译. 杭州：浙江人民出版社，2001.

[44] [德] 乌尔里希·贝克. 风险社会 [M]. 何博闻，译. 上海：上海译林出版社，2004.

[45] [德] 哈贝马斯. 合法化危机 [M]. 刘北成，曹卫东，译. 上海：上海人民出版社，2000.

[46] [德] 哈贝马斯. 交往行为理论：第 1 卷 [M]. 曹卫东，译. 上海：上海人民出版社，2004.

[47] [德] 哈贝马斯. 包容他者 [M]. 曹卫东，译. 上海：上海人民出版社，2002.

[48] [德] 爱因斯坦. 爱因斯坦文集：第 3 卷 [M]. 许良英，等，编译. 北京：商务印书馆，1979.

［49］［英］亚当·斯密. 道德情操论［M］. 蒋自强，等，译. 北京：商务印书馆，1998.

［50］［英］约翰·密尔. 论自由［M］. 许宝骙，译. 北京：商务印书馆，1998.

［51］［英］约翰·密尔. 功用主义［M］. 唐钺，译. 北京：商务印书馆，1957.

［52］［英］乔治·摩尔. 伦理学原理［M］. 长河，译. 上海：上海人民出版社，2005.

［53］［英］罗素. 西方哲学史［M］. 马元德，译. 北京：商务印书馆，1986.

［54］［英］托马斯. 政治哲学导论［M］. 顾肃，等，译. 北京：中国人民大学出版社，2006.

［55］［英］J. D. 贝尔纳. 科学的社会功能［M］. 陈体芳，译. 北京：商务印书馆，1982.

［56］［英］安东尼·吉登斯. 现代性——吉登斯访谈［M］. 尹宏毅，译. 北京：新华出版社，2000.

［57］［英］芭芭拉·亚当. 风险社会及其超越［M］. 赵延东，等，译. 北京：北京出版社，2005.

［58］［英］布莱恩·巴利. 社会正义论［M］. 曹海军，译. 南京：江苏人民出版社，2008.

［59］［美］威廉·詹姆士. 实用主义［M］. 孙瑞禾，译. 北京：商务印书馆，1979.

［60］［美］杜威. 哲学的改造［M］. 许崇清，译. 北京：商务印书馆，1958.

［61］［美］L. J. 宾克莱. 理想的冲突［M］. 马元德，王太庆，等，译. 北京：商务印书馆，1988.

［62］［美］威利斯·哈曼. 未来启示录［M］. 徐元，译. 上海：上海译文出版社，1988.

［63］［美］罗尔斯. 正义论［M］. 何怀宏，何包钢，廖申白，译. 北京：中国社会科学出版社，1988.

［64］［美］罗尔斯. 政治自由主义［M］. 万俊人，译. 南京：译林出版社，2000.

［65］［美］罗伯特·诺齐克. 无政府、国家与乌托邦［M］. 王建凯，译. 北京：中国社会科学出版社，1991.

［66］［美］弗兰克·梯利. 伦理学导论［M］. 何意，译. 南宁：广西师范大学出版社，2002.

［67］［美］迈克尔·P. 托达罗. 经济发展与第三世界［M］. 印金强，赵蓉美，等，译. 北京：中国经济出版社，1994.

［68］［美］德尼·古莱. 发展伦理学［M］. 高铦，等，译. 北京：社会科学文献出版社，2003.

［69］［美］麦金太尔. 德性之后［M］. 龚群，等，译. 北京：中国社会科学出版社，1995.

［70］［美］威廉·科克汉姆. 医学社会学［M］. 杨辉，等，译. 北京：华夏出版社，2000.

［71］［美］丹尼斯·缪勒. 公共选择［M］. 王诚，译. 北京：商务印书馆，1992.

［72］［美］维纳. 人有人的用处［M］. 陈步，译. 北京：商务印书馆，1978.

［73］［美］马尔库塞. 单向度的人［M］. 刘继，译. 上海：上海译文出版社，2006.

[74]［美］弗洛姆. 在幻想锁链的彼岸［M］. 张燕，译. 长沙：湖南人民出版社，1986.

[75]［美］弗洛姆. 健全的社会［M］. 孙恺祥，译. 贵阳：贵州人民出版社，1994.

[76]［美］丹尼尔·贝尔. 资本主义文化矛盾［M］. 赵一凡，等，译. 北京：生活·读书·新知三联书店，1989.

[77]［美］乔治·瑞泽尔. 后现代社会理论［M］. 谢立中，等，译. 北京：华夏出版社，2003.

[78]［美］诺兰. 伦理学与现实生活［M］. 姚新中，等，译. 北京：华夏出版社，1988.

[79]［法］笛卡尔. 第一哲学沉思集［M］. 庞景仁，译. 北京：商务印书馆，1986.

[80]［法］托克维尔. 论美国的民主：上卷［M］. 董果良，译. 北京：商务印书馆，1988.

[81]［法］卢梭. 社会契约论［M］. 何兆武，译. 北京：商务印书馆，2003.

[82]［法］卢梭. 论科学与艺术［M］. 何兆武，译. 北京：商务印书馆，1963.

[83]［法］让·波德里亚. 消费社会［M］. 刘成富，等，译. 南京：南京大学出版社，2001.

[84]［法］西蒙娜·德·波伏娃. 第二性［M］. 陶铁柱，译. 北京：中国书籍出版社，1988.

[85]［法］贝尔纳·斯蒂格勒. 技术与时间［M］. 裴程，译. 上海：译林出版社，2000.

[86]［加］查尔斯·泰勒. 现代性之隐忧［M］. 程炼，译. 北京：中央编译出版社，2001.

[87]［意］奥雷利奥·佩西. 未来的一百页——罗马俱乐部总裁的报告［M］. 汪帼君，译. 北京：中国展望出版社，1984.

[88]［荷］E. 舒尔曼. 科技时代与人类未来——在哲学深层的挑战［M］. 李小兵，等，译. 北京：东方出版社，1996.

（二）论文类

[1] 郁建兴. 关于马克思价值概念的商榷［J］. 哲学研究，1996（8）.

[2] 兰久富. 重思价值的本质［J］. 哲学动态，2012（2）.

[3] 王玉樑. 关于价值本质的几个问题［J］. 学术研究，2008（8）.

[4] 何中华. 论作为哲学概念的价值［J］. 哲学研究，1993（9）.

[5] 李剑锋. 客体价值论［J］. 探索，1988.

[6] 赵守运. 现行哲学价值范畴质疑［J］. 哲学动态，1991（1）.

[7] 赖金良. 哲学价值论研究的人学基础［J］. 哲学研究，2004（3）.

[8] 赖金良：马克思主义哲学价值论研究中应注意的几个问题［J］. 浙江学刊，1995（6）.

[9] 邓安庆. 论价值哲学的本体论研究［J］. 江汉论坛，1997（3）.

[10] 薛祖国. "三个有利于"——新时期最高的价值标准［J］. 云南师范大学学报，1998（5）.

［11］万俊人. 人为什么要有道德：上［J］. 现代哲学，2003（1）.

［12］万俊人. 百年中国的伦理学研究［J］. 高校理论战线，2012（12）.

［13］习近平. 把培育和弘扬社会主义核心价值观作为凝魂聚气、强基固本的基础工程
　　　［J］. 党建，2014（3）.

［14］习近平. 青年要自觉践行社会主义核心价值观——在北京大学师生座谈会上的讲话
　　　［J］. 中国高等教育，2014（10）.

［15］习近平. 决胜全面建成小康社会，夺取新时代中国特色社会主义伟大胜利——在中
　　　国共产党第十九次全国代表大会上的报告［J］. 党建，2017（11）.

［16］程水泉. 党员干部要做言行一致的表率［J］. 湖湘论坛，2012（3）.

［17］樊浩. 当前中国伦理道德与大众意识领域"中国问题"的演进轨迹与互动态势［J］.
　　　哲学动态，2013（7）.

［18］阎孟伟. "道德危机"及其社会根源［J］. 道德与文明，2006（2）.

［19］陈占彪. 当代中国的道德危机与道德重建［J］. 学习与实践，2009（12）.

［20］肖群忠. 道德危机的拯救与文明大国的崛起［J］. 西北师大学报，2012（1）.

［21］赵建军. 技术本质特性的批判性阐释［J］. 自然辩证法研究，2001（3）.

［22］林德宏. 关于社会对技术的必要约束——评技术价值中立论与价值自主论［J］. 东
　　　南大学学报，2000（3）.

［23］刘曙辉. 论道德冷漠［J］. 道德与文明，2008（4）.

［24］陈汉香. 社会学视角下的道德冷漠分析［J］. 郑州航空工业管理学院学报，2011
　　　（6）.

［25］易小明. 论兽下境界［J］. 道德与文明，2002（4）.

［26］邓安庆. 论价值哲学的本体论研究［J］. 江汉论坛，1997（3）.

［27］王习胜. 道德悖论的矛盾性质与逻辑基础［J］. 安徽师范大学学报，2012（5）.

［28］贺来. 现代人的价值处境与责任伦理的自觉［J］. 江海学刊，2004（4）.

［29］何怀宏. 政治家的责任伦理［J］. 伦理学研究，2005（1）.

［30］张旭. 技术时代的责任伦理学：论汉斯·约纳斯［J］. 中国人民大学学报，2003
　　　（2）.

［31］程立涛，崔秀荣. 论责任伦理的社会价值［J］. 石家庄学院学报，2007，（4）.

［32］王玉明. 论政府的责任伦理［J］. 岭南学刊，2005，（3）.

［33］王泽应. 论企业道德责任的依据、表现与内化［J］. 道德与文明，2005，（3）.

［34］曹月凤. 企业道德责任的三重依据［J］. 哲学动态，2007，（2）.

［35］贾中海. 论分配正义与权利［J］. 吉林大学社会科学学报，1999（5）.

［36］姚大志. 分配正义：从弱势群体的观点看［J］. 哲学研究，2011（3）.

［37］段忠桥. 关于分配正义的三个问题——与姚大志教授商榷［J］. 中国人民大学学报，2012（1）.

［38］向玉乔. 论分配正义［J］. 湖南师范大学学报，2013（3）.

［39］高兆明. "分配正义"三题［J］. 社会科学，2010（1）.

［40］孙立平. "道德滑坡"的社会学分析［J］. 中国青年政治学院学报，2001（5）.

［41］谢俊春. 论中国道德滑坡的原因和道德中国的重建［J］. 甘肃理论学刊，2002（6）.

［42］张明仓. 道德代价论［J］. 天津社会科学，1998（4）：16-20.

［43］吴灿新. 中国改革开放历史进程中的道德代价［J］. 伦理学研究，2011（3）.

［44］陈培永. 市场经济与道德代价［J］. 武汉科技大学学报，2013（3）.

［45］喻文德. 浅析道德评价的终极标准［J］. 社科纵横，2005（6）.

［46］喻文德. 加强大学生感恩教育［J］. 当代青年研究，2005（8）.

［47］喻文德. 价值导向是发展伦理学的根本使命［J］. 河南师范大学学报，2006（1）.

［48］喻文德. 论价值的本质及其根源［J］. 太原师范大学学报，2007（4）.

［49］喻文德. 论美德的崇高性及其特殊性［J］. 桂海论丛，2007（5）.

［50］喻文德. 论本体价值的构建［J］. 求索，2007（6）.

［51］喻文德. 论世俗道德的特点及其困境［J］. 伦理学研究，2008（1）.

［52］喻文德. 从和谐社会的构建看大学生感恩教育［J］. 怀化学院学报，2009（3）.

［53］喻文德. 食品安全问题的伦理分析［J］. 科学对社会的影响，2010（1）.

［54］喻文德. 论当代中国现代化进程中的"价值围城"［J］. 北京理工大学学报，2014（6）.

［55］喻文德. 论道德信仰危机及其化解［J］. 华中科技大学学报，2014（6）.

［56］喻文德. 论"三个倡导"的伦理意蕴［J］. 伦理学研究，2014（2）.

［57］喻文德. 论市场正义［J］. 东北师大学报，2014（1）.

［58］喻文德. 美德社会何以可能［J］. 昆明理工大学学报，2015（4）.

［59］喻文德. 领导干部道德对社会主义核心价值观建设的影响［J］. 福建江夏学院学报，2018（4）.

［60］喻文德. "三个倡导"：助推中国梦的强大正能量［N］. 光明日报，2014-12-02（7）.